艺术学科利用空中课堂教学资源
实现混合式教学的行动研究

钱熹瑗　等/著

上海教育出版社
SHANGHAI EDUCATIONAL
PUBLISHING HOUSE

序

随着信息技术的不断革新,各类教育平台的普遍建设,信息资源的大量开发与使用,信息交流与分享正在成为一种新的"数字生活"。"十二五"期间,教育部建立了全国优质教育资源公共服务平台,并在全国范围内开设了"精品资源共享""优质视频"等系列课程。"十三五"期间,各省市、高等院校也纷纷开展了相应的在线教学课程建设工作。对于中小学教师而言,丰富的教学资源为教学的发展带来了机遇,同时又带来了挑战,即如何充分利用平台的教学资源,助推教学观念的变革,创新教学模式,使数字化转型赋能现代教学真正落地。

数字技术的发展让在线学习成为一种越来越普遍的选择,同时,传统的面对面教学也在不断地改进和创新。但是,这两种教学方式怎么发挥各自的优势而又避免各自的局限性? 在线学习缺乏人际互动和交流,传统的面对面教学则受时间和地点的限制。混合式教学似乎可以将在线教学和传统教学的优势结合在一起,通过课程平台功能的混合、学习资源的混合、学生学习方式的混合、教学过程的混合、评价方式的混合,并且利用互联网平台,以学生为中心重新构建教学流程和环节,试图使两种不同的范式找到一种内在的统一,而不是简单的迭代或迁徙。

作为全国的教育数字化转型试点区,上海市依托上海智慧教育平台(上海微校),融入数字教材、"空中课堂"视频课等优质资源,为师生打造线上线下融合的教学空间,优化资源配置与服务支持,推动教学方式变革。这些课例不断展现出上海市中学艺术学科课堂教学的创新风格,也体现了上海市中学艺术学科阶段性的课堂教学及研究的特色与水平。

本书对混合式教学理论的产生与发展作了梳理,阐述了混合式教学的内涵和理论基础。在此基础上,分析混合式教学模式的构建思路与方法,给出混合式教学的相关范畴。通过两种教学组织方式的有机结合,学习者的学习由浅到深,助推"双新"在教学中的落地。增强有效协作,促进学生自主探究和深度理解,从而实现知识建构效果的提升,成为信息时代数字技术赋能现代教育,实现课程整合、优化实施的新尝试。

本书尝试了以"大单元""大概念"落实艺术学科核心素养的混合式教学设计,

力求避免线上教学的碎片化与线下教学的单一化。前者过于重视内容传授,轻视学习的系统性和知识的整体性;后者受时间与地点的限制,很难顾及学生的个体差异、学习风格和兴趣。尝试以主题化、模块化、范例式单元教学为抓手,设计主题大概念与核心问题,明确单元目标与学习任务,形成单元架构下的资源库,推动学习内容与环境资源的有机整合,形成"视、听、画、演、创"融合的大单元教学,使"空中课堂"资源丰富化、结构化、立体化,凸显学科的核心概念和关键能力。

本书尝试了混合式教与学的学习路径。"空中课堂"视频课的建设,经历了上课教师、指导专家、制作团队等参与者反复研讨、不断改进,细致地研发了混合式教学中的基础性课程资源、交互性课程资源和拓展性课程资源,提供了实施案例,对线上教学具有实践借鉴意义。混合式教学课前的在线学习阶段注重学生学习能力的培养,强调自主调节学习进度;线下课堂教学中教师对知识点进行讲解,强调知识的系统性,教师与学生之间既有在线互动,又有面对面的疑难解答,学生之间通过合作交流增加互动,使学生在获得知识的同时也具有丰富的情感交流。

本书介绍了混合式教学的各个方面,从课程设计和教学策略到评估和技术工具的应用,可为艺术教育工作者实现混合式教学提供借鉴。本书不仅提供了许多案例,以展示混合式教学的实际效果和应用,而且制作了许多工具和支架,帮助教师了解如何设计和实施混合式教学,以及如何评估混合式教学的效果。

这是一本反映在基础教育艺术课程实施中进行新探索的书。当基础教育课程改革方案、课程标准已经颁布,教材体系已经初步建设完成之时,我们应该更深入地去关注教学实施,特别是关注数字化转型背景下的学科教学,把包括混合式教学的理念转化为具体的教学行为实践在内的教学改革作为探索的内容和路径之一。相信此书可以引起教育工作者对如何在今天进行混合式学习进行积极思考和实践尝试,而不是置身事外等候未来。

尹后庆

目　录

艺术学科利用空中课堂教学资源实现混合式教学的行动研究

前　言

　　在当今数字化时代,学校艺术教学已经不能满足学生多样化的学习需求。混合式教学作为一种新的教学模式,融合了线上和线下两种教学资源,为学生提供了更为灵活、多样化的学习方式。然而,在实践中,如何更好地利用线上、线下教学资源开展教学实践,实现混合式教学的有效运用,依然是摆在我们面前需要探索和解决的问题。

　　本书将以艺术学科为例,通过行动研究的方法,结合实际案例,深入探讨如何利用"空中课堂"教学资源实现混合式教学。我们将从教学设计、教学资源选取、教学方法运用等方面进行探讨和总结,为广大教育教学实践者提供一些实用的经验和启示。

解读艺术课程的混合式教学

　　以理论为依据,通过了解国内外新课程教育理论,对混合式教学模式开展理论研究,挖掘混合式教学的内涵,总结艺术课程混合式教学的特征,奠定本书的理论基础。撰写时力争与时俱进,高瞻远瞩,既有先进的教学理念和教学理论的框架,又有针对线上线下教学的具体策略和实施办法。

建设"空中课堂"教学资源库的具体实施

　　艺术学科"空中课堂"视频课是构成艺术学科"空中课堂"教学资源库的主要内容,涉及从八年级到高三年级设置艺术课程的所有年级,覆盖上海市中学艺术学科同步教材的全部单元。艺术学科"空中课堂"视频课的建设,为开展线上教学提供了"优质化""托底式"的资源库。"空中课堂"教学资源是通过网络平台提供的各类课程、专题、微课等的视频、音频、图文等多媒体形式的教育内容。在混合式教学中,"空中课堂"教学资源作为线上部分的重要内容,帮助学生自主、灵活地获取知识,同时配合线下部分的互动、讨论、实践等活动,形成完整的学习过程。

创设教、学、评一体的结构化单元

围绕体现艺术核心素养和自主学习能力的目标导向，梳理教科书中的知识与技能，突出真实情境的引导，为学生创设有利的环境支持，在学习活动中体验与实践艺术学科的独特魅力。教师引导学生的学习，联系学业质量标准，在持续的评价下作有效的指导，达到教、学、评的一致性，明确学生在每一个阶段的艺术学习中应达成的价值观念、必备品格和关键能力，为制定素养导向的艺术学科学习目标提供了依据。运用发展性评价方式引导教学转变，建立并完善针对开放性、发展性艺术作业的评价原则，帮助教师及时改进教学内容与教学方式，凸显基于学生表现的评价，关注学习经历以及获得学习经验的能力，提高学生学习的自信与动机。

依托"三个助手"的资源建构

基于国家课程改革深化的要求，以"空中课堂"视频课教学资源拍摄为基础，建构立体的教学资源库。依托"三个助手"，即备课助手、教学助手、作业辅导助手，赋能艺术教学数字化转型，在一定程度上打破不同地区教育资源不均衡的局面。学生可以通过线上线下混合式学习，提高自我调节、自我管理和获得各种教育资源的能力；教师可以利用线上线下混合式教学提高教学效率，有效突破传统教学资源的局限。

构建三大平台的教学落实

艺术学科"空中课堂"教学资源库建设项目，通过系统设计、先进技术支撑、开放式管理、网络运行、持续更新的方式，整合市域优秀教育资源，构建"学生互动学习平台、教师创新艺术教学平台、艺术在线学习资源平台"三大平台，建设具有高水平教育特色，满足多样化需求，具有丰富的表现形式，开放、共享的创新艺术教育教学资源库。

实施艺术学科混合式教学的步骤及创新

实现课前、课中、课后教学资源的一体化建构。实现"空中课堂"教学资源、拓展性课程资源、教学案例等的配套组合。为真实情境中的艺术学习提供整体性、结构化的资源保障,满足泛在学习、研究性学习、探索性学习、协作学习等多样学习需求,可以上传、共享、下载、应用资源,真正赋能混合式教学模式。教师要进一步从知识技能维度拓展到艺术的教育功能维度,引领学生达成艺术感知、艺术表现、创意实践、文化理解的艺术学科核心素养。

研究艺术学科混合式教学实践的案例

对单元进行大致介绍和内涵解析,探索教学策略,依托"空中课堂"的课前"自学"、线上资源的课中"做中学",利用信息技术的课后"回顾"。同时,分解使用"空中课堂"教学资源进行线下教学实践的三个阶段,包括线下教学情境下的起始教学阶段、线下教学情境下的中心教学阶段和线下教学情境下的末端教学阶段。最后,以案例进行混合式教学的线下教学实践详解。

相信通过对本书的阅读和实践,将有助于推动艺术学科教育教学模式的创新和发展,为学生提供更为优质、有效的教学体验。同时,也希望通过本书能够把2022年上海市教学成果奖(特等)"分段设置 渐进综合 以美育人——上海市中学艺术综合课程的建设"的研究成果进行推广与辐射,成为广大教育教学研究者、教育管理者、教师和学生的参考书籍,促进艺术教育教学的发展和提高。

感谢所有为本书的编写和出版作出贡献的人员及机构,特别是所有参与行动研究的教育教学研究者和实践者,感谢他们的辛勤工作和奉献精神。

第一章
艺术课程混合式教学的
背景与内涵

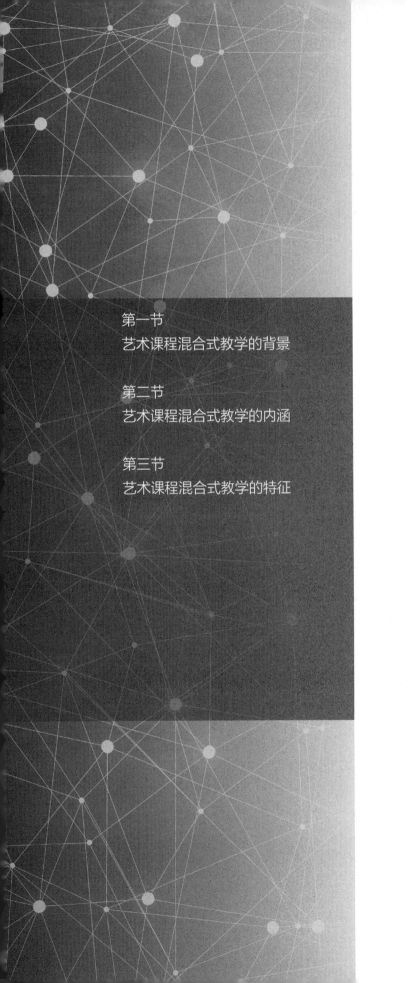

信息技术的迅速发展使教育创新和教学改革得以延续。同时,由于数字化转型的要求越来越高,混合教学方法也应运而生。这些现象突出表明,为了提高学习效果和扩大教学范围,必须将技术融入教育领域。为此,技术创新和教学专业知识的结合对于促进最佳教学实践至关重要。

20世纪90年代,美国学者杰·克罗斯首次提出了"线上"与"线下"学习互补与结合的"混合式教学"的概念。混合式教学因其提升学习者学习绩效的潜力,受到学术研究领域和教育实践领域的广泛关注,为当前学校的课堂教学改革提供了一种延续性创新的新思路。美国数字化教育中心(2013)认为,混合式教学可以将实地教学与网络教学相结合,以更加灵活的方式来满足学习者的需求,并根据学习者的不同特点采取不同的教学策略,以更好地满足他们的学习需求。迈克尔·B.霍思(2015)认为,线上线下混合式教学是"一种将面对面教学与基于科技媒体的教学相结合的教学模式"。瓦索(2016)提出,混合式教学通过现代通信网络、线上讨论、面授课堂讨论,使线上教育与线下教育深度融合。《在线学习教师指南》(*A Teacher's Guide to Online Learning*)一书的作者林迪·霍肯巴里(2021)认为,线上线下混合式教学是面对面教学和在线教学的任意组合。

第一节 艺术课程混合式教学的背景

一、混合式教学源于社会和时代的变革与进步

(一) 信息技术成为教育变革与重塑的推动力量

科学技术的发展史就是人类认识世界、改造世界的能力的拓展史。在过往的几十年间,信息技术已使经济发展、服务形态等社会生态架构发生了巨大改变。教育是社会的子系统之一,信息技术的发展同样对教育形态变革与教育生态重塑发挥了重要的驱动作用。信息技术对教育的深刻影响集中体现于"教育信息化"的建设和实践进程。

早在2000年,教育部启动了现代远程教育试点工作,目的在于探索新的网络

教学模式,落实推进现代远程教育工程和发展高等教育的政策要求。教育部根据《面向 21 世纪教育振兴行动计划》加强了对网络教学的研究和应用。2010 年,我国颁布了《国家中长期教育改革和发展规划纲要(2010—2020 年)》,该计划确定了加快教育信息化进程的三个关键要素,包括加快教育信息基础设施建设、加强优质教育资源开发和应用、构建国家教育管理信息系统。《教育信息化十年发展规划(2011—2020 年)》提出以教育信息化带动教育现代化,即全面改变和重塑教育,使其从初级现代教育向高级现代教育转变,从学位教育向终身学习转变。信息技术通过改变实施教育战略和改革实践的生态环境,为实施教育战略目标和进行重大改革提供了创新思路和挑战。

2019 年,中共中央、国务院印发了《中国教育现代化 2035》,中共中央办公厅、国务院办公厅印发了《加快推进教育现代化实施方案(2018—2022)》。这些计划旨在加快信息时代的教育转型,大力倡导现代信息技术与教育教学的深度融合,促进教育理念、教育模式、教育内容的深刻变革。为了应对新冠疫情给教育行业带来的重大挑战,大量的教育机构转向在线教学和远程学习。2023 年 2 月,世界数字教育大会在北京召开了以"数字化赋能基础教育高质量发展"为主题的平行论坛,该论坛研究了数字化使教育成果得到改善的能力。会上发布了两个重要的报告:《中国智慧教育蓝皮书(2022)》和"2022 年中国智慧教育发展指数报告"。后者的研究结果表明,智能教育是数字时代的一种新的教育模式,与工业时代的教育模式有着本质的区别。

随着教育信息化进程的持续推进,信息技术与教育的融合沿着起步、应用、整合和创新四个阶段稳步前进,教育形态也发生了颠覆性的变革。其中,实现信息技术对教与学的变革是教育信息化的核心目标。而信息技术对教与学变革的过程,也是重塑教育形态、实现教育现代化的过程。信息技术通过内外的双重驱动路径,既从教师能力与角色、教学模式、课程结构等方面创新了教师的"教",也从学生知识能力结构(培养目标)、学习方式和学习支持系统等方面变革了学生的"学"。

(二) 混合成为课程设计和改革的重要趋势

混合式学习作为 20 世纪末被提出的一种新兴学习策略,得到了广泛的研究和实践,其内涵也随着技术和学习科学的发展而不断丰富。混合式学习最初被应用于商业培训,目标是促成企业绩效目标的实现。后被用于远程教育,被视为"第三代远程教育",其特点是最大化地发挥面对面学习和多种技术优势的线上学习。

混合式学习对学习效果的提升得到了教育领域的广泛认可。已有研究表明,混合式学习能有效提高学生的学习成绩和表现、参与度、社区意识、学习环境满意度和协作效率。2000 年"美国教育技术白皮书"指出,技术在未来的教育中发挥着重要的作用,使 21 世纪的课堂无处不在。美国教育部在 2009 年发布的调查报告"Review of Online Learning Studies"中指出,混合式学习相比在线学习和面对面学习,更能提升学习者的学业表现。在美国新媒体联盟发布的《地平线报告》(高等教育版)中,混合式学习被认为是一种成熟的在线学习形式。此外,从 2012 年到 2017 年,它连续六年被认定为是促进高等教育技术整合的主要趋势之一。混合式学习在我国也受到了普遍的期待。2010 年,我国描绘了未来十年信息技术对于教育发展的革命性蓝图,国家发改委明确提出要构建线上线下融合教育常态化发展,促进线上线下教育教学的高度融合。2012 年,我国教育部提出利用信息技术促进教育创新。2014 年,我国提出利用信息技术拓展优质教育资源覆盖面。2021 年,教育部等五部门联合发布《关于大力加强中小学线上教育教学资源建设与应用的意见》,明确提出到 2025 年形成共建共享的线上教育平台体系。线上线下混合式教学已经成为 21 世纪教育最重要的趋势之一。利用信息技术推动未来教育的创新与变革已经成为世界各国推动教育创新与发展的主要战略选择。

随着互联网信息技术的飞速发展,以大数据、云计算、物联网、人工智能等为代表的现代信息技术被迅速应用于各行各业,给人们的生产、生活带来极大便利。与此同时,信息技术的发展也推动着其与教育领域的深度融合,带动了教育模式的发展与变革。如今,混合式教学已被越来越多的学校所采纳,以期能重构物理学习空间、提高学生主动学习能力,成为课程重新设计和改革探索的重要趋势之一。

(三) 混合式教学成为技术与课程整合的新范式

在当今社会与教育的发展进程中,无论是建设以全民学习和终身学习为基本目标的学习型社会,还是建设以大规模个性化学习为核心目标的智能教育体系,其建设基础和首要任务都是构建混合或泛在的学习环境。而以 5G 为代表的移动互联网、虚拟现实和人工智能等技术的发展,有力推动和支撑了线上线下混合教育空间的建设,成为构建泛在教育环境的坚实基础。

混合式教学是指通过结合在线和面对面的教学方法的有益成分,为教师和学生提供协作知识建构的环境和策略支持。混合式教学最初只是作为远程教育的一种改进形式。随着研究和实践的持续进行,其概念和内涵得到了显著的拓展,既是协作环境的混合,也包括协作技术/工具、协作策略/方法的混合,并逐渐成为技术与课程整合、线上与线下协作的新学习形式和策略。

由此可见,混合式教学的提出和实践,其目的在于最大限度地发挥优势,通过增强有效协作、促进学生自主探究和深度理解而实现知识建构效果的提升,成为信息时代数字技术赋能现代教育,实现课程整合、优化实施的新范式。

(四) 混合式教学成为助推教学变革的强劲动力

与十年前相比,国内的网络接入速度越来越快,越来越稳定。虚拟交流工具使同步在线通信变得操作简单且价格低廉,在线内容也越来越吸引人。大多数学生都有可联网设备,不论是笔记本电脑、平板电脑还是智能手机。"混合式学习"的出现,使越来越多的学生能够通过网络和实地教育的方式获取知识。

混合式学习已经成为当代教育转型的一个关键因素,推动了个性化和基于能力的学习。通过在线学习,混合式学习满足了不同学生的需求,使他们能够在任何时间和地点以自己的节奏和各种方式学习。从根本上说,混合式学习使学生在掌握一个概念后能迅速进步,或放慢速度来理解和复习材料。它为学生提供了多种途径来实现他们的目标。通过解放教师,使其成为学习的设计者、咨询者、促进者、指导者、评估者和顾问,混合式学习使他们有能力以新的方式接触学生,从而彻底改变教学和学习环境。

(五) 混合式教学是促进教育均衡的重要手段

《教育部基础教育司 2022 年工作要点》提出:深化信息技术应用改革,提高教育的优质均衡发展水平。虽然随着教育的不断发展,不同地区教育资源不均衡的问题有所改善,但是迄今为止仍然是一个非常值得关注的问题。技术有助于促进教育资源的开放与共享,这也就意味着线上线下混合式教学可以在一定程度上打破这一局面,促进区域间的优质资源共享。正如学者们所认为的那样,信息技术在教育中的跨界融合可以很好地解决教育"规模和质量"无法同时兼顾的矛盾,最终实现人人皆学的新愿景。学生可以通过线上线下混合式学习,提高自我调节、自我管理和获得各种教育资源的能力,实现教育的优质均衡发展。线上线下混合式教学为学生团队合作、沟通、批判性思维和创新思维的发展开辟了前所未有的空间。

(六) 混合式教学以学习者为中心建立主体

当前我国教育信息化已经跨入一个全新的发展阶段,人们的思想观念也有了较大的转变,其中最主要的就是"以学生为中心"的教育思想逐渐深入人心。实施个性化学习和基于能力的学习构成了以学生为中心的学习系统的基础。以学生为中心的学习的一个重要方面是培养学生有助于其学习进展的主人翁意识和归属感,以及发展促进自我导向学习的能力,这些能力对学生成为终身学习者至关重要。挑战在于如何大范围地实施以学生为中心的学习。在师生比例小且弹性分组的学校里,让所有学生在掌握学习材料后继续学习进程是可能做到的,但是这会对教师个人造成负担。教师不得不为那些学习能力超出课程范围的学生提供新的学习体验,这也会给大多数学校带来资源紧张的压力。混合式教学的线上线下资源为学习者为中心的教学提供了保障。

以学习者为中心的混合式教学一方面弥补了传统教学模式中单一教师讲授的不足,另一方面也改善了网络教育中一直备受质疑的教学质量问题,既能发挥教师在教学过程中的主导性,也能保证学生作为学习的主体在学习过程中发挥创造性、主观能动性。这种教学模式有效促进了优质教育资源的研发与应用,成为教育模式变革的有力助推器。

二、混合式教学契合艺术课程改革的需要

(一) 新课标背景下的艺术课程新样态

教育部先后颁布了《普通高中艺术课程标准(2017 年版 2020 年修订)》《义务教育艺术课程标准(2022 年版)》。相较以往的课标,新的艺术课程标准发生了重大变化,不仅把中华人民共和国成立以来延续了 70 多年的音乐、美术两门课程全部纳入统一的艺术课程,而且增加了“新三科”,即舞蹈、戏剧(含戏曲)、影视(含数字媒体艺术)。通过结构化的内容组织,新课标切实优化了艺术学科的教学内容,引领艺术学科呈现新的样态。

1. 综合取向的“整体实践”课程设计

新一轮课改中,艺术课程体现了超越学科界限的基本理念,创造综合取向的课程设计观,“跳出学科看课程,跳出课程看育人”。这一改革强调了艺术学科内外知识的整合,倡导跨学科学习和跨学科合作,构建了以教育个体为目的的综合艺术课程。该课程促进了综合学习,强调了在学科知识之间、学生与知识之间、知识与生活之间建立广泛联系的重要性。此外,该课程鼓励学生“像学科专家一样思考和行动”,并发展一套以学科概念、想法和工具为基础的连贯的过程技能。[①] 该课程还促进学生发展一套以学科概念、想法和工具为基础的典型实践。学生在艺术学习经历中习得知识与技能,解决现实生活中的问题。以学科的学习带动素养的发展,其指导思想是“面向未来的素养观、凝塑社会的价值观和立足整体的课程观”。

2. 中国立场的母语文化传承

在国家全面复兴传统文化、实现第二个百年奋斗目标、构建中国特色话语体

---

① 崔学荣.艺术课程改革的新动向·新突破·新征程——《义务教育艺术课程标准(2022 年版)》(音乐)解读[J].全球教育展望,2022,51(07):3-13.

系背景下进行的课程改革,旨在建立一个具有中国立场、本土特色、国际视野的艺术课程中国范式。因此,艺术课程要植根于中国文化,树立母语文化意识,实现课程理论和内容的本土化,实现民族传统文化形态和精神情感内涵的统一。艺术课程的总体目标是"感受和理解我国深厚的文化底蕴和党的百年奋斗重大成就,传承和弘扬中华优秀传统文化、革命文化、社会主义先进文化"。该课程旨在实现课程的总体目标,包括坚定文化自信,铸牢中华民族共同体意识,了解不同地区、民族和国家的历史和文化传统,理解文化与构建人类命运共同体的关系,学会尊重、理解和包容。通过这些目标,课程力求创造一种全面的教育体验,培养学生对中国文化及其在世界上的地位的深刻理解,以及强烈的民族认同感和文化自豪感。

3. 具身实践的多觉联动教学

新的艺术课程强调让学生身心参与的重要性,摆脱"离身学习"的传统方法。通过调动学生的听觉、视觉、触觉、动觉、味觉和嗅觉等感官,课程鼓励多感官联系,促进学生深入参与各种实践活动,如听、唱、动、玩、创作、编辑和表演等。鼓励学生积极参与、体验、合作、探索、分享和创造,从而提高他们在艺术方面的实践和创造能力。课堂的设计是全方位的,通过间接知识和直接经验之间的丰富联系,以及知识学习和实际应用的相互结合,促进核心素养的形成。通过这种方式,课程力求为学生培养更全面的、沉浸式的学习体验,加强他们在艺术方面的实践和创造能力,使他们成为全面发展的人。

4. 学生立场的逆向教学设计

基于核心素养的课程强调从学生的角度出发的"逆向设计"方法。由威金斯和麦克泰(2005)提出的"逆向设计"方法,涉及以评估证据为基础的内容和过程的设计。这种方法与崔允漷教授提出的"学历案"教学设计有相似之处,都是从期望的学习结果开始,设计并展示体现学生立场的如何学会的过程。上海市艺术综合课程近年来一直强调围绕核心素养、设计单元教学,以单元化的教学设计构建逆向设计的课程实施方案,通过丰富的艺术学习经历,体验和感悟艺术的美好。

5. 以学为本的育人方式变革

新的艺术课程体现了以学习为导向,以学生为中心,以学习活动为主线,促进学生的学习变化。它鼓励自主学习,突出学生的主动性、独立性和自制力;鼓励合作学习,促进互动、参与和协作;鼓励探究式学习,强调解决问题、过程和开放性;鼓励沉浸式学习,增强游戏性、享受性和体验式学习。此外,课程通过任务型学习、项目型学习、真实情境学习、跨学科学习等方式,倡导多元化学习,以转变学生的学习方式,强调创造性思维训练,培养元认知学习能力。课堂教学改革的关键在于改变学生的学习方式,强调创造性思维训练和元认知学习能力,真正促进学生从被动学习到主动学习,从单一学习到多元学习,从适合学习到个性化学习,从强制学习到参与和选择学习。

(二) 数字化背景下学校艺术教学守旧的现状

1. 逻辑薄弱的小微单元

教学设计是实现教学效果最优化、教育规模扩大化、将应试教育转变为素质教育的重要途径和有力保证。在近些年单元教学设计的渗透下,学校艺术教学试图依据教材设计单元教学,单元容量往往有三至四课时,兼顾欣赏、表现等艺术实践活动。然而,以往单课时教学模式的影响依然强大,教师往往为了让一节课丰富精彩,最终依然丢失单元教学目标,出现单元第一课时认真构思,后续课时无事可做的情况。如此教学无法让学生沉下心来完成有难度的挑战,无法经历完整的艺术体验,学生上课容易走神,学习积极性不高,整个课堂的教学效率不高。

2. 形式单一的教学资源

艺术教学必不可少的是对经典作品的赏析、理解,但是教学配套可用资源极其有限。教材呈现的是静态图片,鲜有高效利用声光电多感官刺激的数字化资源,具有交互功能的 AI 人工智能教学软件运用就更少了。所以,传统课堂教学手段方式单一,常见的方式是教师先讲授演示,学生再跟随教师重复操作,这导致学生没有自主思考,没有真正地学以致用,整个课堂的教学效果不够理想。而且,教师布置的任务多为单线任务,不利于学生合作意识的培养。教师在备课的过程中不能很顺畅地将一些新的理论或者教学方法应用于实际教学,教学设计较少注意到学生能力层次的不同,难以做到真正的从"教师中心"转向"学生中心"。

3. 重视技能的教学目标

以往的艺术教学重视学生的艺术技能,如绘画、演唱等,学生的学业水平仅停留在艺术表现,难以上升到创意实践。艺术课程标准提出的艺术感知、创意实践、审美情趣、文化理解四大核心素养,强调知识与技能的获得,更关注在真实的生活情境中,为解决复杂的问题而展开深入的艺术体验活动,提高审美能力、情趣,以及对生活、科学、文化的态度。

4. 缺乏可资利用的教学平台

随着信息技术的不断革新、各类教育平台的广泛使用、信息资源的大量开发与使用,信息交流与分享已成为一种新的"数字生活"。"十二五"期间,教育部建立了全国优质教育资源公共服务平台,并在全国范围内开设了"精品资源共享"

"优质视频"等系列课程。"十三五"期间,各省市、高等院校也纷纷响应国家的号召,开展了相应的在线教学课程建设工作。对于中小学教师而言,如此丰富的教学资源为教学改革带来了机遇,也提出了挑战:如何充分利用教学平台资源,创新教学模式,助推教学观念的变革,使数字化转型赋能现代教学真正落地? 这成为一线教师必须思考的问题。

较之传统的"大学科",艺术课程数字化资源建设仍然处于相对落后状态,主要存在三个问题:一是教育资源平台的各项功能不够完善,教学资源、学习平台、专题网站等各个模块发展进度不一;二是网站资源只注重"有",而不注重"用",只追求发布的数量,不注重发布的质量,没有真正关注学生的需求;三是信息化背景下,教育资源平台受关注度不够,课程数量有限。要解决这些问题就要把握好信息化的客观规律,坚持以人为本,应用驱动,引领创新。

(三) 混合式教学契合艺术课程改革的需要

艺术课程通过混合式教学,将在线教学和传统教学的优势结合在一起。新课程改革倡导深度学习,混合式教学因其综合性,可以助推艺术课程标准在教学中的落地。

1. 课程标准为艺术学科线上线下混合式教学提供了依据

新课改倡导根据科学技术进步新成果,及时更新教学内容和话语体系,促进教学改革的信息化发展。基于学生的个性化和多样化学习与发展需求,转变人才培养模式,不断深化普通高中课程的改革,为推动国家教育现代化发展赋能。科技迅猛发展的今天,信息技术正在悄无声息地推动教育领域的变革。新课标的修订为线上线下混合式教学在艺术学科课堂的推广提供了关键依据。

2. 课程标准为艺术学科线上线下混合式教学明确了方向

新课标要求要坚持正确的政治方向,继承和弘扬中华优秀传统文化、革命文化,发展社会主义先进文化,培养良好政治素质、道德品质和健全人格。通过以美育人,以文化人,培育学生审美观念,形成学科核心素养,使学生坚定中国特色社会主义道路自信、理论自信、制度自信和文化自信,落实立德树人的根本任务。开展艺术学科线上线下混合式教学更容易融入中华优秀传统文化,拓展学生艺术视野,在文化的视域下培养学生的家国情怀。课后的线上教学可以充分利用呈现革命文化、社会主义先进文化的教学资源,在线下课堂教学中融合学习情境开展深度学习。无论是线上还是线下教学,都是基于艺术学科特质,基于课程标准要求。

3. 课程标准为艺术学科线上线下混合式教学提供了指导意见

新课标的基本理念提及,要调动各种资源,使课程内容多样化,营造自主选择的学习环境。新课标还鼓励学生通过合作、探究等方式在现代化与信息化的学习环境中自主获取相关的知识与技能。因此,艺术教育工作者在设计学科线上线下混合式教学时,应该建立可供学生自主选择的多样化线上线下学习资源库,促进学生个性化发展。设计需要小组合作交流的驱动性任务,培养学生沟通合作能力。线上线下混合式教学提供的真实与虚拟的网络交流环境,为资源库的建设和线上交流提供了技术支持。

由此可见,课程标准的基本理念、基本原则与指导思想等为线上线下混合式教学运用于艺术学科课堂提供了契机,明确了前进的方向,有利于艺术学科线上线下混合式教学的广泛运用。

第二节 艺术课程混合式教学的内涵

一、混合式教学的源始及内涵表征

信息技术的快速发展和普及应用,推动了混合式教学的研究与实践,使混合式教学呈现出多样化的发展趋势。由于教师、学生、课程内容和支撑技术均可能存在不同程度的差异,因此混合式教学的方式不可能是完全统一的。所以,在厘清混合式教学内涵的基础上,寻求理论支撑,针对不同情况分类研究开展混合式教学的规律和方法,构建混合式教学模式,使得学习的效果更好、效率更高,已成为学界普遍关注和研究的问题。

(一) 混合式教学的源始

混合式学习结合了线上和线下元素,产生于美国学者杰·克罗斯在 1998 年提出的 E-learning 的概念。2000 年的"美国教育技术白皮书"承认 E-learning 是一种新的学习模式,包含创新的交流机制和人际互动。这一交流机制包括计算机网络、多媒体、专业内容网站、信息检索、电子图书馆和在线课程。线上学习为克服时间和空间限制提供了一个独特的机会,使教育能够在任何时刻和任何地点发生。因此,一些学者认为混合学习是 E-learning 的延伸。

混合式学习和混合式教学都是常用术语,用来描述传统和在线教学方法的整合。虽然它们可能有不同的视角,但在本研究中,它们被交替使用,重点是教师的视角。

2003 年,何克强教授在中国首次提出混合式教学的概念,强调它结合了传统教学和在线教学的好处,同时仍然强调教师在这个过程中的重要性。美国的斯隆联盟(2018)提供了一个更权威的定义,指出混合式教学是面授和在线教学的结合,它融合了两种历史上独立的教学方法。

李克东(2004)提出,混合式教学要求在线教学和课堂教学的融合与延续,转向以学生为中心的学习,学生与学生之间的互动和教师与学生之间的互动相结合,并从形成性评价转向总结性评价。

冯晓英等(2018)根据物理和教学特点,将混合教学的发展分为三个阶段——技术应用、技术整合和"互联网+"。在"互联网+"时代,混合式教学已经发展为一种新的教学范式,充分整合了在线学习、移动学习和课堂学习,创造了教学模式和设计的变化。

本研究将"互联网+"背景下的混合式教学定义为:混合式教学是一种将在线教学和传统教学的优势结合起来的"线上"+"线下"的教学,利用互联网平台,以学生为中心重新构建教学环节,丰富学习经历,实行多元评价。通过两种教学组织方式的有机结合,把学习者的学习由浅入深地引向深度学习。

(二) 混合式教学的内涵表征

随着对混合式学习理解的加深和教育改革的推进,人们更加关注学生的视角以及它给学生学习经历带来的变化。学者们认为,混合式学习是一种以学生为中心的参与性和个性化的学习方法。这种方法涉及从以教师为中心到以学生为中心的转变,以及学生与学生、教师与学生、在线与现场互动的结合。此外,通过重构教学环节和使用多种评价方法,帮助学生建立一个高度参与和个性化的学习环境。教师以课堂和移动设备为媒介,根据教学内容和学生的接受程度来安排教学活动。对混合式教学的内涵,可以从以下几个方面进行理解:

一是混合式教学将教学分为两部分:一部分是以课堂为媒介的传统教学,教师与学生在教室内利用多媒体、板书等进行面对面的沟通交流;另一部分是以移动终端设备为媒介的网络在线教学,教师通过共享平台将教学内容发送到学生的移动终端设备,学生根据自身时间安排和能力水平合理规划学习进度、完成教学任务。

二是混合式教学对教师提出了更加严格的要求。传统教学中教师将教学内容与拓展知识通过讲授、PPT 等方式呈现给学生;混合式教学要求教师在教学中运用现代信息技术,既要考虑学生的接受程度,又要结合教学内容,且在教学中根据学生的反馈及时调整教学活动的设计与安排,教学过程更加动态化。

三是混合式教学更加尊重学生之间的个体差异。混合式教学的线上教学部分充分尊重学生之间基础知识与学习能力的不同,尊重个体差异,给予学生一定程度的自主权。线上学习能使学生掌握一定的教学内容,在课堂教学中有目的、有"准备"地进入教学情境,改变原有学生被动接受知识的局面,主动参与教学活动,提出自己的见解,深层次探究知识。

(三) 混合式学习的理论基础

混合式学习理论框架体系中每一部分内容的确立,都应找到相应的学习理论作为依据。从近年来混合式学习的研究和实践不难看出,建构主义学习理论、深度学习理论、首要教学理论、主动学习理论、联通主义学习理论等,是指导混合式学习实践的主要学习理论。下面,我们主要讨论建构主义学习理论和深度学习理论对混合式学习的支撑作用和价值。

1. 建构主义学习理论

建构主义学习理论认为,世界是客观存在的,但个人可能因其独特的经验而有不同的理解。学习包括引导学生从他们现有的经验中构建新的经验。这是一个学生主动建构知识的过程,而不是被动接受信息。教学不是简单传递知识,而是处理和转化知识。教师必须把学生现有的知识和经验作为新知识的起点,引导他们在原有经验的基础上构建新的知识。在学习深奥的概念或解决复杂的问题时,师生之间以及学生之间的交流和提问是共同建构知识的必要条件。因此,教学不能忽视学生以前的知识和经验,也不能把知识强加给他们。相反,应该将他们现有的知识和经验作为基础,让他们通过合作和交流的学习过程来构建新的知识。

建构主义学习理论对混合式教学的启示是,在规划学习路径时,应充分考虑学习者已有的知识基础和学习经验,以及进一步所学知识的特点等,来确定学习活动的安排。在学习支撑环境搭建方面,应充分考虑学生的认知水平,选择合适的技术手段和教学条件来实施教学活动。在教与学精准评价方面,应借助智能技术手段,动态、精准监测学生的知识学习、能力培养和素养养成等情况。

2. 深度学习理论

深度学习是一种基于理解的学习。它涉及积极和批判性的学习,目的是发展高阶思维能力和解决实际问题的能力。深度学习涉及将知识整合到学习者现有的认知结构中,并能够将这些知识转移到新的环境中。深度学习的内容是综合知识,是以整体方式学习的,重点是理解和应用学科领域的关键问题和基本思想。因此,深度学习不是简单地记忆事实,而是涉及对材料的透彻理解和在实际情况下的应用能力。

高阶思维的培养不足是当前课堂教学中普遍存在的问题,也是混合式教学中需要解决的一个难题。因此,混合式教学应根据深度学习理论的原理,结合"互联网+"的优势,设计有效的混合式教学方式。这需要选择合适的教学模式,引导学生采用发现问题、提出问题、分析问题、解决问题的方法。通过这种方式,学生可以掌握学科的核心知识,掌握其基本思维和方法,培养解决问题的能力以及系统思维、创新思维等高阶思维能力。

此外,混合式教学还应该培养学生积极的内在学习动机、先进的社会情感、积极的态度和正确的价值观。可以通过创造一个环境,鼓励学生对自己的学习负责,并培养学生对学习的终身热爱。总的来说,混合式教学旨在促进深度学习,并帮助学生发展在21世纪取得成功所需的技能和知识。

(四) 混合式教学的相关范畴

教学是人类特有的人才培养活动。无论是传统教学、在线教学还是混合式教学,都是想要通过这种活动,使教学目标更加明确、教学安排的计划性更强、教学活动的组织更有序,从而能够引导学生掌握知识与习得技能,提高学生的创新精神与实践能力,促进学生综合素质的提高,成为社会所需要的人。

1. 混合式教学与混合式学习

在教育领域的研究中,混合式学习与混合式教学的表述最为接近,查阅已有文献,没有明确将二者区分开来的论述,部分学者将二者概念等同。学习与教学是共生词,混合式学习诞生,即混合式教学也相应面世。混合式学习是数字化时代对传统课堂学习方式的一种改革,而混合式教学则是对混合式学习改革最好的回应。

一方面,混合式学习方法使学生能够在传统的课堂环境之外积极学习和探索,鼓励他们养成新的学习习惯,提高他们的自控能力;另一方面,混合式教学使教师能够突破传统讲课形式的限制。它利用任务分割的方法,将教学过程分为不同阶段,让学生在不同阶段完成各种任务,以达到最佳学习效果。

混合式学习和混合式教学的主要区别在于其重点。混合式学习以学生的视角为中心,强调独立获取知识、灵活分配时间、合理安排学习进度。相比之下,混合教学同时考虑到了学习者和教学者的角度,注重教学模式的设计、教学方法的使用和教学平台的管理。它强调优化教学效果,帮助学生获得相关知识和技能。

2. 混合式教学与传统教学

传统的课堂教学通常被视为依赖于教科书和教室环境并以教师为中心的教育模式。在这种方法中,教师在教室里讲课,通常有黑板或多媒体显示器的支持,而学生则听讲、做笔记并完成家庭作业。传统教学便于教师统一管理和讲授内容,这有助于降低教学成本。传统教学的优点还包括教师的专业培训,使他们能够以明确的目标、计划和优先事项来展示信息,为学生提供一个更系统和全面的理解主题的机会。此外,教师在课堂上可以通过面对面的交流活动对学生产生积极影响。然而,传统教学也有几个缺点。首先,教师控制整个学习过程,学生处于被动地位,仅仅是知识的接受者。其次,学习的范围往往局限于课本知识,教学内容只注重最终结果,而不是获取知识的过程或培养批判性思维能力。最后,传统教学往往是在固定的时间和地点进行的,教学进度通常是为了适应大多数学生,忽略了个体差异,不能引导学生进行个性化学习。为了改进这种方法,教育工作者应采用更多以学生为中心的个性化教学方法,考虑学生的个体差异、学习风格和兴趣。这可以包括将技术和多媒体资源纳入课堂,通过小组项目、讨论和解决问题等活动鼓励学生积极参与,并为学生提供机会探索标准课程之外的话题。通过这样做,教师可以创造一个更有吸引力和动态的学习环境,这不仅有利于知识的获取,而且可以促进批判性思维能力和创造力的发展。

混合式教学的推广弥补了传统课堂教学的种种不足。首先,混合式教学转变了教师主宰课堂的状态。借助课前预习,学生对所要学习的内容有一定的了解,他们有自己的思考和想法,能够提出不同的见解和疑问,与同伴和教师交流互动,变被动接受知识为主动获取知识,增强学习兴趣,提高学习效果。其次,在混合式教学中,教师通过共享平台向学生推送更多与课题相关的学习资料,学生自行下载并学习。教师无法在有限的课堂时间向学生传授大量的内容,而混合式教学的课前学习阶段能够拓宽学习视野,使学生通过平台进行搜索,获取更多相关资料,既获取知识,又培养能力。再次,混合式教学具有一定的自由性。现阶段的班级规模相对较大,教师无法根据每个学生的学习习惯与对基础知识的掌握程度选择教学进度,而混合式教学使学生能够根据自身情况选择学习时间、学习地点,合理安排学习进度,充分体现个性化发展的原则,从而更好地推进教育教学。

3. 混合式教学与在线教学

在线教学是以现代教育技术和学习理论为指导,利用计算机或移动终端设备向学习者提供丰富的教学资源,提供更方便自由的教与学方式,开展同步或异步的教学。大规模开放在线课程,即慕课(Massive Open Online Course,MOOC)和小规模限制性在线课程(Small Private Online Course,SPOC)是在线教学的主要代表。在线教学在很大程度上弥补了传统教学的缺陷,具有以下优势:首先,在线教学方式灵活,教学内容的呈现具有多层次性和多样性,学生能够按照自己的学习情况自定学习进度、开展自主学习,不受教师讲授进度限制,有利于学生的个性化学习;其次,在线教学提供更加丰富的教学资源,不再将教学内容局限于书本之内,拓展学生的思维和眼界;再次,在线教学不受地域和时空的限制,增加学生接受优质学习资源的机会,为终身学习打基础;最后,在线教学在一定程度上减少了教师的重复劳动,教师将制作好的课程上传至网络,供学生自由下载学习。在如此多的优势之下,在线教学也暴露出种种弊端:由于学生缺乏自觉性和自制力,导致部分学生课程学习中断;在线教学提供自由自主的同时,缺乏教师面对面解决疑惑模块,无法进行深度学习;在线教学面对的群体较为庞大,无法根据每个学生现有知识水平编排课程内容;在线教学的出现扩大了时空界限,拉大了师生和学生之间的距离,在情感交流和人际联系方面较为薄弱。教育不仅仅局限于传授知识,更重要的是教师的言行举止和心灵沟通对学生今后人生的影响。

混合式教学是传统课堂教学与网络在线教学的结合。这是一个有固定参与者的教学活动,既融合了传统教学中师生之间面对面交流沟通的优势,又融合了在线教学学生个性化学习的优势,在现阶段的教育教学中占据重要的地位。混合式教学课前的在线学习阶段注重学生学习能力的培养,强调自主调节学习进度;线下课堂教学中教师对知识点进行讲解,强调知识的系统性,教师与学生之间既有在线互动,又有面对面的疑难解答,学生之间通过合作交流增加互动,使学生在获得知识的同时也具有丰富的情感交流。

二、艺术课程混合式教学的内涵

艺术是人类精神和文化遗产的重要组成部分,是运用各种媒体、语言、形式和技术的创造性过程,精心制作反映自然、社会和人类本质的艺术表达。艺术教育作为美学教育的一个重要方面,从根本上说是以弘扬真、善、美的价值观为中心,同时培养人们对艺术的欣赏意识,培养人们对美的深刻体会。

那么,在艺术课程的教学领域,如何使学生的学习更有深度、更有效率?从教育心理学的角度来看,混合式教学能激发学生的学习动力和求知的欲望,提高教学质量。研究性学习方式更具深度和广度,它要求学生主动学习、积极研究,乐于探索、勤于动手,获得更丰富的知识储备。

混合式教学是研究性学习方式的延续,是传统的课堂教学模式与现代线上教学模式的结合。它充分利用了艺术学科的信息化资源教育优势,特别是"空中课堂"的资源,着重突出了研究性学习的趣味性、探索性、创新性特点,打破了原本单一的教学模式,达到学生与教师的协同进步与提升。

下面将从艺术课程混合式教学的价值取向、概念界定和理论框架三个方面,对艺术课程混合式教学的内涵进行阐述。

(一) 艺术课程混合式教学的价值取向

互联网为人类提供了前所未有的突破时空限制、满足个性发展的数字生存环境。在互联网条件下产生与快速发展的混合式教学,始终要以培养新时代所需的人才为导向,坚持立德树人,坚持以学生为中心,积极推进合作式、体验式、探究式学习,将知识传递的课堂转变为智慧生成的课堂,培养更加有品德、有素养、善发现、会思考、能系统解决问题的创新人才。

艺术课程须体现价值观,以促进核心艺术素质的养成为首要重点,引导学生积极参与多样化的艺术活动,丰富他们的审美经验,培养自信心,并激发民族自豪感。此外,艺术课程旨在通过强调艺术与其他学科之间的联系,促进合作教育,突出艺术与自然、生活、社会和技术之间的交集,拓宽艺术视野,以美育人。总体目标是促进学生的身心健康,在教育中综合运用艺术,并强调体验式实践,重视学生的艺术感知和情感体验。这种方式激发了学生对艺术活动的兴趣和热情,培养了学生丰富、健康的审美情趣,提高了学生的艺术素养和创造能力。最后,借助混合式教学,积极探索艺术课程在培养学生审美和人文素质方面的重要作用。

(二) 艺术课程混合式教学的概念界定

本研究中的艺术课程混合式教学旨在通过面对面学习和网络学习的有机结合,充分利用丰富的网络学习资源和强大的智能学习工具,并赋予教师指导、启发和组织教学过程的权利。这种方式培养了学生的主动性、积极性和创造性,同时促进了独立、合作和探究式的学习技能,是一种使艺术学习效果和效率达到最优化的新型学习方式。

(三) 艺术课程混合式教学的理论框架

在当前的学校艺术课程教学中,普遍存在着下列瓶颈性问题:1.教学以知识讲解为主。目前,教师在教学过程中花费了大量时间来帮助学生完成记忆、复述或简单描述知识等表层学习活动,但对于高级思维活动,如知识的综合应用和创造性地解决问题,教师的关注度不够,无法很好地实施。2.大多数教师的教学方式较为单一,难以动态地适应不同学生群体的实际需要。3.智能技术在教学中的应用层次粗浅。目前智能技术在教学中的应用,主要的成效体现在提高教学效率方面,如大多数教师采用PPT课件开展教学,但在对学科中疑难知识的深度理解,对复杂问题的系统探究、体验感悟和激发学习动机等方面,即使现在已经存在一些虚拟仿真工具,但是它们大多数只能模拟基本原理,且方式相对单一。4.在大部分的学校教学中,学生没有选择教师的可能和机会,难以得到最合适的教师的指导。

混合式教学作为一种新型的学习方式,其核心是以育人为导向,根据学习者的学习目标和学习要求,采用不同的教学方式。在育人的过程中,要善于利用信息技术,变革传统的教学组织结构,采用多种教学手段和信息传递方式,有效解决当前学校教学中存在的问题。

因此,应从以下几个方面建构艺术课程的混合式教学的理论框架:一是学习动机的激发。利用适宜的学习任务或问题设计,激发学生的学习欲望,促使学生积极投入学习活动。二是学习路径的规划。根据学习内容、学生情况、教学条件和教师自身情况,采取合作、体验、探究等多种学习方式,选择合适的学习路径,实现规模化教学和个性化学习的有机结合。三是学习支撑环境的搭建。充分利用"空中课堂"、大数据和"互联网+"等技术手段,并将其与常规教学条件有机结合,为合作、体验、探究等多种学习方式提供有效支撑。四是教与学的精准评价。充分利用大数据、互联网技术和"空中课堂"的资源,建立多场景、全流程的教学环境,为优化教学活动提供有力支撑。

　　混合式教学通过将传统的课堂教学方法与现代的"互联网+"技术相结合,利用了信息化教育的优势,将学生从知识的被动接受者转变为主动、探索和创新的学习者。此外,它促进了教师和学生之间的默契合作,提高了教师的独立研究能力和教学水平。混合式教学将传统的艺术课堂不断拓展和延伸,将网络教室与传统教学活动相结合。这种转变带来了两个显著的变化:一是使学生有能力采取更积极的探索和创新的学习方式;二是有效地改变了教师的教育技能、研究能力和专业水平。混合式教学为教师和学生提供了一个新的合作平台,同时也带来了新的挑战和要求。通过不断突破和迎接这些挑战,教师和学生可以在艺术学科领域实现全面发展和进步。

第三节　艺术课程混合式教学的特征

一、混合式教学的特征要览

在"互联网+"的数字时代,学校传统课堂学习的单向传输模式已经不能满足学生的需求。混合式学习结合了传统课堂学习和在线学习的优点,是未来学校组织教学的主要模式。这种方式利用现场学习和在线学习的优势,提供全面而有吸引力的教育体验,满足"数字原住民"的需求。

通过在线教学与传统教学的有机结合,混合式教学可以引导学习者从表层学习转向深层学习。与传统课堂教学相比,混合式教学表现出很强的复杂性、不确定性和非线性特征,对硬件和软件环境都提出了更高的要求。混合式教学具有课程平台功能混合、网络资源建设混合、学生学习方式混合、教学过程混合、评价方式混合等特点。因此,混合式教学已经成为促进有效与有意义的学习成果的关键和有前途的策略。

在考虑混合式教学的特点时,有几个关键方面值得进一步研究。第一,这种类型的教学涉及线上和线下两种教学模式。第二,在线教学不仅仅是教学的一个辅助部分,而且是整个教学过程中的一个重要部分。第三,线下教学不应视为传统课堂活动的简单复制,而是在以往线上学习的基础上,采取更深入、更全面的方法。第四,"混合"一词特指线上和线下教学的结合,而不包括更广泛的概念,如教学理论、策略、方法或组织形式。然而,重要的是要认识到教学本身在更广泛的意义上具有混合的特征。第五,虽然混合式教学改革没有一个放之四海而皆准的模式,但总体目标是利用线上和线下教学的优势,改善传统课堂教学实践,鼓励学生更多地参与和投入。第六,混合式教学将不可避免地改变传统课堂教学,因为它扩大了教学的时间和空间界限。在线教学平台的核心价值是提供灵活性和便利性,使教学和学习能在不同的时空里进行。通过考虑这六点,我们可以对混合式教学的概念达成同样的共识。

二、艺术课程混合式教学特征

课堂教学是素质教育的核心,艺术课程是培养学生审美、情感、实践、创造、人文素质的重要课程,着重培养学生的想象力和创造性思维。中国人民大学教育学院程方平教授强调:"有效的艺术教育必须从基础开始,对艺术有一个正确的认识。"鼓励学生培养可以伴随他们一生的艺术爱好是至关重要的。即使他们不从事艺术事业,也能提高他们的眼界,拓宽他们的视野。如果我们只把艺术教育看作一门学术学科,就限制了它的潜在价值。由此可见,艺术教育的核心是提升学生的艺术素养,用艺术的方式看世界,用艺术的方法解决现实的问题。

尽管传统艺术课程很有价值,但其课堂教学存在一些局限性,包括忽视学生是学习过程中的主要参与者,采用单调的教学方法,传授相对枯燥的教学内容。这些缺点可能会削弱学生的参与度,阻碍他们掌握具有挑战性的课题,并限制了艺术核心素养的发展。具体存在以下几个不足:

以教定学。忽视以学生为中心,不分析学生情况,导致教学目标与实际学习环境不匹配。

以本为本。教师往往过于严格地遵循教科书,而不是灵活地使用教科书,导致没有创造性的教学,扼杀了学生的自由创造和大胆创新。因此,教材可能成为限制学生潜力的桎梏。

教法单一。在传统的艺术课堂教学中,教师往往死板地按照教科书上的内容进行教学,并遵守固定的时间表,在预定的时间内进行讲授、提问。课堂会让人感觉像一个排练好的"教学剧"的舞台,教师是主角,表现好的学生是配角,而大多数学生则成为无足轻重的"临时演员"。在许多情况下,学生只是被动的"观众"和"听众"。教师在教学过程中缺乏即兴发挥,也没有为学生提供机会,让他们在遇到"路障"时表达自己的想法。

知识本位。传统的艺术课堂教学方法是以知识为导向的,往往不能促进高阶思维的发展,扼杀创造力,忽略了学生与学科的个人情感联系的发展。这种认知驱动的方法限制了学生在学习过程中的主动性、自主性和创造性。

课时不足。我国中小学艺术课程的课时总量与发达国家相比,还是不够的。其中,1—9 年级,除了 1、2 年级学段每周 4 课时外,其余都是每周 2 课时。

评价单一。传统的教学评价方法过分强调总结性评价,而忽视了对学习过程的评价。这种方法是传统艺术课程的产物,它优先考虑以教师为中心的教学,教优先于学。在这样的体系中,学生只能简单地按照教师的指示,复制所提供的内容,导致独立和创造性学习的机会有限。

以上不足需要广大教师转变教育教学理念,以学生创造性发展为目标,改变教学模式,开展丰富多彩、内容新颖的艺术教学;以基于问题的、基于项目的、基于主题的教学形式,开展线上线下混合式教学。

(一)基于混合式教学的艺术课堂教学

1.课堂教学的定义

课堂教学是教育教学中普遍使用的一种手段,包含了广泛的教学活动,旨在向学生传授知识和技能。这种教学方法包括各种教学策略,如教师讲课、学生问答、教学活动和利用教具等。这一综合过程经常被称为"课堂系统"。尽管课堂教学是优质教育的一个重要方面,但传统方法有几个缺点。例如,它们往往忽视了学生参与的重要性,依赖单一的教学方法,而且可能很单调,导致学生对学习失去兴趣。

传统教学(traditional instruction):代表了一种工厂生产制,是工业时代的产物。教育系统通常是按年龄组织的,学生按照标准化的课程,以小组为单位逐级推进。教学主要通过面对面的教学进行,采用直接教学的形式,由教师提供课程内容。教学材料主要包括教科书、教案和书面作业。在小学,课程及科目通常是离散和独立的,而不是综合和跨学科的。传统课堂的主要目的是为学生提供一个指定的时间段,让他们保持坐姿并参与学习活动(在公共教育中通常被称为"上课时间")。

2.混合式学习的几种模式

美国学者迈克尔·霍恩与希瑟·斯特克(2015)在《混合式学习:用颠覆式创新推动教育革命》(*Blended: Using Disruptive Innovation to Improve Schools*)一书中提出了混合式学习的四种模式:转换模式、弹性模式、菜单模式以及增强型虚拟模式,为教学实施指出了有效路径。

"转换模式"是指允许学生在不同的课程或科目之间转换的做法,可以是固定的时间表,也可以由教师决定,这些学习模块中至少有一个是在线的。不同类型的转换模式包括原地转换、计算机房转换、翻转课堂、个人转换和灵活模式。弹性模式侧重于在线学习,可能需要在教师的监督下进行离线活动。菜单模式是高中阶段最常见的混合学习模式,允许学生完全在线学习或有离线部分的课程。在增强型虚拟模式中,学生需要参加面对面的学习,但可以在他们喜欢的任何地点在线完成其余的课程。[①]

3.混合式教学形态

在线学习(online learning):是一种通过互联网提供教学和课程内容的教育方

---

① [美]迈克尔·霍恩,希瑟·斯特克.混合式学习:用颠覆式创新推动教育革命[M].北京:机械工业出版社,2015.

法。在某些情况下,教师可能会参与这一过程,完全通过互联网对作业进行反馈并提供指导。在线学习可以实时进行,称为同步学习,学生和教师通过在线视频会议进行互动;也可以异步进行,学生和教师在不同时间使用在线论坛或电子邮件进行交流。①

技术型教学(technology-rich instruction):与传统教学有着共同之处,但是增加了数字化设备,如电子白板、大量的联网设备、实物投影仪、电子教科书、网络工具、在线文档以及在线课程计划。尽管配备了很多数字化工具,但是在线学习并没有大范围地替代面对面传授内容的教学方式。

混合式学习(blended learning):混合式学习是指任何正规的教育项目,学生至少有一部分时间在家庭以外有监督的物理地点学习,至少有一部分时间在线上学习,对学习的时间、地点、路径或速度有独立的控制。②

混合式学习将一个课程或科目中的不同学习模块结合起来,为学生提供全面的学习体验。这种方法营造了以学生为中心的学习环境,具有全球意义。由于其模块化结构,在线学习有利于以合理的成本进行个性化的、基于能力的教学,这就是为什么这两个术语经常被一起使用。

项目式学习(project-based learning):这种教学方法需要促使学生以互动和动态的方式解决真正的问题与障碍,目的是达成学生对他们所学科目的深刻理解。这种方法强调积极参与的学习过程,培养学生将其知识应用于现实世界的能力。许多混合学习课程结合了在线学习和基于项目的学习,从而帮助学生迁移和应用所学的知识与技能,提高他们的跨学科素养。基于项目的学习可以以在线和离线的形式进行。

4. 艺术课程混合式教学环境营造

设计艺术课程的混合教学环境应支持学生的独特需求。这包括专门的艺术教室、计算机房、虚拟教室、高速可靠的网络设施以及各种类型的艺术学科实践设备。除了这些物质要素,重要的是利用多种媒体将继承和创新有机地结合起来,跟上现代社会的发展节奏。

为了实现这一目标,教师应引导学生使用虚拟乐器、热转印机、3D 打印机、激光切割机等设备,促进学生自主学习。他们还应该将虚拟现实、增强现实和其他技术融入教学,为学生提供更加身临其境的学习体验。利用网络社交平台和远程通信技术也可以帮助学生加强与外界的沟通与交流,建立学习社区,提高艺术教学质量。

----

① 张宙.美国 K12 混合式学习的探究和启示[J].外国中小学教育,2019(05):75－80+74.
② 谢幼如.教学设计的原理与方法[M].北京:高等教育出版社,2016.

建立一个适合混合式艺术教学的环境,不仅需要物理设施和设备,而且需要接受新技术和教学方法的意愿。通过这样做,教师可以帮助学生对艺术及其在当今世界的地位有更深刻的理解。

混合教学环境包括物理空间和虚拟空间,前者是传统的教学空间,包括物理场所、硬件设备等,后者包括教学平台、虚拟社区、练习软件等。艺术课程的特殊性要求对教学环境进行仔细考虑。拥有传统艺术教学所需设备和设施的专用艺术教室可能并不完全适合混合式教学。因此,整合、规划或构建一个混合式的艺术学习环境是必要的。

要实施混合式教学,整合现有的学校空间资源并合理利用是关键。上海的学校一般都配有艺术专用教室和电脑室,在实施混合式教学时可以合理利用。此外,还可以在学校现有的美术、音乐、舞蹈教室的基础上,建立一个有利于在线教学的网络环境,创造混合式教学环境。可以增加智能教室互动黑板、手绘板、平板电脑等移动设备,改善教室的硬件设施,用教学管理平台软件来管理设备和教学过程。随着技术的不断进步,艺术课堂的高科技含量也将不断提高,动作捕捉、虚拟环境、人工智能等技术将推动艺术教学内容和形式的质变。因此,在新的时代背景下,积极营造新的艺术教学环境是非常重要的。

混合式教学环境的搭建要根据教学内容来整合、调整或添置。例如,上海市奉贤区古华中学艺术教师钱雪锋的"绘本故事——妙趣动画映校园"单元教学,在课程实施之前,钱老师根据教学的实际需要以及混合式教学的特点,对原有教学环境进行了合理改进。首先,完善无线网络布局。在艺术专用教室里安装了两个无线网络终端,便于师生在课堂教学中运用。其次,建构局域网管理系统。分别在教室端和学生端安装了主机管理系统,便于课堂教学管理、教学资料收发、过程性评价。最后,针对定格动画单元教学增添了灯光、拍摄支架、拍摄软件等器材。钱老师的"绘本故事——妙趣动画映校园"单元教学是在原有艺术专用教室的基础上改进与添置了网络、器材和软件,属于"就地转换"。

5. 艺术课程混合式教学计划

混合式教学教学计划的制订要考虑授课教师、设备设施、教学内容、教学模式以及社会文化等因素。要使混合式学习效果最大化,须先确定要解决的问题或要达到的目标。可以用"SMART"方法来描述,即具体的、可衡量的、可分解的、可实现的和有时限的行动纲领(用自己的语言转化,指向教学计划)。

自 2018 年以来,上海市中小学开始实施围绕一个重大主题或任务的单元教学设计。这种设计需要对学习内容进行分析、整合、重组和开发,形成结构化、科学化的课程设计,其中包含明确的主题、目标、任务、情境、活动和评价要素,以及多样化的课型。"大单元教学"设计的特点是系统分析,即对课程标准、核心内容和学习条件进行深入研究,从而进行全面的"再建构"。这种整体设计强调在着手备课之前,要对单元进行整体规划,重点是确定主题、明确目标、进行逆向设计(先评价后活动设计)、结构化任务、递进式活动,以及科学设计课型、课时、作业、评价等。

"绘本故事——妙趣动画映校园"单元教学,是根据上海市"空中课堂"视频课八年级第二学期"艺术诉说的动人故事"单元内容开展的线下教学。钱老师作为线上线下融合课程内容的执教者,十分清楚如何应用在线资源。他根据学情校情进行线下线上混合式教学设计。通过单元教学规划—单元教材教法分析—单元教学目标设计—单元活动设计—单元评价设计—单元资源设计等完整的教学设计过程,采用"就地转换"混合式学习模式,取得了良好的教学效果。具体教学计划如下:

"绘本故事——妙趣动画映校园"单元教学设计

单元来源	八年级第二学期"艺术诉说的动人故事"	教材版本	上海教育出版社
执教学校	上海市奉贤区古华中学	执教教师	钱雪锋

一、单元教学规划

单元类型	主题性综合	所属学习活动	综合·探索	所属主题	动画
研读 课程标准	本单元为八年级第二学期教学内容。课程标准中与本单元相关的第四学段(8—9年级)相关学习任务是"学习任务2:表现无限创意"中提到的"以个人或小组合作的方式编写脚本,运用手绘动画的方法,或选择身边的物品、制作的泥塑等,用数码相机、摄像设备等拍摄,并结合计算机动画软件制作配有音乐的动画作品"。 本单元主要围绕"创作校园公益动画"主题展开学习,属于综合·探索学习活动。由此,本单元的内容要求: 1. 聚焦校园生活,提炼主题,编写校园公益动画脚本,在文字描述或手绘草图中体现画面感和空间感。 2. 分配角色,布置场景,运用多种镜头表现手法进行拍摄,捕捉环境中变幻的光影,体验运动的时空,体会虚拟故事与现实生活的异同。 3. 运用蒙太奇手法,利用制作软件进行画面、对白和音乐等的后期制作,创造优质的动画。				
确立 单元主旨	1. 在感受动画魅力的基础上形成赏析动画的能力。 2. 体验设计与制作动画的艺术经历。 3. 增强综合探索与学习迁移的能力。				
单元 课时规划	3课时。				

二、单元教材教法分析

梳理教材

基本问题：动画如何丰富和表现校园生活？

绘本故事——妙趣动画映校园

单元任务：以小组为单位，合理分工，探究如何用动画记录和表现校园生活，并尝试创作完成一部1～2分钟的校园公益动画，最后结合校园网、公众号等平台举办线上线下作品发布会。

内容：	有趣的动画	创意动画"话"校园	动画有你更精彩
探究问题：	为什么人们喜欢动画？	如何用动画有创意地表现校园生活？	如何让动画作品更精彩地丰富校园生活？
课时任务：	小组分工并讨论：选择什么样的校园生活、故事等作为公益动画的内容	小组完成公益动画的脚本设计并尝试拍摄定格动画	小组对公益动画进行后期剪辑、配音、配乐并线上线下展示
知识：	动画定义、动画原理	脚本、定格动画	配音配乐、剪辑
技能：	欣赏分析动画、任务分工	设计脚本、拍摄定格动画	剪辑、发布展示
评价：	学习单+过程性评价	学习单+过程性评价+创意呈现	学习单+过程性评价+成果评价
素养侧重：	审美感知、艺术表现、文化理解	艺术表现、创意实践	创意实践、文化理解

大概念：动画丰富了人们认识世界和表现世界的方式

教材梳理

　　本单元结合目前教材中"艺术诉说的动人故事"第二课《绘本故事》中的动画教学内容，将单元细化，形成"绘本故事——妙趣动画映校园"单元。围绕基本问题"动画如何丰富和表现校园生活？"展开3课时的学习与探究，设置了"有趣的动画""创意动画'话'校园""动画有你更精彩"三个学习内容，并形成层层深入的问题链。在探究"为什么人们喜欢动画？""如何用动画有创意地表现校园生活？""如何让动画作品更精彩地丰富校园生活？"的过程中，通过欣赏感知、体会理解、创意体验、拓展探究等活动环节，在具体的案例解读、创意剖析、头脑风暴、创作表达、思辨讨论等学习过程中，引导学生通过运用动画知识、技能和思维方式，小组合作完成校园动画作品的创意表达。使学生深刻体悟"动画丰富了人们认识世界和表现世界的方式"这一单元大概念。

整合单元教学内容结构	
知识与技能	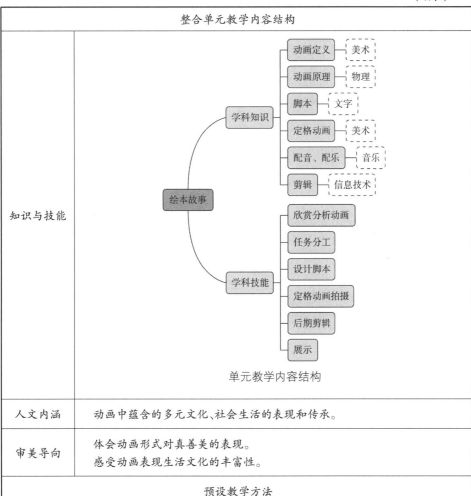 单元教学内容结构
人文内涵	动画中蕴含的多元文化、社会生活的表现和传承。
审美导向	体会动画形式对真善美的表现。 感受动画表现生活文化的丰富性。

预设教学方法
教师主导——讲授:针对概念性知识进行讲授,如动画原理、动画种类、动画脚本等。 师生互动——欣赏与拓展:引导学生在欣赏中知晓动画对生活的表现等。 师生互动——讨论:头脑风暴,引导学生讨论动画制作设计的创意。 学生自主——比较探究:通过多种形式的比较探究,发现定格动画的特点等,增强学习感受。

定位学科能力
关键能力: 1. 初步欣赏分析动画的能力; 2. 设计动画脚本的能力; 3. 拍摄和制作定格动画的能力。 其他能力: 1. 表达交流动画的创作构思能力; 2. 组员之间协作交流的能力。

三、单元教学目标设计

学情分析	
身心特点	八年级学生具有较强的好奇心和探究欲,乐于表现自己,同时也具备一定的理性思考能力。八年级学生对于动画已有初步的认知,更加渴望学习相关知识与技能并在生活中运用;对于很多问题有自己的理解,主观意识强烈。
能力基础与学习要求	能力基础: 八年级学生能简单地绘画卡通形象和场景;掌握简单的信息技术。 学习要求: 了解动画艺术夸张和变形等造型手段,学习定格动画的拍摄、制作与后期剪辑、配音等技能,完成一部1—2分钟的校园公益动画,举办线上线下作品发布会。

明确重点

动画的基本知识:动画的概念、动画原理、动画脚本、动画拍摄、后期剪辑。

明确难点

掌握定格动画拍摄技巧,用动画记录和表现生活,激发热爱生活、善于观察生活和表达创意的兴趣。

设计教学方法

落实重点的方法	观察、交流、总结。
解决难点的方法	观察、示范、归纳、交流、合作。

叙写单元教学目标

知识与技能:了解动画的基本原理、基本分类和发展简史;知道动画艺术夸张、变形等造型手段,能用审美的眼光去感受动画作品;了解定格动画的制作原理,利用平板技术制作简易定格动画的基本方法;初步掌握定格动画的拍摄、制作与后期剪辑、配音等技能,并尝试创作完成一部1—2分钟的校园公益动画,最后结合校园网、公众号等平台举办线上线下作品发布会。

过程与方法:通过实验、欣赏、分析等方法了解动画的基本知识,依据绘本,动手制作定格动画道具;通过观看视频基本掌握定格动画的拍摄技巧,在此基础上反复练习,修改、补充、完善,逐步完成拍摄制作、后期剪辑、配音等创作步骤。

情感、态度和价值观:感受动画的乐趣,体会其艺术魅力;用定格动画记录和表现对生活的感悟,养成热爱生活、善于观察生活和表达创意的习惯。

四、单元活动设计

活动序号	活动名称	活动目标	活动任务	关键问题
活动一	确定动画创作主题内容。	知道动画原理和定义,运用头脑风暴分工确认主题内容。	完成小组分工;确定动画主题内容。	选择什么样的校园生活、故事等作为公益动画的内容?
活动二	设计动画脚本,拍摄定格动画。	知道动画脚本的设计方法,尝试拍摄定格动画。	设计公益动画的脚本;尝试拍摄定格动画。	怎么制作、拍摄动画?
活动三	剪辑、发布、评价定格动画。	知道剪辑方法,应用软件后期制作并展示。	后期剪辑公益动画;线上线下展示。	完整的动画后期要做什么?

五、单元评价设计

活动序号	活动名称	评价观测点	评价形式
活动一	确定动画创作主题内容。	能否总结归纳动画原理和定义;能否积极参与讨论,完成分工和主题确定。	即时评价;学生自评、互评。
活动二	设计动画脚本,拍摄定格动画。	能否归纳总结动画脚本设计方法;能否积极参与设计脚本和拍摄。	即时评价;学生自评、互评。
活动三	剪辑发布、评价定格动画。	能否归纳总结剪辑的作用;能否积极参与剪辑和展示。	即时评价;学生自评、互评。

六、单元资源设计

资源类型	资源内容	资源使用
信息技术资源	多媒体、课件、平板电脑、网络。	利用网络资源帮助学生更好地欣赏动画,更直观地学习动画制作。
素材资源	《大闹天宫》《小红小绿》等动画视频、绘画材料等。	能更好地创设情境,使学生的活动具有真实性。
教学环境资源	专用教室。	便于学生操作与体验;便于小组内分组交流。

（二）基于混合式教学的艺术在线教学

如今,在线教学因其方便、快捷、灵活,已成为许多学校普遍采用的教学模式,使学生能够在家中舒适地学习。同时,为了确保在线学习与传统课堂教学一样有效,在保证教学进度和教学质量的前提下,因课制宜,采取多种方式,方便学生自主灵活学习。

其中一项措施是充分利用校内和校外的公共课程服务平台来促进在线教学,这个平台可用于组织在线讨论、回答问题、提供咨询、布置在线作业和进行在线测试等。为保证教学质量,教师应与课程平台建立联动机制,利用学习行为分析数据,了解学生的在线学习情况。

1. 在线教学形式

目前,在线教学有多种形式,包括直播讲座、录制讲座和慕课。在直播讲座中,教师在预定的时间定期进行在线讲座,学生可以通过电脑或手机加入在线课堂。教师使用腾讯或钉钉等会议软件创建会议,并分享他们的电脑屏幕,让学生使用学习通软件查看教学材料并参与互动活动。课后也可布置在线考试和家庭作业。录制讲座涉及教师提前录制讲座视频,并将其上传到在线教学平台。学生在课前观看视频,教师在课上或课后进行在线问答和其他活动。慕课是指教师从中国大学 MOOC、学堂在线、智慧树等平台上选择优质资源。学生在课前学习这些资源,教师在课上进行在线问答和其他活动。课后,教师给学生布置家庭作业。

无论哪种教学形式,教师都可以在教室、办公室或家里进行现场教学,而学生则在家里通过电脑或手机实时观看和学习。总的来说,不同形式的在线教学为教师和学生提供了灵活性和便利性,同时保持了与传统课堂教学相同的学术质量水平。

2. 在线教学流程

作为新一代的教育技术,基于互联网的在线教学结合了计算机网络和多媒体技术而出现。其实时互动功能打破了传统教学模式的时间和空间限制,这既使得学生可以自己计划学习时间,也可以促进师生之间、学生之间的充分讨论,这种互动对于提高教学质量和挖掘学生的高级学习能力至关重要。因此,开发问答系统是在线教学的一个重要方面,对实现高质量的在线教学有着深远的实际意义。

远程学习是混合式教学的一个组成部分。因此,混合式教学的关键是学习如何利用互联网进行艺术课程的在线教学。常见的在线教学方法包括多媒体在线教学、在线智能问答系统、在线讨论和交流、在线学习评估和在线辅导。实施过程中有三个主要的网络系统：电话网络、有线电视网络和 IP 网络。这些网络系统都有许多技术可以直接用于远程学习系统中的远程学习服务。具体采用何种系统，要因人而异，要根据实际需要和特点选择。

上海市上海中学的张漪老师结合"空中课堂"进行上海教育出版社八年级艺术第一学期第一单元"华夏艺术的渊源追溯"第一课《古乐古舞》的在线教学实践。教材中所涉及的资源有大型歌舞剧《编钟乐舞》《采薇》(选自舞剧《孔子》)等。张老师针对初中艺术在线教学存在的教学资源不足、学习监控乏力、隔空指导延时和展示渠道单一等问题，经教学实践提出：应根据教学实际情况，以艺术课程核心素养培育为导向，研究教法，整合资源；要聚焦教学目标，关注学习，设计导学；依托"空中课堂"教学资源，开展导学与单元架构；应增加直播互动方式，丰富形式，加深理解；要加强指导实践，拓展延伸，及时反馈。

素养导向 研究教法 整合资源	聚焦目标 关注学习 设计导学	依托"空中课堂" 教学资源，开展导 学与单元架构	直播互动 丰富形式 加深理解	指导实践 拓展延伸 及时反馈

线上互动教学行动流程示意图

3. 在线教学的关键思考点

第一，课前资源整合要抓重点。教师的备课是有效实施课堂教学的基础，而准确把握教学资源是备课的关键。艺术教学的资源有类别多元、内容多样等特点，如教科书、艺术作品、工具材料、数字资源、软件工具、信息平台、师生关系、社会性情感支持、学习环境等。因此，在备课时要根据教学的重难点对资源作大胆的取舍，尤其是将教材为我所用。

第二，课中导学实施要激发学生的学习兴趣。导学案的设计是为了指引学生自主、高效地学习，引导学生自主学习、主动参与、合作探究、优化发展。学习兴趣是保持学习原动力、持久力的重要因素之一，因此在导学案设计中也要关注如何激发学生的兴趣。以导学案作为有效实施在线教学的支架和路径，围绕教学目标，基于学生的实际，设计详细的阶段性导学案，采用视频、图片、文字、语音等形式互动，增加在线教学的互动性和学习参与度，激发学习动力，促进学生素养的提升、知识迁移能力的提高。

第三，课后展评反思要多元。艺术教学中展览展示是教学评价的一种重要形式，也是在线教学的难点之一。所以，要依托多种网络平台进行艺术作品、演唱、表演等的展览展示，以多元的展示形式激发学生艺术学习的持续动力，并以微课强化实践指导，提升学生创作品质，提高网络展览评价质量。

三、艺术课程混合式教学模式

做好国民化的艺术教育,将会为整个社会注入源源不断的精神动力。广义的艺术教育是为了让更多的普通人自发地去欣赏艺术,并不是为了让所有人都去从事艺术。我们提倡艺术教育生活化,小到产品包装,大到城市规划,在大大小小的细节处都可以找到艺术教育的踪影。学校艺术课程是艺术教育的有效载体之一,因此,要因地制宜地选择适合艺术教育教学的路径。路径选择要遵循教学的基本规律。以下四条教学基本原则是非常重要的:第一,学习是一个积极的过程,需要学习者的参与。第二,学习是一个积累经验的渐进过程。第三,不同类型的学习有不同的过程和条件。第四,有效的教学对学习至关重要,因为它根据学习的规律为学习者提供及时、准确的外部支持。基于这四条原则,充分发挥线上和线下教学模式的优势,形成艺术课程混合式教学模式。

艺术课程混合式教学模式

学习阶段	教师活动	学生活动
虚拟课堂:先行探索	发布导学任务;上传教学资源,组织讨论;答疑解惑,查阅学习信息;调控学习过程。	接受任务;自主探索,提出疑问;在线讨论,上传笔记;在线自测。
真实课堂:协作研讨	反馈先行学习情况,讲解重难点、易错点,师生互动;解决开放性探索问题,课堂总结;布置课后作业。	纠错;接受讲解信息,生生合作;研讨交流学习效果;反思自评。
虚拟课堂:拓展巩固	发布拓展学习任务与检测作业;组织讨论;答疑解惑;批阅作业;数字化反馈。	拓展学习;在线学习,提出疑问;在线讨论纠错;调整学习计划。

(一)网络化学习环境设计

1. 网络教学平台的选择

在线文化和艺术服务极大地扩大了学习环境的覆盖面,比如,通过在线展厅可以看到世界各地博物馆的精美展品,通过智能手机可以远程使用图书馆的在线资源,在电脑上可以欣赏高清戏剧视频。虽然场景可能已经转移到了互联网,但这些服务丰富了人们在自己家中了解艺术和参与文化体验的机会。

所以,选择一个合适的在线教学平台是至关重要的。对此,有几个原则需要考虑。第一,应仔细评估平台的稳定性。这就需要考察系统是否由可靠的一方运营和维护,这种运营和维护是否会影响平台的可用性。此外,必须调查平台在使用过程中是否出现滞后或错误。如果满足这两个条件,一般认为该平台是可靠的。第二,应评估平台的安全性。这主要涉及数据的安全性,包括教学资源和师生的个人信息。第三,应评估平台的教学功能。这需要考察教学模式,如直播、录播、面授,以及发送和接收材料、在线评估、收集和存储过程数据、上传教学课件等能力。还应考虑其他功能,如对学生的按需支持,将直播课程自动转为录播课程而无须多次上传,提高平台的便利性和有效性。

2. 网络课程设计与开发

由于网络课程是通过媒体技术提供的,教和学在空间和时间上是分离的,这就需要对课程设计提出更高的要求。除了纳入基本内容和支持环境外,在线课程还需要考虑在线学习者的特点,优先考虑以学习者为中心的方法,强调互动和支持服务,并利用技术和多媒体的优势。课程内容也需要根据在线学习的显著特点进行重构。

根据网络课程的定义、国际质量标准、设计要素与工具,以及之前的研究和实践,我们提出在线课程的开发必须坚持以"学"为中心的参与式课程理念,它立足于学习者的学习设计要素。这些要素包含了学习目标、学习内容、学习资源、学习活动、学习评价、工具和平台、学习指导和学习支持。[①]

坚持以学习者为中心、以目标为导向的方法来设计在线课程是至关重要的,这种方法考虑到了互动和存在,并在每个元素中利用系统的学习设计。这种方法确保每个阶段、环节和元素之间的内在连贯性和逻辑性,从而为学习者带来积极的学习体验。

(1)目标导向:指网络课程必须坚持"课程目标—学习目标"的方法。总体的课程目标是设计课程方案的基础,而具体的学习目标则是指导学习内容的每个元素的发展。以目标为导向的方法对于保持课程的所有阶段、环节和元素的内部逻辑和连贯性至关重要。

(2)学习设计:指站在学习者的角度设计学习路径、节奏与体验,核心是激发学习者的内在动机,让学习者沉浸在学习中,并促进思维流动的体验。学者们建议,在线课程应该鼓励主动学习,并通过融入多种呈现、行动和表达方式来支持多样化的人才参与和学习方式。为了满足不同学习者的需求和兴趣,在线课程设计应该遵循通用学习设计原则。

---

① 王志军,余新宇.在线课程设计与开发:要素、理念模型与过程模型[J].开放教育研究,2022,28(03):81-92.

许多学者认为,网络课程必须鼓励积极学习,支持多样化的人才参与和多种学习方式(邦克等,2015)。鉴于在线课程受众的多样性和丰富性,课程设计必须遵循通用学习设计原则(卡斯特,2021),其中包括多种呈现方式、行动和表达方式、输入方式,以满足不同学习者的需求和兴趣(特拉斯特,佩克塔什,2018)。美国亚利桑那大学开发的"学习设计工具包"可以促进多层次的学习设计(皮尔比姆,2020)。此外,设计思维作为一种以用户为中心的解决问题的创新方法,与学习设计的需求非常吻合,课程团队应该采用其概念、模型和方法来进行课程设计。① 此外,学习设计的前瞻性和迭代性对于确保有效的设计至关重要。

(3)情境设计:情境设计是建构主义学习理论的一个重要方面,在学习过程中使用各种媒体技术对它有很大的促进作用。在在线学习中,为学习者创造相关的情境是很重要的,因为它可以增强认知和体验(王志军等,2018)。在情境设计中,我们需要考虑两个方面:一是如何选择合适的媒体和工具,以便为学习者提供有效的学习环境;二是如何准备有效的学习资源,以便让学习者更好地理解和掌握应用场景。为此,我们可以采用文字、图片、音频、视频等多种形式,利用增强现实和虚拟现实等先进技术,创造出一个更加真实的应用场景。此外,有效利用有指导的教学会谈理论是创造情境的重要途径。

(4)交互设计:交互设计在在线课程设计中也起着至关重要的作用。按照教学交互层次塔,课程设计应优先使用各种媒体技术,并根据之前的互动层次选择合适的工具和平台来支持教学。信息互动起着连接作用,需要将独立学习活动、师生互动活动和生生互动活动结合起来,以促进深度学习和概念互动。在设计过程中,应该特别关注互动性,比如,可选择、可控制、可编辑、可评估、模拟交流、自动反馈、学习指导以及学习资源的实际使用场景。概念性交互的顶层定位可指导学习评价的设计,应结合定量和定性分析来评价学习者的学习过程。基于等价交互的原则,我们需要根据需求和成本重点设计信息交互层的三类交互,在保证学习质量的前提下降低设计和学习的成本。例如,xMOOC 强调通过内容来实现学习,并且关注学习者之间的互动;相比之下,cMOOC 更加关注通过网络来实现学习,并且强调学习者之间的互动。

(5)存在感设计:存在感与交互的关系就像生物学的双链 DNA 螺旋结构(王志军,2016)。存在感设计更注重学习者的体验和情感,而不是互动的客观性。之前的研究发现,教学存在感和社会存在感共同影响着认知存在感(谢伊,比杰拉

---

① 王志军,余新宇.在线课程设计与开发:要素、理念模型与过程模型[J].开放教育研究,2022,28(03):81-92.

诺，2010）。与三种存在感都很强的传统课堂教学相比，在线学习往往缺乏教学存在感和社会存在感，导致认知存在感水平低，学习效果不理想。社会存在感促进了参与感和归属感，教学存在感为学习者提供了支持和动力，而认知存在感则促进了获得感和成就感。因此，设计者应该注意存在感的设计。设计师一方面要考虑认知、教学和社会存在感的设计，另一方面要以提高两类或三类存在感水平的方式来设计每个要素。

3. 课程资源的搜集整理

混合式艺术课程教学依靠的是丰富的课程资源。互联网提供了丰富的艺术学习资源，包括各大博物馆、高校慕课群、央视新媒体的"CCTV 视频"、微信公众账号等。为满足实际教学需要，教师应认真选择、搜集和整理这些材料。

虽然非信息技术相关学科的教师在建设网络资源时确实可能会遇到困难，但这种困难是可以克服的。这里提倡的在线教学资源不一定需要高级的技术能力，只要有基本的硬件投入和几个小时的编辑软件学习，录制和编辑微课是可以实现的。主要的挑战在于围绕修改教学目标和整合课程内容所需的时间。这可能涉及修改以前的线下讲座，分解知识点，录制和编辑微视频，设定学习目标，以及开发辅助练习题。

在线资源是混合式教学的先决条件。混合式教学利用互联网技术，通过微视频的方式向学生展示，使学生能够更好地掌握所学内容，并且能够更快地融入学习。通过这种方式，我们能够提高教学的效率和质量。在课堂讲授过程中，根据学生在线学习过程中的反馈，重点强调关键点、难点概念和常见问题。

4. 网络教学环境的设置

教学环境是指影响教学活动的外部条件。在现代教育技术背景下，教学环境包括各种资源和传输系统。根据传输系统的整合程度，现有的网络教学实践可以分为三种类型：基础型、集约型和高集成型。基础型的网络教学环境只需使用通用软件即可，对教师的技术准备要求不高，对学校的硬件要求也很低，甚至没有校园网也可以。这种环境相对容易建立。相比之下，集约型网络教学环境需要教师或学校建立互动学习网站，包括与学科学习直接相关的互动学习讨论区。教师的重点转移到设计教学活动计划和实施教学活动。该环境的建设具有适当的复杂性，可以作为探究式学习的基本平台。信息技术在教育中的利用主要是为了获取资源、促进交流，并为教育内容的呈现和传递提供平台。此外，它还是教师提供与教育有关的信息和代理服务的空间。建立一个高集成型的网络教学环境需要一个校园网络，它不仅能提供高速的互联网连接，而且能实现网络发布和数据库服务。在这种环境下，信息技术整合了各种技术手段，创造了一个全面的课程平台。通过对各种类型的网络教学环境的分析,我们对网络教学活动有了更全面的了解。虽然网络是教学环境的重要组成部分,但网络教学也应同时依靠传统课堂和网络平台来提供有效的教学。因此,我们可以得出结论,选择技术没有单一的标准,而是取决于具体的教学要求、可用的人力和物力以及其他因素。

因此,艺术课程混合式教学环境的设置应该注意以下几点:

第一,规范教学流程。艺术课程混合式教学的开展需要教师做到课前、课中、课后全过程规范、有序管教督导。课前,教师提前一天将当天任务发至学习通平台及班级 QQ 群,引导学生学习、讨论,准备课程所需的用具。课中,教师借助学习通平台帮助学生掌握课程的知识点,利用 QQ 群实时跟进学生的学习情况,加强师生线上互动,调动学生学习积极性,引导学生思考,聚焦课程重难点,解决个别学生问题,提高线上教学效果。课后,通过 QQ 群对学生作业进行逐一点评和优秀作品集中展示。

第二,丰富教学实践。线上艺术实践是一种融合了传统教育方法与现代技术的新型教育方法。它可以帮助学生利用互联网和移动设备进行实际操作,培养他们的艺术素养,评估他们的学习成果。这种方法能够有效地提高教学质量,从而提高教学质量。教师根据各学科的特点提炼出戏剧实践、舞蹈实践、歌唱实践等多种艺术实践方式。比如,戏剧欣赏章节的教学,教师以朗读台词为切入点,利用线上 App,通过配音秀的方式,向学生展示经典著作的魅力,锻炼学生的语言表达能力,使课程更丰富、更有趣。

第三,更新教学方法。根据课程的定位,教师课上多采用讲述与实践相结合的教学方式,随着时间的推移,学生对于线上教学的新鲜感下降,课上容易出现配合度降低等情况。为了激励更多的学生参与互动与展示,教师不断更新教学方法,推动艺术课程混合式教学的开展。艺术欣赏课程中教师课上采用任务引领的模式,每节课布置一个艺术实践任务,并随机抽取三名学生作展示,其他学生及教师对其进行打分及点评。

(二) 建构主义学习环境

建构主义学习环境具有真实学习情景、合作学习、注重问题解决等特色,所有的学习环境都依赖于技术,以使环境易于操作,计算机以及相关技术在建构主义学习的实现过程中发挥着举足轻重的作用。[①]

---

① 余胜泉,路秋丽,陈声建.网络环境下的混合式教学———一种新的教学模式[J].中国大学教学,2005 (10):55 - 56.

1. 基本要素

（1）信息资源：包括各种学习内容和辅助学习材料，如教科书、视频、教学软件、相关研究论文等。通常情况下，复杂和先进的知识是以嵌入在具体的现实生活中的问题的形式呈现的，有大量的相关案例。要求学生通过利用相关信息和案例来解决真实的问题，从而获得知识并培养解决问题的能力。

（2）认知工具：认知工具可以被描述为支持、引导和增强用户思维过程的心理模型和设备（德里，1990）。现代学习环境中，认知工具被广泛应用于各种领域，它们可以有效地整合计算机与通信技术，从而提高人们的认知能力。学习者可以使用这些工具来获取、处理、编辑和制作信息与资源，并利用它们来表达自己的想法，与他人交流和合作，等等。

（3）自主学习策略：现代学习环境要求学生积极探索和发现，以实现其学习目标。这意味着，迎合学习者个人特点的独立学习策略是必要的。这种策略应该满足三个条件。第一，应该给学生充分的机会，在学习过程中展示他们的主动性和积极性。第二，应该允许学生在各种情况下应用他们所学的知识，从而使他们的知识外化。第三，学生应该能够更好地理解客观现象，并通过自身行动的自我反馈设计出解决问题的实际方案。

（4）帮助与指导：学习环境中，学习者是学习过程的主体，然而，这并不否定教师在任何学习环境中提供指导、控制、管理、帮助和引导的关键作用。教师承担着确定学习目标、组织学习活动、提供帮助和指导、引导学生在学习环境中有效利用认知工具的责任。因此，教师被认为是教学过程的组织者、指导者、帮助者和促进者，确保有意义的知识的构建。

2. 学科资源

混合教学的在线教学主要依托网络课程平台和学习资源。教师在使用网络课程平台之前要对其功能进行系统规划，发挥平台的个性化定制功能，使网络课程满足不同的需求。因此，应围绕不同艺术门类建设艺术课程混合式教学的学习资源。音乐、美术、戏剧、舞蹈和影视等艺术门类具有其独特的艺术特质，学科特质决定了其教学资源的多样性。

除了传统的学科资源外，基于大数据分析的强大智能学习平台对于支持艺术课程的混合式教学至关重要。该平台通过创建在线课程超市、测试中心和学习社区，满足个性化教学需求，激发学生学习主动性，辅助教师开展教学活动，促进优质资源共享，有效监控和评价教学质量，从而提升混合式教学模式。智慧艺术学习平台为所有教师和学生服务，围绕课程建设和学生自主学习，集成了在线课程学习、师生互动、在线答疑、教学管理等功能。它具有以下几个优点：（1）利用高科技信息技术,同时满足 PC 端和移动终端的需求,激发学习主动性;(2)通过提供大量的教学资源和定制的在线课程,满足多样化的学习需求,实现学习资源共享;(3)通过测试中心和在线自我测试,实时监控学生的学习进度,更好地进行教学监督和评估;(4)通过建立学习社区,展示学习成果,促进学生之间、学生与教师之间的交流,打破传统课堂环境中的交流局限,提供更多互动和交流的机会。

3. 网络课程

网络课程包括通过网络提供的教学内容和活动,是信息时代的一个新的课程框架。这个课程的重点在于通过制订明确的课程目标和方案来安排课程内容,并为学生提供良好的学习环境。网络教学支持环境包括软件工具、教学资源和在网络教学平台上实施的活动,以促进网络教学。

丰富的艺术网络课程为混合式教学提供了有效的支持,将教师的教学行为拓展到传统课堂之外,使学生能够在图书馆、宿舍等不同地点进行学习,从而大大提升学生的学习效率和效果。

第二章
"空中课堂"教学资源库建设

第一节　艺术学科"空中课堂"
教学资源库建设的新思路

一、上海市中学艺术综合课程的建设与实践

世纪之交,综合国力的竞争日趋激烈,随着经济与科学技术的发展,对人的综合素养要求不断提升。立足学生发展目标与上海实际,《上海市普通中小学课程方案》提出:"以内容间的相互联系和学习过程的共同特征为依据设置学习领域,以便从课程设计和课程实施两方面,为实现课程的均衡性、综合性、多样性创造条件",中学艺术综合课程建设由此启动。经过长期的探索实践,上海市中学艺术综合课程在原有美术、音乐课程的基础上,新增舞蹈、戏剧、影视等艺术门类,并通过各艺术门类之间的相互融汇,以及与人文、科学、技术等学习领域的相互渗透,进一步丰富和拓展艺术学习领域与艺术教育的生长空间。显然,上海市艺术综合课程的探索和推进,是对当代课程改革和新时代美育需求的全方位回应,也是从无到有的先行尝试,其在课程理念、教学模式、保障机制等方面的探索和突破,为我们带来的既有经验和启迪,也有问题与思考,对我们把握新时代美育教育的脉搏有着深远的意义。

(一) 上海市艺术课程建设的回顾

上海市艺术课程的建设与实施,是理论和实践的系统性工程,所面对的问题与挑战,包括课程理念梳理、课程形态设计、教学转型探索、课程实施保障机制建设等诸多方面。围绕这些问题的解决,上海市艺术课程的建设与实施大致经历了以下两个阶段:

1. 课程建设阶段(1998—2004 年)

(1) 确立"分段设置　渐进综合"的课程理念

1998 年,上海市教委贯彻《面向 21 世纪教育振兴行动计划》和《关于加强学校艺术教育工作的意见》,1999 年中共中央、国务院《关于深化教育改革,全面推

进素质教育的决定》等重要文件精神,结合上海城市特点与教育改革基础,开启艺术综合课程的开发与实践研究,发布了《面向21世纪上海市中小学艺术教育改革行动纲领》,为中小学艺术教育改革提供了具有前瞻性、系统性的课程架构。

2004年,上海市教委依照儿童心理学、学习发展关键期等理论,颁布了《上海市普通中小学课程方案(试验稿)》与《上海市中小学艺术学习领域课程指导纲要》,确定了分合一体的"人"字形艺术课程结构:一至七年级实施音乐、美术分科艺术课程,发展学生感知觉能力;八至九年级实施初步综合的艺术课程,拓展到戏剧、影视、建筑、书法等艺术门类的学习,引导学生对主题引领下的艺术美产生更为广泛的认知和体悟;十至十二年级实施全面综合的艺术课程,促进学生积极参与具有综合性艺术特征的多样实践活动,提升对艺术的理解与表现能力,为学生的健全人格和素质发展奠基。

(2)初建课程形态,探索课程实施路径

2001—2004年,上海市率先研制《上海市中学艺术课程标准(征求意见稿)》,初步奠定"关注不同艺术门类之间联系,渗透自然、生活、社会、科学人文等领域内容,强调视觉、听觉、动觉联动,引导学生学习与运用各门类艺术语言,提倡综合学习方式,丰富艺术实践体验,激发艺术想象力,提高艺术实践与创造能力"的综合课程观念。由此锚定课程价值,明确课程定位、课程理念与设计思路,明晰课程总目标与分阶段目标的构建路径。2001年,同步启动中学艺术教材编制工作,奠定了艺术课程的综合形态,初步形成"主题化、模块化、范例式"三种教材呈现样式。教材的探索实践为课程标准的制定提供了案例与实践路径,形成了课程标准与教材的相向研究。

课程实践之初,选取全市初高中各50所试点学校参与试验,重点攻关"如何认识与定位艺术综合课程的育人价值""如何凸显艺术课程的综合性""怎样实现从分科到综合的教学方式转变"等问题,在具体的教学实践中,探索构建实现学科育人价值的教学体系,以教学实验改进和细化了教材的呈现样式,反哺课程标准的研制与解读,为课程实施推广奠定良好的基础。2004年,《上海市中学艺术课程标准(征求意见稿)》正式出版,确立"丰富艺术审美经验,提高审美素养;尊重个性差异,提供可选择课程;体现多元文化,突出艺术经典;发展多元智能,优化学习方式;关注学习经历,重视过程评价"的课程理念。

(3)教研跟进,聚焦课堂教学的转型

以"理解艺术课程,落实艺术综合教学"为主题开启市级教研,聚焦课堂教学,探究艺术综合课程教学实施方法,推进中学艺术综合课程的发展。设计了"课程统整""同课异构""艺术综合的多方关联"等系列教研主题,以主题教研提升教师对中学艺术综合课程的理解。将教研与课程标准修订、成果转化深度结合,科学划分艺术学科的学业水平,确立以"学习过程与学习结果相统一""艺术经历与艺术能力发展相统一"的评价原则,引导教师关注学生自主学习表现和学习体验,促使教学从重视知识技能掌握向重视主动参与、过程表现、活动体验和综合能力发展转变。以教研引领教师的课程理解力和执行力。

2. 深化实践阶段(2004 年至今)

(1)夯实艺术课程的基础建设

2011 年启动《上海市中学艺术课程标准》修订工作,以此为契机,编制上海市初高中艺术学科"教学基本要求""单元教学设计指南"等指导文本,修订完善初高中艺术教材,编写《光辉的历程》《祖国的春天》等专题教材,作为基础型教材的补充,拍摄"空中课堂"视频课,建设线上线下相融合的教学资源库,为艺术课程的实施提供了全面的系统支撑。

(2)推进单元教学的有机整合

结合单元教学设计研究,通过"上海市中学艺术学科育人价值研究""艺术学科彰显中华优秀传统文化课堂教学实践研究"等重大项目的深化研究,明晰艺术学科的特征与育人内涵。以单元教学为抓手,深入理解"主题化、模块化、范例式"的教材呈现样式,设计主题大概念与核心问题,明确单元目标与学习任务。推动学习内容与环境资源的有机整合,形成"视、听、画、演、创"融合的大单元教学,力图体现新课程的理念和方法,打造具有示范意义的精品课堂,逐步形成艺术综合课程的基本教学模型。

(3)落实素养导向的教学评价

探索教学与评价的深度融合,建立基于学生艺术学习经历的评价原则,形成兼顾学习过程与学习结果的综合评价方式。自 2015 年始,以教育部课程标准的"核心素养测试研究"和"上海市绿色指标'艺术素养'测试研究"(以下简称"绿色指标")评价理念为主要参照,逐步推进"运用发展性评价方式引导教学方式转变"项目并取得了较好的效果。特别是 2020 年起开展的"关于缩小城乡学生艺术素养差距的行动研究"项目,重点关注了评价在学生艺术学习经历中的作用,既关注学习结果,也关注学习过程,短期内也较好地促进了城乡学生的艺术学习。

(二)上海市艺术综合课程实践的突破与创新

1. 以"分段设置　渐进综合"促成课程的有效实施

艺术综合课程体现了"分段设置　渐进综合"的课程理念。以关注学生的全面可持续发展为目标,将学生的整体性发展与艺术学习阶段性、递进性相对应。

根据艺术学习关键期理论和学生认知发展规律,按照"人"字形结构的思路,在初高中不同阶段进行差异化设计。从重基础和体验的不同艺术门类学习,逐步发展到复杂情境下的艺术综合学习。构建将音乐、美术、舞蹈、戏曲和影视等学科内容"分步切入、渐进综合"的实施路径,形成从初步综合到全面综合的课程形态。充分发挥艺术课程在育人中的综合作用,开创中小学相互融合、校内外互为补充的艺术教育新格局。

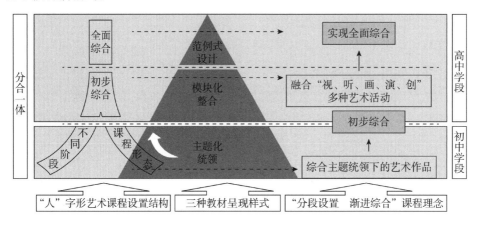

上海市中学艺术课程设置示意图

2. 以"单元整合 综合进阶"建立教学的多元形态

在综合化实践中构建"单元整合 综合进阶"的课程教学样式,建立"以主题构建单元,形成教学内容的结构化设计""以跨门类、跨学科关联,引导多样的艺术体验""以艺术综合活动为主线,体现融合创意艺术实践""倡导教、学、评一致,引导综合学习"等多层次多样化的教学模式(参见《大漠瑰宝敦煌艺术》案例)。

(1)凸显单元教学的结构化设计

充分挖掘艺术课程整体性、多样性和关联性的特点,强化大概念、大单元教学,在单元设计中关注单元目标与学生经历的关联性;强化单元实践活动的整体设计,在单元主题引领下形成教学内容的结构化设计,凸显课程的综合性和整体性,形成课程"外延拓展—多样链接—样式整合—综合学习"的有序推进。

(2)开展主题引领下的艺术综合活动

从生活、文化、科学等视角构建单元主题,关联课外活动、文艺展演、社区考察、场馆体验等,形成课内外、校内外艺术学习联动。引导学生关注社会,聚焦热点,丰富艺术体验,实践育人价值。

(3)发挥教、学、评一致的相互促进作用

运用发展性评价方式引导教学转变,建立并完善针对开放性、发展性艺术作业的评价原则,帮助教师及时改进教学内容与教学方式,凸显基于学生表现的评

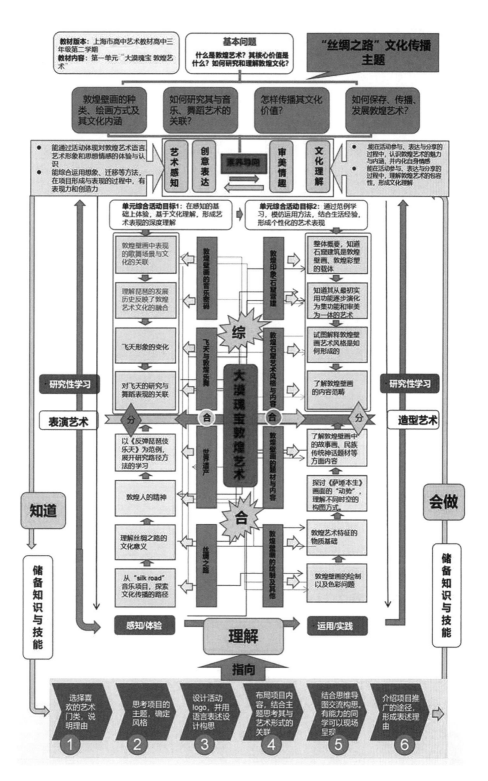

《大漠瑰宝敦煌艺术》案例

价,关注获得学习经历以及学习经验的能力,提高学生学习的自信与动机。

3. 以"环境支持 跨界联动"建立课程的协同机制

（1）实现不同艺术学科背景教师的教学联合

聚焦课程与教学,围绕从初步综合到全面综合的渐进式发展路径,市级教研直接引领音乐、美术、舞蹈等不同学科背景教师开展"课程统整""同课异构""艺术综合的多方关联"等系列主题教研,打造跨艺术领域和多艺术门类融合的课堂,推进课程的综合化发展。

（2）配套构建艺术学科三级教研体系

市域组建学科中心组,各区设置艺术教研员岗位,形成市、区、校三级教研网络,构建课程研究与实施的基础团队。建立教学研究制度,形成深度教研的落地方式,开展持续的主题教研,提升艺术教师的课程理解力与实践力,促进教师队伍的整体提升与长效发展。

（3）培育课程建设与实践的攻关团队

以项目研究为抓手,组建一支由高校专家、市（区）教研员和骨干教师为核心的攻关团队,从顶层设计到实施、反馈、验证,由点及面,分步推进中学艺术综合课程。

成立多年的上海市教育学会中学艺术教学专业委员会遵循"学术为本、服务立会"的方针,团结凝聚广大教育理论和实践工作者,积极参与中学艺术综合课程的落地与发展,助推中学艺术教师职业进步和专业成长,是艺术综合课程教育教学研究的坚强后盾。

（4）促进信息技术赋能的数字化教学转型

基于国家课程改革深化的要求,以"空中课堂"视频课教学资源拍摄为基础,建构立体的教学资源库。依托备课助手、教学助手、作业辅导助手赋能艺术教育数字化转型,在一定程度上打破不同地区教育资源不均衡的局面。学生可以通过线上线下混合式学习,促进自我调节、自我管理和获得各种教育资源,提高学习能力;教师可以利用线上线下混合式教学提高上课效率,有效突破传统教学资源的局限。

（三）上海市艺术课程实施的效果与反思

1. 艺术课程实施效果

（1）学生艺术素养得到全面发展和显著提升

艺术课程多样化、综合化的学习方式为学生带来丰富多样的艺术体验,学生艺术素养得到显著提升。在 2016 年、2019 年教育部艺术素养测评中,上海学生各项指标领先全国,学生对艺术课程的满意度和参与度位居全国第一。

2018年起上海市"绿色指标"增加了"艺术素养"测试,与艺术课程实施形成正向呼应,使评价成为促使学生艺术素养提升的有效抓手。命题采用视听与纸笔结合的方式,考查学生对艺术作品的感知能力、正确理解和运用艺术语言进行艺术表达的能力。全市有91.5%的学生在测试中达到课程标准的基本要求。[①]

2021年第二轮艺术素养测试进一步反映出学生整体素养水平有显著提升,97.18%的学生达到课程标准的基本要求;高阶思维的体现,也显现艺术综合学习的结果;城乡学生艺术素养的差距在逐步缩小。

艺术课程的实施调动了学生艺术学习的积极性和主动性,体现出明显的自主探究、合作学习的意识,更多学生参与服务社区、走进艺术场馆的艺术活动,在感知作品的过程中提升自身的审美情趣。学生了解了更多中华优秀传统文化,表达了更强的传承和传播的意愿。

（2）由无到有,上海市中小学艺术教师队伍逐步形成和壮大

通过二十余年的实践,艺术教师不仅在教学方式上发生了改变,而且在不同艺术门类的学习中拓宽了自身的艺术素养和观念。目前上海的艺术教师队伍逐步扩充了舞蹈、戏剧、影视等学科力量,为课程发展提供了有力保障。先后有6位教师获得第一届全国教师优质课评比大赛一、二等奖;有29节课获得全国艺术课程录像课评比一、二等奖;有27节课获得教育部"一师一优课"优课奖;自2010年起,通过四届中青年教师教学评选、两届艺术教师基本功展评,一批有志于艺术综合课程教学研究的教师脱颖而出,有力地推动了上海市中学艺术综合课程的深化实践。

上海市教委联手东方卫视录制"艺术课堂"系列专题节目,14节中学艺术课通过荧屏向全社会普及艺术文化,扩大了学校美育辐射力度。举办六届中小学生"百校风采"综合艺术展演活动,使得艺术教育在社会上引起极大反响。

（3）为全国艺术课程改革提供了地方经验

2013年、2015年,受教育部高中艺术课程标准编制组委托,上海市教委教研室在上海举办全国第一、第二届"艺术课程与教学"高峰论坛,既是对课程研究的阶段性总结,也是上海经验的向外延伸与推广。

2018年起开展的"上海市学生艺术素养测试评价"指向学科核心素养,以素养为导向,有效提升了课程的育人价值。从课程到教学,从教师到学生,逐步形成

---

① 钱熹瑗.绿色指标中学艺术学业水平测试的上海实践研究[J].上海课程教学研究,2020(S1):58 - 65.

了综合学习的理念,强化了评价对学习过程的引导作用,探索与完善了跨学科素养的培育,为全国提供了综合课程建设与实践的地方经验。

2. 艺术课程实施反思

从建设之初人们对艺术综合课程的疑惑,到今天在全市所有中学有序实施,赢得有识之士和社会媒体的高度褒扬。中学艺术综合课程二十余年的发展之路虽步履维艰,但我们会继续思考并行动,为全国艺术教育改革开展进一步探索。

(1) 促进育人价值的进一步落地

在教学中进一步落实分合一体的有机衔接;进一步建立课程实施的支持系统,完善艺术课程的保障机制。创设艺术综合学习情境,追求艺术理解,强化多感官体验,在多元化活动中升华情感交流,用艺术的力量感染人、熏陶人,达成学科教学的育人目标。

(2) 促进课程形态的进一步多元

结合当前中国学生发展核心素养和艺术学科核心素养,挖掘艺术课程的美育内涵,促进课程形态更加多元化和多样化,使各艺术门类专项学习与艺术综合学习有更多的"接口",实现艺术的融通。

(3) 促进深度学习的进一步落实

进一步加强单元教学的整体设计,以"围绕核心素养,设计单元教学,引导深度学习"为主题,不断深化教学实践,实现艺术整体育人功能。

二、上海市中学艺术学科"空中课堂"教学资源库建设

上海市中学艺术学科在线教学以现代教育技术和学习理论为指导,利用计算机或移动终端设备为学习者提供丰富的教学资源,提供更方便自由的教学方式,开展同步或异步的线上线下教学。上海"空中课堂"教学资源是上海艺术学科在线教学的主要代表。艺术学科"空中课堂"视频课是构成艺术学科"空中课堂"教学资源库的主要内容,涉及从八年级到高三年级设置艺术课程的所有年级的全部单元。

艺术学科"空中课堂"视频课,首先是一种"保底"的线上教学形式,必须具备满足日常教学需要的功能和效果。同时,由于其是向全社会公开的基础教育教学资源,又必须具有显著的"先进性"。正是因为有这些有形和无形的要求和限制,才使得中学艺术"空中课堂"视频课具有时代特征和创新特征。

第二节　艺术学科"空中课堂"
教学资源库建设的目标与内容

打造"永不落幕"、更加丰富立体的"空中课堂"资源,要聚焦单元目标,强化教学内容的结构化组织,提炼总结学科思想方法,凸显学科的核心概念和关键能力。

一、艺术学科"空中课堂"教学资源库建设的目标

《义务教育艺术课程标准(2022年版)》中规定了艺术课程的总目标:"感知、发现、体验和欣赏艺术美、自然美、生活美、社会美,提升审美感知能力。丰富想象力,运用媒介、技术和独特的艺术语言进行表达与交流,运用形象思维创作情景生动、意蕴健康的艺术作品,提高艺术表现能力。发展创新思维,积极参与创作、表演、展示、制作等艺术实践活动,学会发现并解决问题,提升创意实践能力。感受和理解我国深厚的文化底蕴和党的百年奋斗重大成就,传承和弘扬中华优秀传统文化、革命文化、社会主义先进文化,坚定文化自信,铸牢中华民族共同体意识。了解不同地区、民族和国家的历史与文化传统,理解文化与构建人类命运共同体的关系,学会尊重、理解和包容。"

艺术学科"空中课堂"教学资源库建设的目标:立足课标,基于现行教材内容,在信息化教学资源建设过程中,从资源的形式、类型和内容等方面明确建设目标,加强软硬件资源的建设,将课程与信息技术进行有机整合,确保资源建设能够满足学校的实际教学需求。为了提高教学质量,学校需要根据实际情况进行调整,包括对相关人员进行组织和培训、制订适当的建设方案。这样才能确保建设计划的科学性和合理性。教师在实际教学过程中,应对教育技术进行合理选择,充分利用媒体技术来制作教学资源,保证教学资源开发利用的合理性。

艺术学科"空中课堂"教学资源库建设项目,可以通过系统设计、先进技术支撑、开放式管理、网络运行、持续更新等方式,整合市域优秀教育资源,构建"学生互动学习平台、教师创新教学平台、在线学习资源平台",建设具有高水平教育特

色,满足多样化需求,具有丰富的表现形式,开放、共享的创新艺术教育教学资源库。

建立学生互动学习平台,为培养学生自主学习能力和持续发展能力、创新艺术教育提供一个学习的平台,为促进各年级学生艺术学习需求,实现自主学习、合作学习、探究性学习,提升创新艺术技能,开拓艺术视野,构筑良好的资源环境。

建立教师创新教学平台,为推动创新艺术教育课程建设、师资培养等提供一个资源共享和相互交流的平台,便于教师根据学生特点,充分利用已有的课程资源重构适合的课程体系,从而实现艺术教育资源的定制化开发。

建立在线学习资源平台,为学校、教师与学生提供创新艺术学习资源检索系统,实现信息查询、资料下载、互动学习的平台支撑,满足学生在线学习需求。

（一）建设"空中课堂"在线学习市级平台

上海"空中课堂"力图利用先进的网络信息技术和现代通信技术,录播教师讲课内容视频、语音、课件、板书等,把讲课过程展现在互联网上。学生只要能联网,或能看电视直播,就能加入课堂听课、学习。

1. 课程平台资源建设

上海"空中课堂"基于网络平台建立资源库,改革艺术课程的教学内容及教学手段,体现在以学生发展为中心的教学内容"层次化",以促进学生深度学习的教学方式"网络化",以激发学生学习内在动力的考核评价"过程化"。资源库呈现结构化课程群的作用,为教师教学方式变革、学生学习方式转变提供强力支持。资源库包括电子教案、教学视频、教学课件等。资源库的使用遵循以线下为主、线上为辅,线上线下有机结合的原则,实现从以教为主到以学为主的转变。

2. 突出以"学生为中心"的教学设计

为发挥混合式教学的最大作用,解决教学模式单一、教与学失调等关键问题,提高学生自我管理、自主学习的能力,上海"空中课堂"的教学设计突出以学生为中心,为实现学生差异发展的线上课程与线下教学相结合,针对初高中学生艺术学习的特点,建立立体化、序列化的教学资源,让学生由被动变主动,实现课堂教与学的融合、线上与线下的融合,提高学生学习的自主意识。在线教学过程中也要注重价值引领,突出求实精神、钻研精神以及团结协作等能力的培养。

（二）动态优化艺术学科"空中课堂"教学资源库

1. 以混合式教学为出发点,优化教学资源库的内容

随着现代教育信息技术的快速发展,中小学教育教学对大数据、云计算、人工智能等的应用越来越普遍和成熟,促进了智慧教室的形成和混合式教学模式的落

地。教学内容丰富多样,教学数据采集做到数字化管理,教学评价呈现过程性。移动化、数据化、个性化的专业教学资源库赋能混合式教学模式,实现教学要素、教学资源的重新组合,进一步满足教学需求。

教学资源库建设的出发点是促进学生学习和辅助教师教学,其建设成效影响着混合式教学模式的实施效果。混合式教学模式的"空中课堂"教学资源库建设,为线下教学与线上教学的无缝链接提供逻辑组织、呈现形式、应用方式等方面的独特组织架构。

首先,"空中课堂"教学资源库要有整体设计,确定素养目标定位、教学内容、教学评价的一致性,对课程体系有顶层设计。"空中课堂"教学资源库建设在内容选择、呈现方式、组织架构等方面,要充分考虑学生需求,为教师线下教学提供全学科、全学段的资源储备。

其次,"空中课堂"教学资源库需要考虑序列化。实现不同年段"空中课堂"课程资源内容之间的共享,避免重复建设。实现课前、课中、课后教学资源的一体化建构。实现"空中课堂"教学资源、拓展型课程资源、教学案例等的配套组合。为真实情境中的艺术学习提供整体性、结构化的资源保障,满足泛在学习、研究性学习、探索性学习、协作学习等多样学习需求,可以上传、共享、下载、应用资源,真正赋能混合式教学模式。

在利用"空中课堂"教学资源实现线上线下混合式教学的过程中,教师要进一步从知识技能维度拓展到艺术的教育功能维度,引领学生在艺术感知、艺术表现、创意实践、文化理解的艺术实践中,加强对中华优秀传统文化、革命文化和社会主义先进文化的认识与理解。

2. 结合中学生的认知特点,优化教学资源库设计

混合式教学视域下的"空中课堂"资源库建设,立足建构主义学习理论、互动教学理论和知识分类教学理论,强调以学习者为中心,强调师生在教学中的互动性,强调知识的结构化处理。

建构主义理论强调了以学习者为中心的重要性,这也是"空中课堂"混合教学模式有效性的重要考量。在这种方法中,教学资源必须与学生的认知特点和个人学习需求相一致。混合式教学旨在鼓励学生积极参与线上和线下的移动学习,设定自己的节奏,选择自己想要的学习内容,从而达到个性化的学习效果。为此,以学生为中心的混合式教学模式有必要对中学生的特点进行深入分析。现代中学生往往对纯理论知识和无趣的内容表现出有限的热情,对实践活动、创造力、批判性思维、团队合作和艺术表达表现出偏爱,乐于在与他人分享和交流中展示自己的独特风格。因此,教学资源库的建设应优先考虑教学资源的多样化呈现,同时

保证资源获取和使用的便利性。

互动教学理论非常强调教学中的互动性。由于每个学生都拥有独特的个体认知背景、认知特点、知识结构、智力发展、学习习惯和分析能力,教师在构建"空中课堂"教学资源库时,必须采取多方位的方法。这种方法包括分析学生的学习态度、风格和能力,多层次、多类别地设计教学资源,整合师生、生生互动,以及相关作业、讨论和测试。通过因材施教,采用多维度和多样化的评价方式,并收集过程数据,教师可以有效地确定能通过互动教学进一步优化的领域,从而更好地满足学生的需求。最终,这种方法可以作为持续改进和完善"空中课堂"教学资源库的基础。

3. 适应艺术教师教学特点,优化教学资源库的应用

混合式教学模式代表了一种教学方法,教师和学生都作为主要参与者发挥积极作用。在整个教学活动中,教师作为"指导者"和学生作为"学习者"的角色是相互联系的,是教学过程中不可或缺的。混合式教学活动的有效实施,需要教师的主导作用和学生的主体作用之间的有机互动与协调。为保证混合式教学的成功实施,教学资源库的建设应优先考虑资源内容的实用性和便捷性,同时也要培养学生在混合式教学中的积极性、主动性和创造性。此外,"空中课堂"教学资源库应发挥其促进师生合作与共享的能力,从而进一步提升师生在混合式教学活动中取得积极成果的潜力。

教育的数字化转型需要建立智慧教育生态系统,其中包括实施智慧课堂,以支持混合式教学。为此,构建"空中课堂"教学资源库,聚合优质教学资源,利用教育教学过程中的大数据促进智慧课堂教学是关键。要完善平台架构,整合技术资源和素材资源。教学资源库应体现信息技术的优势,实现"学与教"的功能。因此,教师在建设资源库时,不仅要提高自身的信息技术教学能力,而且要优先考虑教学资源的便捷存储、检索和智能组合。这将促进美术教学实施的数字化、素材资源的多样化、课堂学习互动的立体化、学习评价的多样化和即时化。

(三) 艺术学科"空中课堂"教学资源库促进教育优质均衡

充分利用艺术学科"空中课堂"教学资源,缩小区域、城乡、学校教育差距,促进学生学习、教师发展、家校共享。中学艺术学科坚持"应用为王、服务至上、示范引领、安全运行"的原则,大力实施教育数字化战略行动,积极推进上海微校"空中课堂"平台建设,形成具有上海水平、上海特色的艺术学科"空中课堂"教学资源研究共同体,有力推动上海市基础教育优质均衡发展。

二、艺术学科"空中课堂"教学资源库建设的思路

(一) 集思广益,共建多赢

由市艺术教研员统筹协调,邀请高校学科专家、教研员、基层学校优秀教师参与,集聚艺术教育教学"空中课堂"开发团队,跨区域整合优势资源,集思广益,分工协作,不断开发新资源。市教研员为项目负责人,成立项目建设指导小组,确保项目建设方向正确、方法得当和质量有保障,实现"空中课堂"教学资源建设项目共建多赢、边建边用、协同发展。

(二) 师生导向,好学易用

通过科学地调研师生使用情况,充分挖掘和掌握师生需求,体现创新性地建设"空中课堂"教学资源。创新教学内容;丰富艺术"空中课堂"课程、评价、实践、案例等;创新表现形式;丰富"空中课堂"音频、视频、互动交流等呈现方式;创新教学平台;以开放式的管理、友好的在线教学视频资源呈现模式,方便师生学习和使用艺术"空中课堂"教学资源,建设全面、先进、实用、开放的在线教学资源共享平台。

(三) 宣传推广,持续创新

组织市、区两级主题教研,借助"上海教研"微信公众号等平台,对"空中课堂"教学资源进行宣传推广,开展资源开发、利用等培训,最大限度地发挥"空中课堂"的效用,提高艺术学科"空中课堂"教学资源库的受益面。积极获取各区基层学校教师的意见和建议,不断更新、完善和改进资源库,在丰富"空中课堂"教学资源的同时,探索线上教育资源再利用的新途径,推动新课标理念下艺术课程混合式教学在教学中的运用。

三、艺术学科"空中课堂"教学资源库建设的内容与策略

(一) 基于艺术学科教材整体架构学习的内容

艺术学科"空中课堂"教学资源库建设时间是从 2020 年至今。其间,初中学段经历了一次教材大修订,高中学段经历了一次教材版本更新,初高中共完成了 576 节视频课。

项目组要求执教教师结合教材的课时内容整体建构"空中课堂"教学单元,一般执教教师会将相关课时的内容结合单元学习任务的需求建构为 1—3 课时,整体保证每学期 16 课时的教学内容,与线下学校教学的总体课时量一致。例如,八年级《艺术》"空中课堂"课时计划:

八年级《艺术》"空中课堂"课时计划

八年级第一学期	第一单元	古乐古舞①	八年级第二学期	第一单元	江河意蕴①
		古乐古舞②			城市景观①
		古乐古舞③			江河意蕴②
		汉字寻根①			城市景观②
		汉字寻根②			江河意蕴③
		汉字寻根③			城市景观③
	第二单元	丰收歌舞①		第二单元	劳动礼赞①
		丰收歌舞②			特色民居①
		丰收歌舞③			劳动礼赞②
		火土陶艺①			特色民居②
		火土陶艺②			劳动礼赞③
		火土陶艺③			特色民居③
	第三单元	乡音乡韵①		第三单元	岁月回响①
		乡音乡韵②			雕塑之魂①
		民间美术①			岁月回响②
		民间美术②			雕塑之魂②
	第四单元	大海畅想①		第四单元	人间真情①
		大海畅想②			人物百态①
		大海畅想③			人间真情②
		水墨丹青①			人物百态②
		水墨丹青②			人间真情③
		水墨丹青③			人物百态③
	第五单元	日出映像①		第五单元	民间传说①
		日出映像②			绘本故事①
		日出映像③			民间传说②
		光影瞬间①			绘本故事②
		光影瞬间②			民间传说③
		光影瞬间③			绘本故事③
	第六单元	月夜诗意①		第六单元	影音传奇①
		月夜诗意②			声画传情①
		园林秀色①			影音传奇②
		园林秀色②			声画传情②

(二) 艺术学科"空中课堂"教学资源库内容建设的策略

1. 把握艺术学科特点,整体再构单元学习内容

首先,中学艺术学科"空中课堂"的教学内容整体建构主要以课程标准为指导思想,强调以学生发展为本,凸显学科育人的课程价值,贯彻课程标准提出的目标要求,从而组织、设计单元教学内容。[①] 其次,中学艺术学科"空中课堂"的教学内容整体建构依据《上海市艺术学科单元教学设计指南》。单元教学设计作为连接课程标准与课堂教学的桥梁,其关键要素的设计要体现学科核心素养的渗透;单元规划须关注核心能力水平分类;单元主题指向"文化理解"核心素养的发展,以此构建中学艺术学科"空中课堂"单元教学内容。再次,中学艺术学科"空中课堂"内容整体建构坚持以居家学习这一实际情况为原则,以居家艺术创作的可行性、适切性以及安全性为基本前提,既要考虑各年级学生的年龄特征,又要兼顾教材内容的实践特点,突出内容的"保底性"和理念的"创新性"要求,根据学生居家学习的情况,选择相应的教学内容,构建各年级的单元教学内容。

2. 把握艺术教学特征,凸显学习内容的思维深度和实践性

(1) 设计问题链,让学生"创作中有思考"

"空中课堂"缺乏现场师生互动感,教师不能整体了解学生在学习过程中某个环节的学习情况。为了提高教学质量,教师应该根据课程内容和目标,认真制订有针对性的学习和训练任务,并鼓励学生积极参与,从而实现最佳的教学效果。根据课程的目标和要求,教师应该设计有效问题,帮助学生理解课程内容,培养他们的独立思考能力,并通过解决问题来提高他们的艺术技巧。

我们根据艺术课程的内容结构性和内在关联性,确定单元教学的基本问题,从而形成课时基本问题、环节基本问题,进而引发学生的深度思维。

我们围绕基本问题,结合学生真实生活情境,创设真实任务情境,基于像艺术家一样的思维和行动的方式,设计任务群(欣赏任务、技艺任务、构思任务、创作任务、展演任务),任务群之间存在一定的内在逻辑关系,创作任务是范梅里恩伯尔和基尔希纳(2015)所说的常见任务。

(2) 信息技术赋能课堂,让学艺术更具趣味

首先,增加趣味性,激发学生学习兴趣。艺术教学以视听觉感知为基本特征,使学生自觉积极参与艺术学习。我们利用多种软件设计并制作生动、有趣的画面,激发学生艺术学习的兴趣。其次,增加直观性,提高学习效率。教师根据课堂

---

① 顾永明.整体建构体育在线教学的内容[J].现代教学,2020(Z3):77-78.

教学目标和学习要求,分析艺术作品的结构、艺术样式的语言,利用信息技术软件制作直观的艺术体验视频,使得艺术欣赏与艺术表现的方法和实践要求一目了然。再次,增强互动性,拉近师生距离。在设计线上课程时,教师要从备课开始就注重学生在学习过程中的体验和师生互动。如在艺术欣赏、表现环节,教师利用信息技术手段制作充满互动的艺术体验活动,方法简易,学生跟着视频中的教师就能互动练习,充满趣味性和互动感,拉近师生距离。

3. 把握师生互动策路,引导自主建构学习内容

(1)引导学生树立艺术文化理解意识

现行艺术教育忽视了创造性艺术思维的发展和审美感知的培养。因此,在艺术学科的"空中课堂"资源建设中,实施有针对性的强化是当务之急。为实现这一目标,根据居家学习的特点,基于课程标准要求,我们重构了艺术教学中的基础理论知识单元,突出了艺术教育的育人价值。

(2)引导学生学会艺术创作方法

在艺术教学网络资源的建设中,教师要针对网络学习的特点,设计有针对性、有吸引力的课程,这是至关重要的。通过采用多样化的刺激性教学方法,教师可以有效地培养学生的艺术技能和创造力。通常情况下,教师每周一节课,可提前发布相应的课程内容,让学生积极参与到学习过程中。教师应鼓励学生利用家中现有的材料来提高创作能力。此外,教师在备课时必须考虑学生的长期发展,如文化意识的建立、文化理解的形成和独立艺术能力的培养等。

第三节　艺术学科"空中课堂"
教学资源库建设的机制与步骤

一、艺术学科"空中课堂"教学资源库建设的机制

（一）教研部门把握机会，提供政策支持与引导

上海市艺术学科"空中课堂"教学资源的实践发现，艺术学科"空中课堂"教学资源的建设面临技术、师资、管理等各方面的挑战。上海市教委教研室致力于推动艺术学科"空中课堂"教学资源的规范建设、高效共享、优化配置，以满足当前教育市场的发展需求。为此，市教委教研室不仅提供了政策上的支持，而且采取了一系列有效的措施，如加强各方参与、加强沟通、开展多元评估，以确保教育资源的质量。实现资源共享是保证资源建设质量的外在驱动力。市教委教研室把握机遇，提供政策支持，引导区教研部门深刻洞察在线教学给资源建设带来的机遇和挑战，组织力量深入研究其中的关键技术、理念变革及可能的机遇和风险等，并以积极的姿态投入到这场变革之中，为教育资源的建设提供相关的政策支持与引导。

"空中课堂"教学资源的建设若单靠一所学校或一个区域去投入，压力较大。为了促进教育发展，市级教育主管部门应该制定有效的政策和引导措施，提供经济支持和政策扶持，鼓励具备云计算技术能力的企业参与教育资源云基础设施的建设和部署。同时，教育主管部门还应发挥领导与协调作用，组织媒体开发专家、教学设计专家、学科领域专家、信息技术专家，建设能够满足数字化时代学习者个性化学习需要的教育资源。

上海市"空中课堂"资源建设，其目的在于"整合全上海市已有的教育优质资源，建立共享学习平台，提供备课助手、上课助手、作业助手三个助手的互动学习平台，推动教育资源均衡化发展"。为此，我们从"强化组织领导，全面统筹协调；完善政策配套，提高扶持力度；设立重大专项，加大资金投入"等多个方面促进和

保障在线教学资源的发展。

（二）形成多方参与资源建设的机制

"空中课堂"资源建设量的要求，使得我们必须改变当前的教育资源，从传统的由某些权威专家或个别优秀教师录制的建设模式转向学习者、区域学科教师团队、技术专家、学科专家等多方参与的建设模式。为了更好地发挥区域学科教师团队的潜力，应该鼓励他们参与资源制作，充分发挥集体智慧和力量，为资源建设作出贡献，并在实践中探索出新的资源建设模式。因为一线教师和学生对自身资源需求有着深刻的了解，因此，在资源建设中，应当建立一种积极、稳定、完善的合作机制，以促进双方的共同发展。

上海市教委教研室在中学艺术"空中课堂"教学资源建设过程中，专门组建了"空中课堂"区级建设小组，小组成员主要由区教研员、区学科中心组教师、执教教师和区学科教育技术人员组成。区教研员整体协调相关工作，区学科中心组教师负责脚本的审查及资源的科学性和教育性审查，"空中课堂"教学资源执教教师和区学科教育技术人员主要负责教学设计和课件制作。

（三）标准体系

在"空中课堂"教学资源库建设过程中严格遵循各项标准是实现广泛共享的基础，包括资源质量标准、资源评价标准等。在开发教学资源时，应当严格按照术语表的规定，确保其中的关键术语能够被普遍接受，同时也应当符合现有的教育信息化资源技术标准。

（四）形成资源的多元评价机制

过去，对"空中课堂"教学资源的评价往往局限于简单的定性评估，学习者很少关注资源评价。因此，随着在线教学和教育资源建设需求的增加，迫切需要引入资源的多元评价机制。这种方式将使学习者和用户能够检验资源的质量，评估其能否满足学习需求。以这种方式评估资源为用户提供实质性的指导，帮助他们选择与学习目标更相关的高质量资源。此外，资源建设者将从直接和间接的反馈中受益，这些反馈可以用来改善资源的创建、创新和重建。最后，资源管理者可以利用资源评估来选择符合其组织需求的高质量资源。通过采用严格的资源评估方法，我们可以充分释放在线教学的潜力，确保学习者获得最佳的教育体验。

为了确保严格有效的资源评估，建议将专家评估和教师评估相结合。专家评估员通常应包括主题专家、教育技术专家和有经验的教师等。他们的评价应着重于技术的先进性、科学的严谨性和教育的有效性等方面。最终的资源评价结果将基于专家和学生的评价的综合。这种方法确保了评价的全面性和平衡性，同时考虑到资源的技术和教育因素,以及学习者的经验和需求。通过结合专家和教师的评价,我们可以建立一个可靠和客观的评价体系,促进高质量教育资源的创建。

(五) 形成资源建设者、管理者和学习者等多方交互机制

为了促进有效的教与学,必须消除资源建设者和资源使用者之间的鸿沟。从以往来看,学习平台只为学习者提供了有限的机会来评估资源,这就造成了这种分离。为了应对这一挑战,我们需要建立一个沟通平台,将资源建设者、学习者、管理者和评估者联系起来,促进他们之间的对话和合作。这样的平台不仅能支持学习者对知识的追求,而且能促进高质量教育资源的创造。市级教研平台就是这样一个例子,它允许学习者交流心得,提供资源评价,并向资源管理者给出意见和建议。

我们在艺术"空中课堂"教学资源建设过程中,为促进多方的交互与沟通,在市级教研活动中开展形式多样的线上线下互动研讨,通过征询一线教师使用后的反馈意见,进行相应的线上答疑,针对一些有建设性意见的反馈,进行相应研讨,并调整相关教学内容。同时开展"空中课堂"教学资源线下转化与运用的主题教研活动,"空中课堂"执教教师结合视频资源,进一步引导教师领会视频课程设计者的设计意图,确保教师能有效推进教学。

(六) 形成资源建设的激励机制

教育资源的开发是一项合作性的工作,涉及资源开发者和指导教师双方。"空中课堂"视频教学资源是受益面比较广的资源,通常都是免费提供的。对于一线教师来说,为这些资源的建设作出贡献可以是一个向更多人展示自己技能和专业知识的机会。为了鼓励和表彰他们的努力,市教委教研室向所有参与资源建设的教师颁发公开展示和指导证书。作为一个展示平台,"空中课堂"既为资源建设者提供了成就感,也促进了优质教育资源的不断发展。这种资源创造和改进的良性循环最终使学习者受益,并促进了教育的整体进步。

(七) 经费保障

市教委为"空中课堂"视频资源建设项目设立专项经费,项目经费支出涉及"空中课堂"资源建设前期备课团队、拍摄和后期剪辑技术人员、运营支持和运行保障服务,给予参与项目建设的教师、指导专家、技术专家、审查专家一定报酬,确保高质量完成"空中课堂"项目建设。

二、艺术学科"空中课堂"教学资源库建设的实施步骤

艺术学科"空中课堂"教学资源库的建设是一项涉及教学理念、教学内容、教学策略、技术规范等方面的新的系统工程。为进一步提升工作效率,艺术学科"空

中课堂"项目组不断优化实施步骤,确保各项工作有序推进。

（一）组建艺术学科"空中课堂"资源建设专家团队

上海市教委教研室组建了以学科教研员为核心的艺术学科"空中课堂"建设团队,开展"空中课堂"视频资源库建设,团队结合具体工作要求分为备课教师团队、艺术学科备课技术教师团队、摄录编团队、审查团队。这个团队形成了"空中课堂"资源建设的闭环,确保"空中课堂"视频资源库的质量。

组建备课教师团队。市艺术学科教研员进行整体规划,根据各个区的实际情况,结合教材内容,主动申报承担相关内容的"空中课堂"视频资源库的建设。区教研员作为第一道备课责任人,负责组织区内教师进行整体备课活动,再由市艺术学科中心组进行单元架构、课时环节设计等一系列的学科专业指导。

组建艺术学科备课技术教师团队。除了市艺术学科教研员带领下的"空中课堂"备课教师团队方面的努力,我们还组建了艺术学科备课技术教师团队,如借助一些优秀教师特有的PPT制作技术、视频编辑技术、虚拟人物的设计等,将"空中课堂"资源库建设得更加富有亲和力,进一步提升教师制作课件的水平。

组建摄录编团队。在市教委教研室统一部署下,市艺术学科教研员与专业的摄录编技术团队进行沟通,确定拍摄时间、地点和人员安排等相关工作。摄录编的技术团队介入后,拍摄前,他们会明确准备工作,如着装和配饰要求;拍摄中,进一步规范站位、现场录制、声音采集,包括PPT制作相关问题和要求。

组建审查团队。审查环节包括技术审查、学科审查、政治审查,针对录播前的课件和自拍的"空中课堂"视频资源进行第一遍质量审查,以期减少后续的返工。

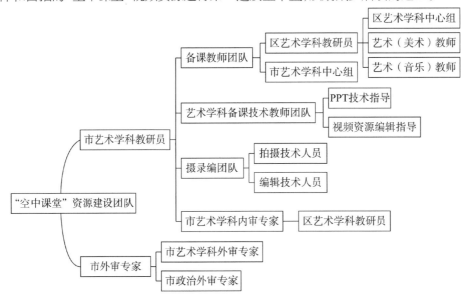

"空中课堂"资源建设团队组织架构

艺术学科利用空中课堂教学资源实现混合式教学的行动研究

（二）规范组建艺术学科"空中课堂"资源建设流程

1. 开展资源建设调研

通过各种渠道对全市各个区域初高中艺术教学资源情况进行调研,了解教材相关内容、初高中艺术单元教学的现状等,为进一步筛选优质教师和课程资源做好基础性工作。

2. 制订"空中课堂"资源建设计划

明确建设目标、建设内容、人员分工、时间安排、审查要点等,最终撰写专业教学资源库建设计划。

3. 组建备课团队

市艺术学科教研员进行整体规划,根据各个区的实际情况,结合教材内容,通过自下而上和自上而下相结合的方式,组建由区教研员领衔的相关单元艺术学科"空中课堂"上课教师团队。根据市艺术学科中心组教师的个人研究方向和特长,组织参与市级相关教材内容的备课团队。

4. 组织教育理念培训

为进一步提升教师对新课标相关教学理念的认识,组织所有参与资源建设的教师进行专题培训。比如,指向深度学习的艺术学科单元教学设计、基于大概念的艺术学科单元教学设计,观摩包括国家中小学智慧课堂等在线教学资源中相关的优秀课例,分析其优缺点,提升教师对艺术学科"空中课堂"教学的目标和要求的认识。

5. 开展线上备课活动

教研员作为第一备课管理责任人,负责组织区内教师开展单元架构与课时备课活动,通过针对单元架构、课时设计构想、三轮模拟录课的线上备课活动,组织市艺术学科中心组教师进行有针对性的学科专业指导,不断提升上课教师的备课能力。在正式拍课前,市艺术学科中心组教师针对教师提供的 PPT 和文稿进行相应的内部审查工作,确保没有知识性和政治性错误,方可安排录制。

6. 优化与完善课件

艺术学科备课技术教师团队针对教师提交的课件进行视频打码,确保视频中不出现涉嫌广告、宗教等的相关内容,设计视频中的虚拟学生形象和音频资料,使"空中课堂"资源库建设更有亲和力,进一步提升教师制作课件的水平。

7. 拍摄与编辑工作

正式拍摄前,技术人员进一步提示拍摄过程中教师语言表达的准确性。拍摄完成后,技术团队进行后期剪辑,确保"空中课堂"资源建设质量;上课教师和区教研员针对视频剪辑中的问题开展进一步查漏等工作。

8. 视频资源上传

按资源编目表属性要求,将处理好的"空中课堂"资源上传到专业教学资源库平台相应栏目中,最终提交上海微校资源平台。

9. 视频资源评审

根据提交的视频资源,技术审查人员针对视频的技术要求进行审查,学科评审专家从专业知识的准确性等方面进行评审,政审专家从政治性方面进行评审,确保视频资源整体质量进一步提升。

艺术学科"空中课堂"资源建设流程

(三) 制订组建艺术学科"空中课堂"资源研究计划

华东师范大学教育发展学院闫寒冰教授说:新冠疫情期间的"在线教学"是人类历史上最大的一次教育实验,它涉及教育管理、课程安排等方方面面。在短时间内开展如此规模与有难度的视频课制作研究,对所有学科都是一次实战考验,也是提升对学科课程标准再认识与实践能力的极好时机,尤其像中学艺术这样的新型学科。艺术学科"空中课堂"视频课资源建设团队第一时间组织授课教师和教研指导团队举行腾讯视频会议,认真学习相关项目要求,讨论并制订中学艺术学科"空中课堂"资源拍摄工作计划,按照计划指导四个团队开展艺术学科"空中课堂"研究工作。

(四) 确定视频课结构要求

备课团队经过讨论,确定以"依据学科课程标准,从单元视角整体设计教学,重点关注学习活动"为原则,克服"在线教学"受时间与空间限制等困难,结合"在

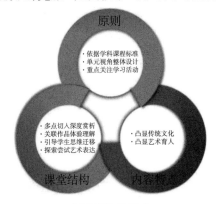

视频课结构要求

线教学"25 分钟左右视频录像、为学生提供"保底性"居家基本学习资源的要求，研究形成"以一件或一类艺术作品深度赏析，关联相关作品体验理解，引导学生思维迁移，尝试开展艺术表达"的视频课结构，呈现"凸显传统文化、凸显艺术育人"的内容特点。同时，不断深化理解中学艺术学科"围绕核心素养，设计单元教学，引导深度学习"的教研主题。

（五）开展艺术学科"空中课堂"资源备课研究

四个团队采取行之有效的工作方式，从最基础的备课研究做起：

1. 授课教师自接受任务起便义无反顾地克服种种困难，开启对所承担教学单元教学内容的分析研究与准备。

2. 各区教研员同时跟进，一对一备课指导、提供资源。

3. 教研指导团队在授课教师初步形成备课思路的基础上逐个对接，利用腾讯会议开展线上集体备课、模拟教学和拍摄指导。

在集体备课研究过程中引导大家重点关注：

1. 明晰目标——基于课程标准，分析教材内容，提炼单元概述。

2. 准备材料——关注教学进度、设计单元教学、制作教学课件、完善录课脚本。

3. 研究教法——在逐渐形成单元教学框架的同时，研究 20 分钟左右的视频课应该体现的结构：教师如何创设情境，如何设问，如何引导，同时心中要有学生的真实存在，为学生预留充分的思考与实践空间。

在整个备课、拍摄过程中，研究团队针对初高中《艺术》教学内容进行规划设计与精心打磨，每节录像课都要经过单元设计与教材资源整合、教学设计与演示模块关联、模拟教学与脚本磨稿等几个录前程序，通过视频会议开展多轮市级集体备课。

（六）教学技术团队拍摄与后期制作

1. 教学技术团队拍摄"空中课堂"教学资源

出色的空中课程需要由专业的摄影团队和教师合作完成。拍摄者需要深入理解课程特点、教学流程，并准确识别教师所设定的拍摄角度，还要掌握课堂的组织架构、内容安排、目标定位、技巧操作等，并能够根据实际情况制订合理的拍摄计划，从而达到最佳的效果。

按视频课拍摄的要求，上课教师要组织好课堂教学活动，准备好充足的教学内容，时间把握在 20—25 分钟。上课教师要普通话标准，发音清晰响亮；着装与课堂教学内容协调，符合教师形象，避免穿着鲜艳、灰暗或细条纹服装。为了提高效果,教学媒体演示课件应该使用偏大的字号,并且尽量使用粗体;应该避免使用太大的版心来制作课件;为了避免重复,建议将标题和相关信息分开放置于多个显示器中;在制作课件时,应避免使用相似的颜色,并确保字幕颜色鲜艳,与背景颜色相协调。

2. 教学技术团队拍摄"空中课堂"教学资源的后期制作

后期制作就是利用相关的视频编辑软件(如会声会影、Premiere Pro、Edius等),将已拍摄好的录像课原始素材进行选择、取舍和组接,合成一个个过渡自然,上下文连接合理、连续、流畅并具有一定艺术感染力的艺术学科"空中课堂"视频资源。

(1) 获取原始的摄制素材

课堂实况录制完成后,原始视频素材将被存储在摄像机硬盘或存储卡中,要将这些素材导入计算机硬盘,以便使用视频编辑软件作进一步的处理和分析。

(2) 编辑素材文件,合成符合要求的视频录像

在后期编辑制作过程中,应与上课教师保持密切沟通,根据教师的指导,精心删减和优化重复内容,并利用 PPT 画面的转换来补充上课教师出镜的镜头,以达到最佳效果。编辑过程中还需适当穿插与教学内容相关的多媒体信息,如教师的示范、艺术家背景信息介绍等。另外,"空中课堂"视频资源的编辑要符合教学课时的时间要求,一般不超过 25 分钟,对于超过规定时间长度的录像课必须在编辑时减至规定时间,确保线上线下融合教学时留有一定的互动时间。

(3) 片头、片尾制作

片头、片尾的作用主要是向听课教师和学生展示一些与课程相关信息、版权信息,简洁明了即可。"空中课堂"视频课资源有统一的片头、片尾,片头主要包括课程名称、主讲教师姓名及单位、授课时间等信息,片尾可以罗列制作单位和人员、鸣谢的人员和单位。片头、片尾一般使用统一背景,时长一般少于 30 秒。

(4) 预览及输出视频

在"空中课堂"视频资源的后期制作过程结束之前,应该对整个制作过程进行全面审查,确保无任何缺陷后才能将其输出。输出视频的格式要根据要求进行选择,上传到网络,应输出为 WMV 格式或其他流媒体格式。

(七) 审查艺术学科"空中课堂"课堂教学资源

根据市教委"空中课堂"视频资源建设的统一部署,为加快推进"空中课堂"教学资源建设,保障艺术学科"空中课堂"教学资源内容的科学性和政治性,明确审查责任制度和审核要求,对所有艺术学科"空中课堂"视频资源进行审核。

1. 责任制度

上海市教委教研室建立"空中课堂"教育资源内容审核责任体系,明确市艺术学科教研员—市艺术学科中心组—区教研员—上课教师自上而下的责任制度,同时聘请学科专家针对"空中课堂"教学内容的正确性和政治性进行审查,技术团队负责视频资源的录制、编辑、上传,每一个环节都责任到人,确保艺术学科"空中课堂"视频资源的质量。

根据"上线必审、更新必审、审必到位"的准则,市教委教研室职能部门制订并完善了"空中课堂"教学资源的内容审查制度,并且给出了详细的要求,加强对审查过程的指导和监督,以期达到更好的质量和更高的效率。

2. 审核要求

"空中课堂"在线教学资源内容审核应参照《互联网视听节目管理规定》《网络视听节目内容审核通则》《网络短视频内容审核标准细则》等标准规范,重点围绕政治性、科学性、适用性和规范性,采用备课团队内部自查和外聘专家审核相结合的方式,加强上线审查和更新复查。[①]

为了确保"空中课堂"在线教学资源的政治性审核符合党的教育方针,我们应该积极弘扬社会主义核心价值观和中华优秀传统文化,引导学生树立正确的世界观、人生观和价值观,努力培养具有良好道德品质、全面发展的社会主义建设者和接班人。

为了确保"空中课堂"的在线教学资源能够真实、准确地反映客观现象,我们必须进行科学审查,以便遵循科学的原则和事物的发展趋势。不得出现学术谬误、科学性错误或事实性错误。

适用性审核应保证"空中课堂"在线教学资源的内容符合学生身心发展规律和认知能力,不得出现惰化学生思维能力、影响学生独立思考、违背教育教学规律的内容。为了确保中小学生的学习质量,国家规定的课程资源必须符合学生的年龄特点,并且不能超出国家的教育政策和教学大纲的要求。

规范性审核应保证"空中课堂"在线教学资源的内容符合语言、文字、符号、格式、样式、体例、设计与制作、知识产权等规范性要求。

---

① 教育部办公厅.教育部办公厅关于印发《国家智慧教育平台数字教育资源内容审核规范(试行)》.教科信厅函〔2022〕22号.

第四节 艺术学科"空中课堂"
教学资源库建设与创新实践课例

艺术学科"空中课堂"视频课的建设,不仅严格遵照了上海市教委对"空中课堂"视频课的各项要求,而且经历了同步教材从"二期课改"到"双新"转换的过程。上课教师、指导专家、制作团队等参与者反复研讨、不断改进,克服了重重困难,为上海市中学艺术学科"空中课堂"教学资源库的建设研发了大量的实践课例。这些课例的创新之处不但展现出上海市中学艺术学科课堂教学的创新风格,而且在某种程度上代表了上海市中学艺术学科阶段性的课堂教学与研究的特色与水平。

以下通过五个创新实践课例的文本再现与简析,说明中学艺术"空中课堂"视频课的创新特征的具体表现。课例包含中学艺术课程中涉及的音乐、美术、戏剧、舞蹈、影视等艺术门类的内容。笔者依据"上海微校""空中课堂"里的中学艺术视频课录像整理了文本。

一、《艺术》(音乐)"空中课堂"教学资源库建设与创新实践课例

课题:大海畅想②

教材:上海教育出版社《九年义务教育课本 艺术》(八年级第一学期)
　　　第四单元 "亦真亦幻的自然描绘" 第一课《大海畅想》

执教教师:上海市西南位育中学 梁丽娟

教学内容与过程：

学习内容	教师活动	学生活动
回顾前课内容与作业交流	1. 回顾前课学习内容与作业要求。 （作业要求：搜集1—2件以大海为题材的艺术作品，从表现形式、艺术形象、主题情感几方面分析作品的创作特色，感受作品所描绘的大海形象，完成作业单。） 2. 组织学生作业交流。 3. 对展示作业作适当指导、评价。	1. 学生代表展示作业（油画《九级浪》、舞蹈《海的追寻》）。 作品分析 2. 交流看法。 3. 聆听教师指导。
明确学习主题	1. 通过问题引导学生感知本课时的学习主题。 （引导问题：通过搜集与感受，大家觉得这些艺术作品仅仅是描绘大海吗？） 2. 说明"借景抒情"的基本含义。 艺术作品中对自然的描绘是一种基于真实事物的模仿、提炼和修饰，是一种借景抒情的艺术化表达。	根据作业的感受和体会，初步感知"借景抒情"的基本含义。
欣赏歌曲《大海啊，故乡》	1. 介绍歌曲《大海啊，故乡》的应用情境。 2. 播放电影片段，通过问题引导学生欣赏与思考。 （引导问题：这首歌曲使你联想到怎样的情境？抒发了怎样的情感？） 3. 对作品中的"景"与"情"的分析。 （引导问题：这首歌曲是如何借助对大海的描绘来抒发这种思念和热爱之情的？）	1. 了解歌曲的应用情境，根据引导问题欣赏思考。 2. 表达自己的欣赏感受。 3. 跟随教师的引导，感受作品的结构、歌词、旋律等方面的创作特色。

学习内容	教师活动	学生活动
学唱歌曲《大海啊,故乡》	1. 指导学生唱第一部分旋律。 2. 指导并示范演唱第一部分歌词。 3. 指导并示范演唱第二部分歌词。 (引导问题:我们应该怎样处理,才能表现出歌曲第二部分大海的宽广、跃动和音乐情绪的高涨?) 4. 评价学生的表现。 5. 指导并示范演唱歌曲第三部分。 6. 歌曲学习小结。 7. 指导学生完整演唱歌曲。 (提示歌曲演唱形式,参与歌曲的艺术处理和演唱。) 8. 引导学生自评。	1. 哼唱歌曲第一部分旋律,感受作品的基本艺术形象。 2. 演唱第一部分歌词,注意旋律线条的表现。 3. 在明确歌曲第二部分的内容和情感特点的基础上,尝试演唱表现(强调力度变化的处理)。 4. 对同学的创意和表现进行评价。 5. 发现歌曲第三部分的音乐表现要素的特点和艺术形象的联系。 6. 理解歌曲借景抒情的特点及其具体的表现。 从第一部分的温柔诉说,到第二部分的深情抒怀,再到第三部分的至情眷恋,整首歌曲的情感线(点)起伏变化,编织了一幅温暖、深情的大海图景。 7. 设计整首歌曲的演唱形式,并实践演唱。 8. 根据要求自评。
作业:歌曲《大海啊,故乡》的拓展表现	1. 引导学生思考歌曲《大海啊,故乡》的应用场景。 (引导问题:你想把这首歌曲唱给谁听?) 2. 引导学生思考歌曲《大海啊,故乡》的艺术处理效果,并作欣赏与拓展。 3. 作业布置:课后和自己的家人、朋友唱一唱、演一演歌曲《大海啊,故乡》。 (引导问题:1.你会在什么样的地方演唱这首歌? 2.你准备用怎样的综合表现形式来借景抒情?)	1. 思考歌曲《大海啊,故乡》的应用场景,简单讨论。 2. 根据自己的感受,讨论歌曲《大海啊,故乡》的艺术处理效果。欣赏杨鸿年改编的版本。 3. 明确作业要求。

课例简析:

这是素养导向的基于大单元的教学设计。"空中课堂"视频课由于时间的限制,很难在一节课中落实四个方面的学科核心素养。通过单元教学设计,就可以破解这个难题。梁老师把《大海畅想》设计成三个课时,每个课时对于学科核心素养都有所侧重:第一课时侧重审美感知和文化理解;第二课时侧重艺术表现和文化理解;第三课时侧重创意实践和文化理解。这样的处理完全符合课程标准的要求:"审美感知是艺术学习的基础,艺术表现是学生参与艺术活动的必备能力,创意实践是学生创新意识和创造能力的集中体现,文化理解则以正确的价值观引领审美感知、艺术表现和创意实践"①。整个单元基于"艺术作品中对自然的描绘是一种基于真实事物的模仿、提炼和修饰,是一种借景抒情的艺术化表达"的观念来组织教学内容,形成了一个关系紧密的整体。

本课中,梁老师采用了问题链的形式,呈现了整个教学过程的逻辑结构,并以此作为引导学生学习的驱动力。如演唱歌曲《大海啊,故乡》,教师设计的问题链如下:"通过搜集与感受,大家觉得这些艺术作品仅仅是描绘大海吗?""这首歌曲使你联想到怎样的情境? 抒发了怎样的情感?""这首歌曲是如何借助对大海的描绘来抒发这种思念和热爱之情的?""我们应该怎样处理,才能表现出歌曲第二部分大海的宽广、跃动和音乐情绪的高涨?""你想把这首歌曲唱给谁听?"这里的每一个问题,都可以被看作一个阶段性的学习目标和要求。同时,我们也可以看到教师是如何围绕核心观念把学习从知识、技能开始,一步一步地引导到素养的提升方向上来的。

另外,梁老师在课中对于歌曲《大海啊,故乡》的学唱过程作了简化处理,不惜花费大量篇幅引导和启发学生对歌曲的艺术处理和实用情境作深度探究。一方面,学会演唱歌曲对基层学校的学生和教师来说一般都不存在什么问题,而对作品的处理和表现往往不够重视,或者缺少有效的策略和方法;另一方面,新课程中艺术表现和创意表达又是学科的核心素养,需要得到足够的重视。所以,梁老师把节省下来的有限教学时间用于教学重点和难点的展开。这样的教学处理,客观上为观看的教师做了一次很好的基于学科核心素养的课堂教学的演示范例。

二、《艺术》(美术)"空中课堂"教学资源库建设与创新实践课例

课题:大师特色②

教材:上海教育出版社《九年义务教育课本 艺术》(九年级第一学期)
　　第六单元 "性格鲜明的个人风格" 第二课《大师特色》

执教教师:上海市奉贤区崇实中学 陈梦倩

---

① 彭吉象.新的义务教育艺术课程标准的理念与目标[J].艺术教育,2022(07):7-9.

教学内容与过程：

学习内容	教师活动	学生活动
作业交流	1. 组织学生交流与评价上节课布置的作业。 2. 对学生的作业和互评进行总结与评价。	1. 作业展示交流。 作业展示交流 2. 根据评价要求进行互评。 互评
明确学习主题	1. 通过问题导出本节课的学习主题——策划关良展。 （引导问题:分析了关良这么多的作品,如何才能分享给更多的人呢?） 2. 明确本节课学习任务:小组合作,策划一个关良作品展。 3. 明确主要的策划内容:推敲主题、设定板块、确定作品、作品介绍。	回答教师的提问,与教师进行学习互动。
走进关良的艺术世界——对关良戏画的风格特色的探究	1. 引导学生回顾上节课的学习内容,提炼关良的重要特质。 2. 引导学生从作品中发现关良戏画的造型特点。 3. 引导学生从作品中发现关良的用笔特点。（示范正误侧锋,让学生辨别。）	1. 回顾并提炼关良的重要特质。 回顾与提炼 2. 发现关良戏画的造型特点:多用短线。 3. 辨析关良戏画的用笔特点:侧锋。

学习内容	教师活动	学生活动
	4. 播放视频,介绍髯口的造型特点。 5. 引导学生发现关良戏画的布局特征(借鉴篆刻)。  分析布局特征 6. 引导学生发现关良戏画的用墨特征。  分析用墨特征 7. 利用学生搜集的作品,启发学生应用和巩固以上学习内容。 8. 引导学生归纳关良戏画风格的形成过程。  归纳戏画风格的形成过程 9. 小结。  小结	4. 观看视频,了解髯口的特点。 5. 根据关良作品和舞台剧照,发现关良戏画的布局特征。 6. 根据关良作品,发现关良戏画的用墨特征。 7. 以自己搜集的关良作品为例,分析其艺术创作特点。  分析艺术创作特点 8. 根据教师的提示,探究关良戏画风格的形成与发展过程,以及不同时期的代表作品。

学习内容	教师活动	学生活动
学习画展策划	1. 指导学生分步骤学习画展策划。明确目标,分段示范指导。 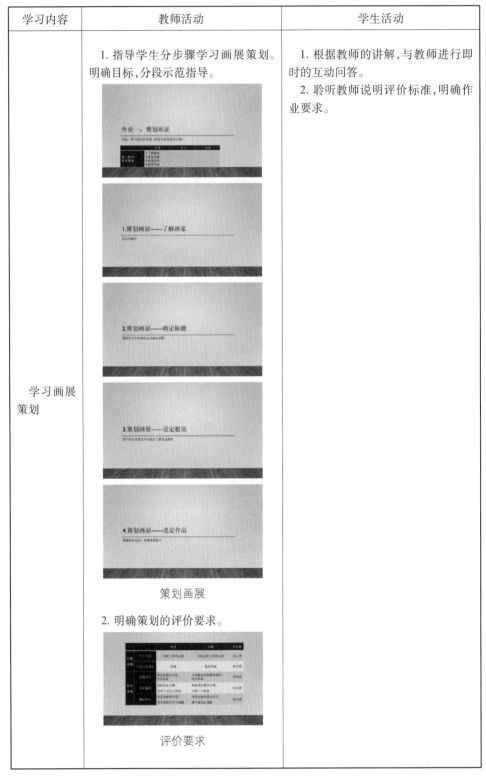 策划画展 2. 明确策划的评价要求。 评价要求	1. 根据教师的讲解,与教师进行即时的互动问答。 2. 聆听教师说明评价标准,明确作业要求。

学习内容	教师活动	学生活动
单元总结	总结单元学习内容。 单元总结	聆听教师小结,回顾单元学习经历。

课例简析:

这一单元的内容组织是建立在"艺术作品的个人风格是艺术家的精神世界和个性在艺术作品中的自然体现"的观念之上的。对于只有两个课时的教学计划,要对教材的丰富内容进行选择,是一件非常有难度的事情。陈老师没有按照教材的思路对多名中外著名绘画大师展开对比分析介绍,而是选择了在我国众多当代画家中风格独树一帜的关良。原因是关良起初学西画,最后运用中国画的形式和中国戏曲的内容获得了非常高的成就,成为举世公认的绘画大师。学习他的作品,了解他的经历,有利于学生理解艺术家如何形成个人艺术风格,也有利于引导学生形成对中华优秀传统文化的认同。基于新课程的要求和"空中课堂"视频课的限制,这样的内容组织无疑是精练的,也是精准的。教学时间有限,但并不影响陈老师把学习活动设计得扎扎实实。

这一课时开始的作业交流与评价环节——交流搜集的作品和对应的学习单,既是对学生上一节课学习情况的检查,也是设置本节课的内容情境。引入学习主题之后,马上交代了这节课的学习任务——策划关良作品展,明确了本节课的学习目标,这也可以当作一种任务驱动学习情境的创设。接下来,陈老师并不急于教学生怎么布展,而是带领学生"走进关良的艺术世界",进一步探究关良戏画的风格特色,让学生联系第一课时深入了解关良戏画的内容题材,对艺术家形成个人独特风格所要具备的艺术、文化等多方面的品格加深感知和理解。最后才用讲解加学习单的方式指导学生如何针对关良的作品策划画展。学习活动中将学习单和评价标准同时展现,并进行恰当的讲解、指导和评价,充分体现了教、学、评的一致性。这些学习活动设计和实施整体上体现出提升学生艺术学科核心素养的课堂教学效果。

在这节课中,陈老师运用了非常多的教学方法,很好地吸引了学生的注意力,激发了学习的兴趣。比如,作业交流中的师生互动和点评;听讲解;看视频;讨论交流;教师故意做出错误示范,让学生辨别指出;等等。最有意思的是让学生将自己上节课作业中搜集的关良作品作为这节课学习内容的实践材料,不仅精练了素材,利用学生的亲近感,而且让学生以前期的学习为基础,进行更加深入的理解。这也是一种学习方法的潜移默化。

三、《艺术》(戏剧)"空中课堂"教学资源库建设与创新实践课例

课题:生活镜像

教材:上海教育出版社《普通高中教科书 艺术 必修2 艺术与文化(上册)》
第四单元 "剧场相聚" 第二课《生活镜像》

执教教师:上海市行知中学 盖晓鸣

教学内容与过程:

学习内容	教师活动	学生活动
作业交流	1. 回顾前课内容,组织学生作业交流。 2. 评价作业。 作业交流	1. 作业交流:去剧场看戏要注意什么? 作业交流 2. 聆听教师评价。
明确学习主题	1. 布置即兴表演活动,引入本课时学习主题。 即兴表演主题 (引导问题:戏剧是如何展现生活的?) 2. 组织交流讨论,实时点评。	1. 根据要求和提示,小组合作完成即兴表演。 展示与交流 2. 交流活动中的体会、收获、困难及解决办法。 3. 听教师的讲解,观看实例照片、视频。

艺术学科利用空中课堂教学资源实现混合式教学的行动研究

学习内容	教师活动	学生活动
	3. 针对学生的困难,引举实例,指导解决。 （1）知识点击:介绍"三一律"。 （2）实例介绍:《上海屋檐下》(舞台立体分割);《龙须沟》(转台)。 知识点击 实例介绍	
"模仿的戏剧"范例赏析——话剧《茶馆》赏析	1. 通过问题引导话剧《茶馆》的赏析角度,简单介绍作品的内容及创作背景。 （引导问题:戏剧的舞台上还可以如何展现生活?） 作品分析 2. 用问题引导学生赏析作品片段,并对学生的回答作指导和评价。	1. 听介绍,明确学习要求。 2. 根据要求观看视频,完成学习单,交流对引导问题的思考。 交流分享

学习内容	教师活动	学生活动
	（1）第一幕片段。 （引导问题:王利发和他的茶馆给你怎样的印象?） 作品分析 （2）第二幕、第三幕片段。 （引导问题:王利发和他的茶馆后来怎么样了?） 作品分析 3. 用问题引导学生做阶段性的学习归纳。 （引导问题:《茶馆》追求真实感,舞台在模仿生活。舞台上王利发和他的茶馆经历了半个多世纪的岁月,我们看着他一变再变,这样的变化带给你怎样的感受?） 交流分享 4. 归纳"模仿的戏剧"的主要特征。 归纳特征	3. 思考教师提出的问题,与教师交流互动。 4. 听教师讲解。

学习内容	教师活动	学生活动
"表现的戏剧"范例赏析——话剧《等待戈多》	1. 用问题导出学习内容。 （引导问题：戏剧舞台上还可以如何展现生活？请对比《茶馆》，这个片段中的演员表演和舞台布景有什么特点？） 2. 指导、评价学生的思考。 3. 归纳"表现的戏剧"的主要特征。 归纳特征	1. 观看视频，思考教师提出的问题。 2. 交流自己的思考结果。 3. 听教师讲解、总结。
学习实践与思考	用问题引导学生思考对学习内容的应用。 （引导问题：看了这些经典戏剧作品展现生活的方式，你们有什么启发吗？） 引导思考	表达自己的想法。 思考与交流
作业：发现自己想看的剧目	鼓励学生走进剧场。布置作业。 作业设计	明确作业内容与要求。

课例简析：

这节课最具创意性，也最成功的教学环节设计，是盖老师在新课开始时安排的"即兴表演"活动。活动的表述是这样的："即兴表演《校园二三事》，要求选择身边真实发生的事情,最好是自己亲身经历的,小组合作,即兴表演,并分享创作过程与需要解决的问题。"它以一个"挑战性任务",创设了具有生活真实性和学习真实性的复合型"真实情境",拉开了新课学习的大幕。学生在完成即兴表演要求的过程中,能表现出他们艺术感知和创意表达的素养。随后,盖老师在与学生评价交流的过程中,在充分肯定学生的现场表现的前提下,有意识地把学生自己发现的"需要解决的问题"聚焦到"在戏剧的舞台上如何来呈现时空的变化?"十分自然地引导出了这节课学习的内容。这种源于学生自己对挑战性任务提出问题的教学方法,颇有项目化学习的味道。不仅如此,教师在学生完成新课学习之后,还提出了"思考与交流:我们可以这样做……"让学生运用本课学习的内容,对自己在进行即兴表演以后提出的"需要解决的问题"寻找解决的办法。这样做不仅使整个教学的过程首尾呼应,更加完整,而且使这节课具有的基于学科核心素养导向的教学特性表露无遗。

在这节课的教学设计中,盖老师将学生学的过程设计得相当细腻,而且学习要求具有清晰的递进性。从开始的"即兴表演"展现出学生学习的起始状态,到手把手地教学生如何分析话剧《茶馆》第一幕的表现手法,到让学生合作分析第二、第三幕的表现手法,然后帮助学生归纳"模仿的戏剧"的表现特征,再到启发学生用对比的方法发现"表现的戏剧"的表现特征,最后要求学生运用自己的学习成果改进自己的即兴表演创编,将感知、理解、运用、分析、评价等多个学习目标水平巧设其中。为了能让这些目标要求比较顺利地实现,盖老师的学习指导也是经过匠心设计的。教师什么时候讲解、示范,什么时候与学生携手交流、讨论、评价,什么时候放手让学生自主探究、实践的处理,也是恰到好处地体现出对于高中生的教学规格。

四、《艺术》(舞蹈)"空中课堂"教学资源库建设与创新实践课例

课题:婉转流动①
教材:上海教育出版社《普通高中教科书 艺术 必修2 艺术与文化(上册)》
　　　第一单元"线的韵味" 第二课《婉转流动》
执教教师:上海市七宝中学 姚若曦

教学内容与过程：

学习内容	教师活动	学生活动
作业交流	1. 回顾前课内容，组织学生作业交流。 回顾与交流 2. 对学生的作业进行指导与评价。	1. 交流分享自己的思考。 2. 聆听教师的指导。
明确学习主题	用问题引导学生明确本课时的学习主题。 （引导问题：作品为什么能将舞蹈与书画如此完美地结合到一起？这两种艺术形式的关联在哪里？）	思考教师提出的问题。
探究中国舞蹈中的线条之美	1. 用问题引导学生欣赏舞蹈《书韵》片段。 欣赏与思考 （引导问题：你通过哪几个方面发现了舞蹈中的"线条之美"？） 2. 归纳、提炼学生的思考结果。 归纳与提炼	1. 观看视频，思考问题。 2. 交流观看和思考的结果，聆听教师的指导。 3. 了解中国古典舞的表现方式及审美特征。 （1）听讲解。 （2）在教师的指导下实践体验（跟做—发挥想象，自己创意动作连接）。 实践体验

学习内容	教师活动	学生活动
	3. 介绍中国古典舞的表现方式及审美特征。 （1）讲解与演示。 讲解与演示 （2）演示并指导学生体验。 演示并指导	
学习实践：赏析舞蹈《扇舞丹青》	1. 用问题引导学生赏析舞蹈，实践和巩固前面的学习内容与要求。 （引导问题：观察舞蹈动作与舞美之间的配合，思考舞蹈作品与中国书画有怎样的艺术关联。） 作品赏析 2. 指导、评价学生的思考内容和表达。 指导与评价	1. 观看视频，思考问题。 2. 交流表达自己的思考。

学习内容	教师活动	学生活动
学习小结	用问题引导学生思考小结本节课的学习。 （引导问题:通过欣赏这节课的两部作品,舞蹈与书画间的艺术关联给你带来了怎样的启发?） 小结	思考并交流。
作业:撰写伴舞编创的简要说明	布置作业。 作业设计	明确作业内容与要求。

课例简析:

这是一节准确体现高中艺术课程标准内容要求的课。艺术课标的"内容要求 2.1"是这样表述的:从中国的书法、舞蹈、音乐、绘画、建筑等艺术形式中,感知各艺术门类中"线"的表现和韵味,探究"气韵生动"所体现的艺术关联性。其中线字用了双引号,意为各种有形和无形的线。舞蹈中的"线",多数介于有形和无形之间,有的看似有形实则无形;有的看似无形,却又有轨迹可寻。出于对这一特性的考虑,姚老师设计的作业交流活动环节,把这节课的学习起点定位到了学生已经能够感知中国书画中"线"的表现和韵味,及其"气韵生动"所体现的艺术关联性。这一次的作业交流与一般意义上的作业交流有着很大的区别:在学生简单地交流之后,姚老师用两个问题——"你通过哪几个方面发现了舞蹈中的'线条之美'?""舞蹈与书法在线条的表现上有何相通之处?"——把学生从前课的学习直接引入新课的学习。紧接着是师生互动,运用举一反三的方法,由舞蹈《书韵》的线条特征归纳出中国舞蹈与中国书法在线条的表现上有何相通之处。之后,是对中国古典舞的审美特征、表现方式和线条特征的学习与体验。再接着是通过欣赏舞蹈

《扇舞丹青》,巩固对中国古典舞中"线"的表现和韵味的感知,并能从中国优秀的传统文化观念的角度和层次来理解中国古典舞的创意与中国书画艺术的关联。最后的作业要求是让学生根据本课的学习成果找到在现实生活中的运用场景。这节课的设计目的明确、结构紧凑、重点突出、详略得当,用极其准确、形象的范例和生动、妥帖的学习活动,将课程标准中的"内容要求"从抽象的文字演化为活生生的教学实践,其间还有对学科核心素养四个方面的精心安排。

这节课还有一个明显的特点就是教师的专业性。从舞蹈的角度讲,理论讲解语言准确,重点突出。从动作示范的角度讲,规范性强,演示清晰,节奏恰当;其他的示范也非常注重动作的准确性和表现力。作为高中教师,姚老师对于学生学习活动要求的设置和形式的选择是恰到好处的,不是因为教师跳得好,就大肆表现,而是将教师教的力度和比重与学生学的难度和空间始终保持在一个比较合理的配置状态,从容不迫,相得益彰。

五、《艺术》(影视与数字媒体艺术实践)"空中课堂"教学资源库建设与创新实践课例

课题:现实之光①

教材:上海教育出版社《普通高中教科书　艺术　必修2　艺术与文化(下册)》
　　　第四单元　"光影逐梦"　第二课《现实之光》

执教教师:上海市南洋模范中学　胡洁斐

教学内容与过程:

学习内容	教师活动	学生活动
作业分享	1. 回顾前课内容,组织学生作业分享。 作业分享 2. 对学生作业的内容和拍摄表现作评价,并适当指导后续创作(内容主题的生发)。	1. 学生代表分享小组作业(播放视频并解说)。 作业分享 2. 聆听教师的评价与指导。

学习内容	教师活动	学生活动
发现同一题材的故事片和纪录片在表现上的异同	1. 指导学生对比赏析故事片《我和我的祖国——北京你好》和纪录片《百年求索——北京 2008 奥运会》。 （1）简单介绍故事片《我和我的祖国》的内容主题与主要创作特点。 （2）提出引导性问题。 （引导问题：你们觉得纪录片和故事片最大的差异和共同点是什么？） 2. 组织学生交流，并指导思考的方法和结论的表达。 交流与分享	1. 观看故事片《我和我的祖国——北京你好》纪录片《百年求索——北京 2008 奥运会》，思考教师提出的问题。 作品分析 2. 交流思考的结果。
探究故事片是如何表现故事情节、引发观众共鸣的	1. 指导学生赏析影片《我和我的祖国——夺冠》片段。 （1）问题引导。 （引导问题：故事片如何表现故事情节，引发观众共鸣？） （2）影片内容简介。 2. 指导学生赏析影片开头，发现其交代故事背景的手法。 作品分析	1. 明确学习内容和要求。 2. 观看视频，思考交流。 作品分析

学习内容	教师活动	学生活动
	3. 指导学生合作探究影片推动情节发展、形成高潮表现的手法。 （1）布置任务和要求。 任务单设计 （2）组织和指导学生完成学生任务单。（引导问题:看到了什么? 要表现什么?） 任务单 4. 提示学生"床单"的寓意。 作品分析	3. 根据教师要求观看视频,分小组合作完成学习任务单。 观看视频 4. 观看视频,思考并回答问题。
现实主义影片的艺术特征和审美价值	通过引导性问题,组织学生展开讨论,发现现实主义影片的艺术特征和审美价值。 （引导问题:故事片如何表现故事情节、引发观众共鸣?）	根据教师提出的问题,开展思考和讨论。

学习内容	教师活动	学生活动
	分析与交流	
布置作业	布置作业内容和要求（完善视频创作的故事脚本）。 作业设计	明确课时作业的内容与要求。

课例简析：

这节课开头的作业交流和最后的作业布置，把我们的关注点直接拉引到了这个单元教学设计的指导思想。不难发现，这个单元教学设计的指导思想融合了不少当下较为前沿的教学方式，如逆向设计、项目化学习、像艺术家一样创作、任务驱动等。其标志性的表现就是在学习开始的时候，就将单元的学习结果通过一个能对应单元学习目标的视频创作活动作为驱动性任务布置给学生，并将这个任务的内容和要求分解到不同的学习阶段（课时）之中去完成。具体来看，单元任务是小组合作，以"城市，让生活更美好"为主题拍摄微视频，并和同伴分享交流。这个单元任务被分解成：第一课时——"1.初步确定拍摄视角。2.搜集微视频素材。3.用镜头记录符合拍摄视角的画面或视频。"第二课时——"在上节课作业的基础上完成以下要求：1.回忆自己在成长过程中与这座城市有关的小故事。2.尝试创作故事脚本（要求有故事的高潮）。3.拍成视频。"第三课时——"1.结合上节课作业，在你和上海的小故事中，通过研讨和反思，发现故事背后所折射出的问题和困惑。2.对之前拍摄的素材加以补充，形成短视频，将自己对这座城市及当下生活的所思所想在视频中加以表现。"第四课时——"请同学们结合对本课内容的思考，运用技术手段完善短视频，为我们所处的城市出谋划策，让生活更美好。"单元任务能够覆盖这个单元的教学重点：了解纪录片的功能与特点。体会现实主义影片的时代情绪与反思价值。感受科幻片的奇观性与启示作用。通过活动的内容和要求将"双新"理念落实到教学行为之中。这个单元的教学设计指导思想之所以采用的是多种前沿教学方式的融合，主要是因为"空中课堂"视频课对基层教师的教学有一定的示范、引领效应，教师的教学活动设计要体现出"双新"的理念，同时也要符合绝大多数教师和学生的现实情况。

这节课乃至这个单元有一个比较容易被忽视的设计意图，那就是从立德树人的角度，以社会主义核心价值观为导向的正确的文化立场。高中艺术学科教学要注重传承中华优秀传统文化，发展社会主义先进文化，弘扬革命文化。整个单元的教学内容和重点都是以突出我国电影艺术的现实主义风格来贯穿的。这不仅是因为中国电影艺术发展到 1930 年前后，产生了向现实主义的转向，而且是因为1942 年延安文艺座谈会后，强调文艺为人民大众服务、为工农兵服务的宗旨，坚持现实主义创作风格是党的文艺路线的重要内容。所以，在这节课中，胡老师以影片《我和我的祖国——夺冠》片段为例，仔细分析了其中的艺术表现手段是如何表现内容和主题的。胡老师用生动形象的艺术作品范例，细致、具体、深入的讲解指导，引导学生理解现实主义电影的艺术特征和社会价值，帮助学生解决创意表达活动中的难点问题。整个单元共四课时，有两课时是直接围绕现实主义电影内容展开的，另外两课时是将现实主义电影的学习要求融入单元学习实践任务之中。胡老师试图通过这样有力度、有强度的教育，让学生对中国电影艺术的风格特征形成正确的文化理解。

第三章
利用"空中课堂"教学资源
实现混合式教学的基本要求

第一节　利用"空中课堂"教学资源
实现混合式教学的新思路

一、教学和单元概念

（一）教学的概念

什么是教学？中国大百科全书——教育："教师的教和学生的学的共同活动。学生在教师有目的、有计划的指导下，积极主动地掌握系统的文化科学基础知识和技能，发展能力，增强体质，形成一定的思想品德。"由此，教学是在教育目的的规范下，由教师的教和学生的学共同组成的一种活动，是学校全面发展教育的基本途径，是学校工作的中心环节。

互联网与教育的深度融合催生了网络教学的出现。在线教学作为技术支撑的教育所创造的新型教育，促进了传统教育的系统而深刻的变革，产生了新的教育理念、教育模式和教学方法，赋予在线教学以新的特点和特征。

（二）单元的概念

单元教学是由美国教育家莫里森在 20 世纪 30 年代首次提出的。他认为，为了使学习富有成效，学生必须熟练掌握他们所学的知识。因此，教学应该通过单元进行，让学生在几天或几周的时间内学习一个知识点或解决一个问题。①

一个单元是针对一个特定主题或一系列主题的课程设计和教学方法，由一套连贯的活动和任务组成，旨在帮助学生获得深刻的知识和理解。教学单元通常由多个课程组成，是一套完整或独立的主题，作为教学内容的一个单元来开发。本研究所描述的单元不是组织成"主题单元"，而是让学生以渐进或重复的方式练习某些知识和技能，以促进对基础知识的掌握。教学单元提供了一套学习目标或预

---

① 王大根.基于美术核心素养的大单元教学[J].中国美术教育,2019(06):4–10.

期结果,学生可以通过各种学习活动和任务来实现。这些活动和任务可能包括小组讨论、实验、项目、研究、演讲、阅读、写作和评估等。

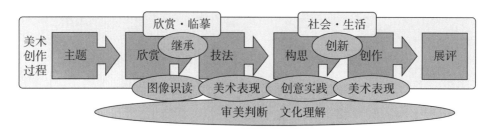

"像艺术家一样创作"的单元设计(王大根)

二、教学中的环境、内容、活动、评价

(一) 教学环境

教学环境是一个复杂的系统,是指教育和教学活动发生的场所、物品和氛围等因素所组成的环境。在教与学的背景下,学生、教师、教室、学校和家庭等角色都在相互作用。高质量的教学环境是为学生提供有效的资源和支持,培养他们的学习兴趣和动力,促进他们的智力成长和发展。影响教学环境质量的因素是多方面的,包括但不限于以下几个方面:

1. 物理环境

它通常发生在教室、图书馆、实验室、户外场地、计算机房、家庭等场所。它包含的因素有:教学场地、班级规模、教室布局、座位模式、设施和设备等。硬件与软件设施设备的完备性和先进性影响着学生学习的最终效果。随着数字技术的发展,越来越多的学校和机构开始采用在线学习平台进行教学。在线学习平台应提供良好的用户体验,包括简单易用的界面、高质量的学习资源、互动工具和社交功能。教师和学生对技术的掌握和使用能力会影响到教学的效果。

2. 软性环境

软环境包括教学方法、态度、人际关系以及师生之间的沟通等因素,对塑造教学环境起着至关重要的作用。课堂内的情感氛围和心理状态影响着学生的兴趣和学习效果,并且鼓励他们积极参与学习活动。此外,学校的传统和文化也能影响教学环境,建立一种积极的学校文化,强调相互支持和对学习的奉献精神。这种文化-心理环境是学校内社会、文化和心理因素的复杂系统,与物理环境一起,共同塑造了教学环境。虽然是无形的,但这种环境对教师和学生的心理和社会行为都有重大影响。

混合式学习环境将在线教学和传统课堂教学的优势无缝整合,为学生提供了

更多同伴互动、独立学习和自我管理的机会。这种方法有效地提高了学生采用适当的学习和交流策略进行深入学习的能力。在传统的面授教学中,学习活动往往被限制在教室里,要满足学习者的个性化需求是很有挑战性的,尤其是在中国高校招生规模不断扩大的情况下。混合式教学实现了灵活的课程设计、多渠道的课程资源和多样化的学习活动形式,有效促进了学生的主动和自主学习。教师可以为在线学习提供音频和视频资源,让学生积极参与,学习课堂上要讲解的知识。此外,学生可以在课前进行在线自主学习。在离线课堂上,采用以学生为中心的任务驱动、项目驱动、基于问题的教学方法,强调师生交流和互动。课堂时间被用来讨论和问答,改变了传统课堂只传递知识和信息的局限性。这种方法鼓励更深入的讨论和知识的掌握,使学生能够更有效地掌握学习内容。

（二）教学内容

教学内容主要是指学生学习和认识的对象,也是学与教相互作用过程中有意传递的主要信息,一般包括课程、课程标准和教材等。当下正值新课程改革,基于生成性教学思维理念,人们对于教学内容有了新的认识。此外,教学内容还来自教师和学生对课程内容、教材内容和教学实际的综合加工。一方面,教师和学生合理使用教材进行教学,对教材内容进行选择、取舍和加工;另一方面,教师和学生对教材进行科学加工,合理组织教学过程。它不仅包括教材内容,还包括教材的引导作用、激励作用、方法指导、价值判断、规范理念等,包括教师和学生在教学过程中的所有实际活动。以下是教学内容处理的几个方面:

1. 教学设计:教学设计是处理教学内容的重要环节,需要根据学生特点、学科特点和教学目标制订合理的教学计划及课程安排,保证教学内容的连贯性和合理性。

2. 教学媒体:教学媒体是处理教学内容的重要手段,它可以将教学内容以图像、声音、文字等多种形式呈现出来,提高学生的学习效果和学习体验。例如,制作教学 PPT、教学视频、教学动画片等。

3. 教学资源:教学资源是处理教学内容的重要来源,可以通过检索和整合优秀的教学资源,如网络资源、图书资料等,为教学内容提供丰富的支持。

4. 教学评估:教学评估是处理教学内容的重要环节,需要科学的评估方法和工具来评估学生对教学内容的掌握和理解程度,及时调整和改进教学内容。

5. 教学反馈:教学反馈是加工教学内容的重要手段,需要及时获取学生对教学内容的反馈意见和建议,了解学生的学习体验和需求,以改进和优化教学内容。

6. 教师培训:教师培训是加工教学内容的重要支持,需要通过教学研讨、培训课程等方式,提升教师的教学能力和教学经验,以保证教学内容的质量和效果。

在混合式学习中,教学内容的组织是结构化的,并从知识、经验、方法和现实生活背景的结合中汲取营养。教学内容的情境化是基于教师在教学过程中创造的学习背景、条件和环境,基于教学目标和内容,能够激发学生的情感思考和主动建构知识。在线上线下教学融合中,教师应强调课堂情境的生成性,确立学生在合作教学情境中的核心地位,给予学生一定程度的合作探究自由,鼓励学生发现和表达差异化的知识和想法。

具体包括以下几个方面:

1. 在线学习内容:混合式学习需要在在线平台上建设丰富的学习资源,如在线课件、视频、音频、文献资料等,这些资源可以在课堂之外帮助学生进行自主学习和复习,也可以提供多样化的学习方式和机会。

2. 面授课堂内容:面授课堂侧重于交互式学习、案例分析、讨论、合作学习等教学模式,鼓励学生参与讨论和互动,帮助学生更好地理解和掌握学习内容。

3. 课堂评估与反馈:混合式学习需要建立科学、合理的课堂评估和反馈机制,以便及时调整和优化教学内容与教学方法,促进学生的学习效果和学习动力。

4. 在线学习支持:为了让学生更好地适应混合式学习模式,需要提供在线学习支持,如技术支持、学习指导、作业提交等,以保障学生的学习顺利进行。

5. 学生支持:为了帮助学生适应混合式学习模式,需要提供学生支持,如学习指导、心理辅导、社交支持等,以帮助学生更好地完成学业。

(三)教学活动

教学活动指的是为了促进学生学习和发展而设计并实施的一系列活动,这些策略可能涉及课堂教学、小组讨论、实验、研究、演讲、练习和家庭作业等。这些活动的目的是激发学生的兴趣,增加他们的知识和技能,促进他们的认知和情感发展,并提高他们的自信心和能力。为了确保教学效果和效率,教学活动应在目标、方法和评估方面进行精心设计。此外,还应该根据学生的发展特点和需要,引导他们积极参与和探究,培养他们的学习兴趣和动力。

混合式学习迎合了现代化和信息时代的需要,提供了多维的学习空间、便捷的学习环境、多样的学习方式、灵活的学习时间和丰富的学习资源,从而使学生能够全面、深刻地理解学习内容,调节学习节奏和方式。为了达到最佳效果,混合式学习中的教学活动应优化利用线上和线下教学资源。这些活动包括:

1. 观看在线课程视频:学生在课前可以通过观看在线视频了解课程内容,掌握基本知识点,为后续的课堂授课做好准备。

2. 线上讨论和互动:学生可以在在线平台上与同学、教师进行交流和讨论,分享自己的学习心得和问题,促进彼此的学习和成长。

3. 课堂授课和实践:在传统的面授课程中,教师可以通过讲授、演示、讨论等方式进行教学,还可以安排实践环节,让学生更好地理解和应用所学知识。

4. 课后作业和练习:学生可以通过在线平台完成课后作业和练习,巩固所学知识,提高学习效果。

5. 个性化学习和自主学习:在线平台可以根据学生的学习情况和兴趣推荐个性化学习资源,还可以让学生自主学习,发挥主动性和创造性。

混合式学习的教学活动既可以有效提高学生的学习效果和参与度,也可以提高教学的灵活性和适应性,满足不同学生的学习需求和特点。

(四) 教学评价

教学评价有着悠久的历史,可以追溯到 1940 年美国教育家拉尔夫·泰勒的"八年研究"。西方的教育评价经历了几个阶段,以教育目标达成为评价的描述阶段、注重过程评价的判断阶段、关注个体发展评价与结果认同的建构阶段和第四代多元智能综合评价阶段。教学评价的目的是根据获得的信息对教学过程、教学效果、教学价值作出客观、科学的判断。它对课程、教学方法、教师的表现、学生的学习状况、教学环境和取得的效果进行有效的评价。教学评价具有诊断、指导、发展和管理功能。20 世纪 80 年代,中国开始研究教育评价,1999 年教育部发布的《国家基础教育课程改革项目概览》强调了构建促进学生全面发展的新型评价体系的重要性。教学评价也是基础教育课程改革的一个重要方面。要规范美术教学活动,实现有效的美术教学,关键是要树立先进的评价理念,掌握多样化的美术教学评价方法。[1]

教学评价可以按照不同的标准进行分类。

1. 根据评价的目的进行分类

• 诊断性评价:旨在发现学生的学习问题,帮助学生找出自己的短板,并为学生提供有针对性的帮助。

• 形成性评价:旨在促进学生的学习和进步,帮助学生逐步掌握知识和技能。

• 终结性评价:旨在总结学生的学习成果,评价学生是否达到了预期的学习目标。

2. 根据评价的功能进行分类

• 定量评价:通过量化的方式,使用成绩、得分等指标来评价学生的表现。

• 定性评价:通过描述、解释、分析等方式,评价学生的表现。

---

① 郭建东.混合式教学评价指标体系的构建与应用研究[J].成人教育,2020,40(12):19-25.

3. 根据评价的主题进行分类

● 自评与他评:学生自己评价自己的学习表现称为自评,教师或其他评价者对学生的表现进行评价称为他评。

● 内部评价与外部评价:学校或教育机构内部进行的评价称为内部评价,由外部专家或组织进行的评价称为外部评价。

4. 根据评价的内容进行分类

● 知识评价:评价学生对知识的掌握程度和理解程度。

● 技能评价:评价学生的技能水平和运用能力。

● 情感态度评价:评价学生的态度、情感、价值观等方面的表现。

● 综合评价:综合评价学生在知识、技能、情感态度等多个方面的表现。

教学评价的发展历史和目前的研究表明,基于多元智能的建构主义形成性评价+总结性评价模式可以更好地评估混合教学课程的教学质量。这种方法强调学生积极参与教学活动的重要性,通过教师引导的独立在线学习和协作线下学习来促进学生的学习。形成性评价注重学习过程中的反馈和表现,强调调节和改善学习的评价目标,并强调个体发展的差异。因此,需要采取多维度的评估和评价方法,全面反映学生的过程性学业成果,并利用各种评价方法评估学生的参与度,加强学生的参与。

教学评价还应该关注学生的知识建构过程,以及他们的探索和创新能力。教学目标不仅仅是帮助学生掌握知识和技能,更重要的是培养学生的自主学习能力、交流与合作能力、创新能力和独立思考能力。虽然将这些内容全部纳入评价体系可能有一定的难度,但要用发展的眼光来设计评价体系,要关注学生对课程知识和技能的掌握程度,更要关注学生综合素养的全面提升。①

三、学科核心素养的教学意义

(一)理解核心素养

《义务教育课程方案(2022年版)》与各学科课程标准的印发,标志着我国基础教育课程改革进入了核心素养时代。当今世界,科技进步日新月异,新媒体传播迅速,伴随着人才培养的新挑战,人们的生活方式、学习方式、工作方式发生了变化,少年儿童的成长环境也发生了深刻变化。有鉴于此,义务教育课程必须与时俱进,注重培养中国学生的核心素养,即学生适应未来发展、明确人生方向、成

---

① 郭建东.混合式教学评价指标体系的构建与应用研究[J].成人教育,2020,40(12):19-25.

为德智体美劳全面发展的社会主义建设者和接班人所需要的正确价值观、基本性格特征和关键能力。这体现了核心素养的宏观和全面发展。

（二）理解学科核心素养

《普通高中课程方案（2017年版2020年修订）》要求："为建立核心素养与课程教学的内在联系，充分挖掘各学科课程教学对全面贯彻党的教育方针、落实立德树人根本任务、发展素质教育的独特育人价值，各学科基于学科本质凝练了本学科的核心素养。"说明学科核心素养包括学科本质观和学科教育观。

学科核心素养的提出，标志着我国教育知识观的根本转变：让各门学科课程由结果走向过程，让学生从掌握学科事实转向发展学科理解。此"知识"并非传统书本知识、"事实本位的学科知识观"，而是学生体验知识创生过程、富有个性特点的"知识"以及"理解本位的学科知识观"。知识本质上是人类理解并创造世界的过程与结果。

（三）学科核心素养的教学特征

一线教师的困惑是：该怎样落实学科核心素养？一节课落实几个？根据新课标的要求，教师应该以核心素养为导向，将教学内容有机整合，从而使学生能够更好地理解知识，并形成深层次的联系，从而提升综合解决问题的能力，而不仅仅局限于零散的知识与技能。因此，教师在教学过程中应该首先确定核心素养，再落实这些素养。

"学科核心素养"的提出，标志着我国教育知识观的根本转变：让各门学科课程由结果走向过程，让学生从掌握学科事实转向发展学科理解，其本质是每一个学生富有个性特点并形成体现学科特性的学科理解或思维。为此，《普通高中课程方案（2017年版2020年修订）》在"前言"中提出了关于学科课程标准的四个变化：一是凝练了学科核心素养，二是更新了教学内容，三是研制了学业质量标准，四是增强了指导性。这体现了高中课改的新要求，即以"学科核心素养"强化学科本质和育人价值，强调以"学科大概念"为核心的"深度学习"和以"情境化"主题开展的"真实性学习"，并利用"学业质量标准"开展侧重于"关键表现"的"真实性评价"，检验教学的深度和广度，以及学生核心素养的发展情况。[①]

基于学科核心素养的教与学涉及一个广泛的学习单元，该单元以围绕背景主题的真实学习任务为中心。它旨在加深对该学科广泛概念的理解，并通过"像专家一样思考"的过程系统地推进。这个过程由几个小单元组成，每个单元都有不

---

① 王大根.基于美术核心素养的大单元教学[J].中国美术教育,2019(06):4-10.

同的学习活动,直接与学科核心素养的某个部分相联系。这些小单元与学科核心素养之一相对应,教学活动采用真实的情境、问题、任务和项目作为教学内容的基础。这种方法可以让学生体会到知识的来源和背景,体验到知识的有用性和价值,培养学生的学习兴趣。这也有助于培养学生应用知识的能力,以情境、问题、任务和项目的形式纳入学科实践。传统上,学科知识是以"阶梯"方式呈现的,注重知识之间的逻辑关系。教育的学科实践模式则是以情境、问题、任务和项目的形式呈现学科知识。这种方法促使学生体验、参与、调查和完成任务,而不仅仅依靠听、背、诵和练习。虽然这种方法可能很费力,很有挑战性,但它是形成核心素养的必要途径,对学生的未来发展至关重要。

(四) 学科核心素养的教学意义

利用学科核心素养进行教学是教育领域的一项重大变革,指向应对信息时代、全球化和数字化的挑战。它的目标是提供培养先进的人的能力的学科教育,培养有能力在现代世界中发展的个人。可以从以下几个方面来理解学科核心素养教学的重要性:

1. 教育目的明确化

基于核心素养的学科教学是适应数字化时代和创新经济模式的必要条件。数字化技术的迅猛发展导致经济产业结构和社会生活性质都在发生根本性的变化。越来越多的工作类型要求高度发展的智力技能和技术素养,需要人们尽快适应新的环境,学会运用各种技术开展工作和管理日常生活事务,能够多渠道获取资源和信息,处理复杂多变的任务。工作和生活的流动性增加,要求人们能够持续和终身学习,学会适应不断变化的生活节奏和工作性质。因此,核心素养明确界定和阐述其核心构成的内涵与外延,有助于阐明新时代基础教育育人目标,为当前基础教育课程改革提供了理念和实践的参照框架。

2. 知识获取直接化

让学科教学建基于学生的直接经验与真实探究。通过让教学更加贴近学生的实际需求,将课堂上的知识点转换为实际的问题,让学生能够从实际的经验中获得更多的知识;同时,让学生能够像学科专家一样,运用自己的思维和实践能力,深入理解学科知识。

3. 教学情境生活化

指向核心素养的学科教学首先强调学科的生活意义,让学科融入生活世界。学生置身的真实生活情境是学生探究、理解、运用学科核心观念的最好和最有意义的问题情境。以学科视角来深入研究我们身边的一切,从最基本、最容易被忽略的事物、现象和事件,到更深层次的认知,都需要借助学科思维来进行探索和深入研究。只有当学生学会自由运用学科观念和思维理解生活、解决生活问题,最熟悉不过的日常生活才能脱颖而出,摆脱平庸,实现创造。

4. 教学目标综合化

核心素养是个体在面对复杂的、不确定的现实生活情境时,能够综合运用(跨)学科观念、思维模式和探究技能,结构化的(跨)学科知识和技能,由世界观、人生观和价值观组成的动力系统,分析情境、提出问题、解决问题及交流结果过程中表现出来的综合性品质。核心素养整合了学科以及跨学科的知识和技能、思维模式和探究方式、态度和价值观。转变知识观以摆脱困境,走向理解取向的学科教育。让知识在创造中习得并形成素养,技能在实践中使用并化为能力。

5. 教学评价全面化

基于核心素养的评价旨在打破当前考试和评价指向学生孤立、零碎的具体学科知识或技能的窠臼,构建基于核心素养的评价体系。它强调学生在实际生活和专业领域中获得的知识、技能、能力和素养,重视(跨)学科探究主题和实践活动,注重培养学生在真实任务情境中提出问题、搜集信息、权衡不同方案、产生新想法和发现新途径解决复杂问题的能力,并能够通过书面或口头方式有效表达自己的理解和认识。这种评价模式要求通过正式或非正式观察、讨论、展示项目、同伴或自我评估、自我反思、成长记录档案袋等多种方式,搜集学生基于不同场合、时间和形式的多方面证据,从而实现对学生核心素养发展水平的全面而合理的评价。

四、指向深度学习的混合式教学构想

随着从"双基""三维目标"至"学科核心素养"的不断变化,中国的基础教育课程体系也在不断演变。这种变化不仅带来了质的飞跃,而且影响着课程内容、教学方式以及考试评价,使整个教学体系变得更加完善,更加有效。尽管课程目标不断改进和发展,但教学目标和学习目标仍未得到根本性调整。可以说,很多课堂的教学目标仍然停留在"双基"上,甚至还放弃了"技能",直接窄化为"知识的掌握",能力、品格和价值观念被严重忽视,学生的学习自然是浅显的、缺乏深刻性的。而深度学习正是全面深化课程改革、落实核心素养的重要路径。

(一)深度学习是落实核心素养的重要路径

深度学习是指学生在教学中积极参与、全身心投入,获得健康发展的、有意义的学习过程。这一过程的特点是以素养为导向的学习目标、领先的学习主题、具有挑战性的学习任务和活动、掌握特定学科的基本知识和方法、构建知识结构、对学习内容和过程进行批判性评价、运用所学知识和方法创造性地解决问题、积极的内在动机、先进的社会情感、坚持正确的价值观。通过深度学习,学生既能熟练掌握学科基础知识,又能独立思考,参与社会实践,具有较强的学科基础,合作能力、社会责任感、创新能力、实践能力和创造美好未来的能力。

深度学习强调引导学生主动参与学习活动,学生经历知识发现、发生、发展过程,形成丰富的内心体验。它突出学科的基本思想和方法,为学生提供典型的例子和学习材料,全面地构造教学内容。此外,它注重根据实际情况为学生创设相关活动,提供解决实际问题的机会,促进学生对知识的实际应用和全面整合。该方法强调正确的价值立场和判断,引导学生关注教学的价值取向,引导学生理解和反思学习的内容与过程,从而形成积极的社会情感、态度和责任。

(二) 混合式教学保障深度学习的有力支撑

通过教师的有效引导,学生可以从不同角度深入学习:从学生的角度出发,组织结构化的内容,将其呈现在情境中,利用活动的形式,实施有针对性的学习指导,以及创造有利于学生理解新旧知识、知识与方法、知识与生活相联系的现实情境,如问题和任务,以激发学生的兴趣和动机,并且能够让他们在学习过程中不断地探索和实践,从而达到深度学习的目的。通过提供一系列具有挑战性、有趣且富有成效的学习活动,让学生们能够主动参与、积极体验、深入思考,同时,通过及时准确的评估,帮助他们更好地理解知识的重要性和价值。

1. 混合式教学在促进深度学习的结构化内容方面起着关键作用

认知工具指的是帮助、指导和扩展用户思维过程的心理模型与设备。在现代学习环境中,它们主要包括以计算机为媒介的工具,协助和促进认知过程,使学习者能够获取、处理、编辑和制作信息及资源,并利用它们来表达他们的想法、交流和与他人合作。

2. 混合式学习提供了多样化的信息资源来加强深度学习

学习内容和相关支持材料,包括教科书、微课、教学软件和相关论文,都是深度学习不可或缺的。通常情况下,在学习环境中,先进而复杂的知识是以特定场景中的问题形式呈现的,并有大量相关案例,学生必须借助相关信息和案例掌握解决情境问题的知识与技能。此外,可以通过创建在线课程市场来共享学习资源,其中包括高质量的课程、大学自建的课程和定制的在线课程,以满足多样化和个性化的学习需求。

3. 混合式教学延伸深度学习的活动空间与时间

在现代社会,网络教学资源已经成为混合式教学的重要组成部分,使教师能够将教学延伸到教室之外,学生能够在传统课时之外参与学习。网络环境,特别是网络教学平台和教育教学资源库,为支持混合式教学提供了宝贵的工具和资源。通过利用网络教学资源,教师可以创造更有吸引力和互动性的课堂体验,学生可以在任何时空通过互联网获取学习材料,与同学合作并讨论课业。这种方法可以显著提高学生的学习效率和效果,并促进更多个性化和自主的学习体验。

4. 混合式教学凸显深度学习的主体地位

无处不在的在线学习平台以及移动和 PC 终端已经成为学生的重要学习工具。将先进的信息技术融入教学,可以大大增强学生的学习动力、兴趣和效率。

5. 混合式教学促进深度学习的有效交互

在混合式教学环境中,学习者在学习过程中起着核心作用,但教师的指导也不能忽视。无论在何种学习环境中,教师都有控制、管理、帮助和指导的责任。无论是在线学习还是离线学习,教师的参与对于有效的互动仍然是至关重要的,而学生仍然依赖于教师。教师确定学习目标,组织学习活动,指导学生在学习环境中正确使用认知工具。在学习过程的不同阶段提供不同的互动策略,通过建立学习社区,提供学习交流的论坛、问答区等,学生之间和师生之间可以充分互动,大大弥补了课堂上有限的交流。

6. 混合式教学加强深度学习的监督管理

在在线学习中,教学是一个过程,教师通过充分满足学生的个人需求来鼓励学生实现深度学习,这对教师的监控能力提出了许多新的要求。具体来说,教师必须善于使用在线平台,通过平台提供的统计信息监测学生的学习进度,跟踪学生的学习记录,以确保学生的参与度和达到预期的学习效果。

7. 混合式教学收集深度学习的评估与过程

在混合式教学环境中,评估不应局限于考试。相反,它应该关注学生的成长和学习过程。对学生的发展性评估、档案袋评估和其他方法应被用来实现长期和持续的跟踪评估。这种方法有利于学生进行更深入的探究。了解学生的学习困难和需求是很重要的,在学生最需要的环节提供适当的支架。这可以包括对相关知识内容的解释和扩展,提供相关的材料,或进行同伴讨论。当学生无法靠自己的努力取得进一步进展时,教师提供的支架就显得尤为重要。

混合式教学赋予教师引领、启发和监督教学过程的权利,同时充分体现学生作为学习过程主体的主动性、积极性和创造性。它充分发挥了网络教学和课堂教学的互补优势,提高了学生的认知效果。通过利用网络教学丰富多样的资源、便捷的沟通和互动,我们可以充分发挥教师和专家的指导作用,并且能够更好地培养学生的个性化特点和深入探索学习研究方法。混合式学习和深度教学的整合，在正确的时间利用正确的学习技术，达到最佳的学习效果。

五、指向深度学习的混合式教学模型

指向深度学习的混合式教学作为改进项目，不能仅停留在理念的标示和理论阐释上，还需实践模型来支撑教师加深对教学系统、教学过程的认知和理解，给予教师如何从确定目标、选择内容、设计活动、预设评价等方面进行教学设计和实施的基本原则和方法，为教师提供真正意义上的教学支架。

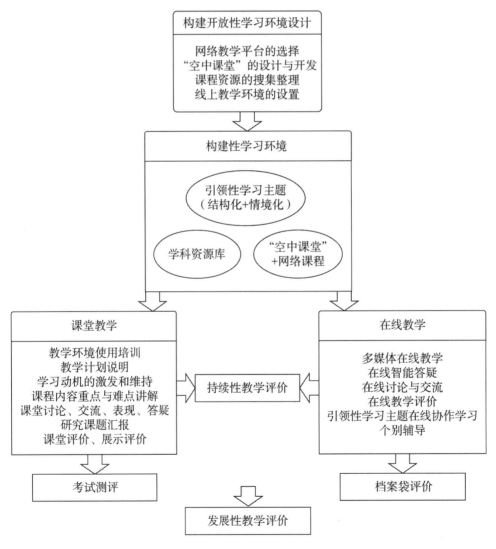

指向深度学习的混合式教学模型

通过单元学习的理念,积极推动单元教学的设计和实施,以促进深度学习的发展;在"学习目标""学习主题""学习任务/活动"和"学习评价"中,突出素养导向、引领性、挑战性和持续性,重点将课程的主要知识点结合实际,将课程的内容分解成更加清晰的知识体系,将课堂活动分解成更加实用的任务,把学习评估融入整个课堂,创建一个充满探索和发现的学习氛围。[①]

所以,在以单元学习整体落实核心素养培育的主张下,指向"深度学习"的混合式教学,通过单元学习把教学设计过程中必须考虑的教学目标(学习目标)、教学内容(学习主题)、教学活动(学习活动)、教学评价(评价持续性)等相关要素进行系统性整合,强调目标与内容、活动、评价的内在一致性。

混合式教学为深度学习提供了有效的支持,将教师的教学活动从课堂内部转移到课堂外部,从而提高学生的学习效率和成果。通过使用网络教学平台和优秀的教育资源库,混合式教学可以让教师发挥主导作用,同时也能让学生发挥主体作用。教师可以利用最新的网络教学资源和交互工具,在课堂上进行有效的授课;学生可以在课后利用这些资源和工具,进行深入的学习和交流。

混合式教学主要有建构性学习环境设计、课堂教学的实施、基于网络的课后在线教学和发展性教学评价四个主要环节。

(一) 建构性学习环境设计

1. 支持混合式教学的网络教学平台的选择

大多数教育机构都建立了设备先进、功能全面的校园网,为传统教育和网络教育提供了良好的网络环境。然而,网络在教学中的作用不应局限于教学内容的传播,它还应支持教学互动、评价和管理,这些都是保证教学质量的关键。尽管网络为教学提供了丰富的交流功能,但这些功能是分散的,不利于教学的有效开展和管理。因此,需要一个集内容发布与管理、课堂与在线教学互动、在线评价、项目式协作学习、发展性教学评价、教学管理于一体的网络教学平台来支持混合式教学。这个平台应该包括优秀的在线课程和教育教学资源,如教学课件、常见问题库、试题库、案例库、文献数据库和其他教学资源。它应该为学生提供一系列的自主学习策略,包括在线课程学习、在线自我评估和在线资源浏览等。该平台应纳入智能问答系统、在线讨论系统、电子邮件系统、学习笔记和作业考试系统,以促进多种教学互动。此外,该平台应支持教师线上设计和开发课程与教学资源,以及设计教学活动,如布置作业、设置讨论主题、为学生制订自我评估方案、回答问题等,从而指导和帮助学生。

---

① 刘月霞.指向"深度学习"的教学改进:让学习真实发生[J].中小学管理,2021(05):13-17.

2. 网络课程的设计与开发

有针对性的、结构良好的课程内容对于有效的教学和实现教学目标至关重要。它涉及对学习内容的分组和组织,强调知识、知识与经验、知识与生活、知识与方法之间的相互关系。为了实现深度学习,教师必须提供结构化的学习内容,使学生获得系统的、相互关联的或有区别的知识。这就要求教师对学习内容进行整体规划和设计,重点是帮助学生理解不同领域知识之间的内在联系,而不仅仅是记忆事实性知识。此外,教师应引导学生在当前的学习活动中联想和激活他们以前的经验,并帮助他们以连贯的方式组织学习内容,建立自己的知识结构。"空中课堂"是教师设计课程内容的绝佳资源,教师可以选择合适的内容应用于自己的教学。"空中课堂"中的例子由于其可重复使用性、可访问性、可更新性、可管理性、对不同学习者需求的适应性以及跨平台的可用性,为资源共享提供了解决方案。通过"空中课堂",教师可以轻松组合、拆分和调整教学内容,并且可以利用网络教学平台进行在线备课,从而提高教学效率。

3. 课程资源的收集整理

结构合理、目标明确的课程对有效教学和实现教学目标至关重要。学习内容的组织和分组应将知识、经验、生活和方法相互关联,以促进深度学习和系统地掌握知识。因此,教师必须认真规划和设计学习内容,强调对知识联系的全面理解,而不是孤立的事实。应引导学生激活以往的经验,并将其融入学习,组织好学习内容,建立自己的知识结构。

"空中课堂"是设计课程内容和选择适当教学实例的宝贵资源。"空中课堂"中可重复使用的、可获取的、可更新的、可管理的例子为资源共享提供了解决方案,可适应不同学习者的需求。教师可以通过在线教学平台修改和组合教学内容,创建在线课程。

4. 教学活动的选择和设计

教学活动,如探究式问题解决、小组协作式问题解决、小组交流讨论、常见问题解答、在线智能问答、自测解答、作业解答、作业评价等,促进教学的深入开展。在选择和设计教学活动时,关键是要参考事先确定的课程目标、课程内容和讲解形式,同时还要考虑到教学进度和具体章节知识点。教学活动的作用是为学生创造具体的学习情境,加强师生之间的交流和互动。因此,适当的教学策略对于教学活动的顺利进行是最重要的。

5. 网络教学环境的设置

在这个充满个性的时代,学生的学习方式越来越多样化,学习和教学的要求也朝着更加多元化和个性化的方向发展。不同单元、不同阶段的课程所需的功能可能不同,因此,教师可以根据具体课程的需要,为学生量身定制呈现给他们的在线教学平台的功能模块。学生不仅要清楚地了解他们希望掌握的能力,而且要了解他们在当前的学习阶段应该掌握的能力。此外,学生可以对呈现给他们的在线平台的风格进行个性化定制,包括每个功能模块的顺序、演示方法、页面布局等。

(二) 课堂教学的实施

传统的课堂教学一般存在内容、形式单一等诸多弊端,而混合式教学模式下的课程扩展了更多资源、各种教学活动等,在很大程度上弥补了这种不足。

1. 教学环境使用培训

教学环境的使用培训涉及让教育者和学生掌握必要的技能,以有效地浏览在线教学平台、课件演示工具和互动技术。其目的是促进对教学环境的熟悉,消除技术障碍,并为实现教学效果打下坚实的基础。最终,将信息技术融入课程的目标是利用先进的认知工具来促进学生学习。这种工具使学生能够参与多样化的学习活动,包括创设学习情境、获取学习资源、产生和表达个人观点、交流、合作、探索和发现、计算和处理数据、接受反馈和练习、接受个性化的指导和评价、获取学习帮助和见解、保存成长记录、定性评估和接受学习反馈。

2. 教学计划说明

在课程开始之前,教育者必须在在线教学平台上发布整个课程的综合教学计划和阶段性教学计划。在课程中,每堂课之前,教育者还必须在在线教学平台上公布下一节课的教学计划,使学生能够充分准备和预习。教学计划说明应包括教学目标、教学内容、教学方法、教学活动的组织以及评价教学效果的评估方法等内容。

3. 学习动机的激发

学生的积极参与对于在线教学的成功至关重要。在这方面,鼓励和维持学生在互联网上的参与和讨论的有效策略,是通过讨论热门话题来认识并与他们建立情感联系。这种机制是补充和加强在线教学的重要工具。为此,教育者必须为学生创造充足的机会来表达自己,积极听取和尊重他们的观点,并在课堂上及时给予鼓励。教育者与学生之间的情感互动在激发和保持积极的学习情绪,培养学生的学习兴趣和动力,以及促进健康的人格发展方面起着关键作用。

4. 课程内容重点与难点的讲授

确保学生迅速掌握课程的知识结构是教育中的一项重要措施。在课堂上,教师采用事先设计的网络课程,加入精心设计的多媒体课件,以多感官的方式刺激学生的感觉器官,提高学生的理解力和记忆力。值得注意的是,历史事件、情景案例、数学公式推导、化学/物理/生物实验的操作过程,以及一些肉眼无法观察到的微观模型,都可以通过视频或 Flash 二维/三维动画来动态呈现。这种方法能有效地促进学生的学习,在教育实践中应予以重视。

5. 课堂讨论、交流、答疑

课堂讨论可以是在线讨论的起始,也可以是在线讨论的延续和深化,确保迅速吸收课程的知识结构是教育的一个重要目标。在课堂上,教师利用预先设计的在线课程,将精心制作的多媒体课件融入其中,以多感官的方式刺激学生的感觉器官,加强他们的理解和记忆。

6. 课堂小组协作研究课题

为了培养学生的实践能力和创新精神,通过小项目进行研究式学习是一种有效的方法。基于项目的研究可以在线上和现场进行。在线上,重点是讨论、信息检索和处理、数据共享、结果展示,以及过程信息的记录和评估;在现场,主要强调的是组织小组展示,并在展示过程中与教师进行深入交流和讨论,以获得适当的指导。这是保证项目研究学习质量的一个关键环节,也是推进学生知识建构和迁移的重要手段。

7. 课堂评价

除了教学内容的讲授之外,教师还可以通过在线教学平台提供的测试模块对当堂或之前的教学内容进行联机测试,评估学生对当前或之前材料的理解程度。系统会自动生成测试结果和对客观问题的反馈,教师和学生都可以查看。根据学生的掌握情况和学习需求,教师可以及时修改本次或未来课程的教学计划。这种方法可以支持适应性教学,并促进更高效和有效的学习成果。

(三) 基于网络的课后在线教学

课堂教学要遵守标准的课堂规范,据此,教师的教学通常可以解决大多数学生的一般学习要求。然而,对于那些在课堂上无法解决或需要进一步探索的问题,学生必须进行独立学习,并在课外与教师互动。这种方法为个性化教学提供了机会,促进了教师和学生之间有意义的互动,以支持个性化的学习目标。

1. 多媒体在线教学

教师可以根据课堂教学情况,灵活修改在线教学平台上呈现给学生的课程内容、教学资源或活动。学生可以在课后在线回顾课程内容,并进行深入思考,以达到真正理解和掌握教材的目的。在课程内容之外,在线教学平台还为教师和学生提供了扩展资源,以帮助学生理解和掌握课程内容,使学生能够接触到新颖的想法、不同的观点和更广泛的知识。通过这种方法,学生可以探索和体验一个更广阔和丰富的学习环境。

2. 在线智能答疑

学生在参与在线学习的过程中,不可避免地会遇到在课堂教学中出现的困难或未解答的问题。为了解决这个问题,学生可以将他们的问题提交给在线教学平台的问答系统。对于经常被问到的问题,教师可以汇编答案,并将其整理成一个问答中心,当学生遇到类似的询问时,可以将其作为参考。此外,学生可以为其他学生的问题提供答案,在这个过程中增强自己的理解。教师也可以通过提出新问题或回答自己提出的问题来激发学生的批判性思维,这些问题可以被添加到问题资源库中。随着时间的推移,问答系统将积累丰富的资源,促进和提升学生的学习经验。

3. 在线讨论与交流

在线教学提供了有利的异步互动功能,有利于深入讨论在课堂上可能因时间限制或话语水平浅薄而受到限制的话题。在线教学平台通常提供讨论和交流模块,根据用户注册的课程呈现论坛内容,讨论主题可以由教师设定,也可以由学生选择。通过不同观点和看法的碰撞与交流,学生可以对复杂的课题有一个相对全面和深刻的认识。此外,通过书面文章表达自己的想法,可以大大提升他们的逻辑思维能力和写作能力。在线讨论和交流系统还记录了每个学生参与讨论的情况,积极和深入地参与是衡量学生学习水平的重要评价指标。

4. 在线教学评价

评价方法是确保教学质量的重要工具。其中在教学过程中进行的形成性评价尤为重要,因为它为改进教学策略和实施个性化教学提供了依据。在线教学平台提供了试题资源库、自动/手动组卷机制、作业提醒、系统统计分析等,这些都是实施学生学习评价所不可或缺的。教师可以根据教学进度从资源库中选择试卷,作为家庭作业或自测题布置给学生,以巩固和复习课程内容。此外,教师还可以根据学生的学习情况,布置开放性试题作为考试。学生也可以通过与所学内容相关的测试题来评估自己的学习进度。对于客观题,系统可以自动审核并提供评价和统计信息,而对于主观题,需要教师审核。系统会对每次作业或自评形成统计报告,作为教师调整教学的依据。教师评价也是教学质量的一个重要方面,不应忽视。学生可以匿名提供对教师的评价或打分,教师也可以设计调查问卷来收集教学反馈,提高教学效果。

5. 基于项目的网际协作学习

基于项目的网际协作学习是一种学习方法,一个班级被分成多个学习小组,每个小组被分配一个项目,在网络环境中协作解决。与课程主题的讨论不同,学习项目的目的是解决实际问题。小组成员在网络平台分配给每个小组的学习活动空间中共同完成项目。每个成员都有自己的任务目标,在完成任务的过程中,遇到的任何问题都可以上传到讨论组寻求帮助和讨论。此外,每个成员收集的信息都可以在小组的共享文件夹中共享。这种学习方式实现了成员间的跨时空交流和文件共享,有利于培养学生的协作能力和解决实际问题的能力。

6. 在线个别辅导

根据学生的需求进行定制化教学是高等教育中大班教学的必要条件,而导师要随时回忆和了解每个学生的背景信息和学习状况是不现实的。在线教学平台提供了全面的统计和分析功能。通过检查学生的个人信息、学习历史、活动记录和学业成绩,教员可以诊断和理解学生的学习情况。这些信息使教员能够提供个性化的指导和咨询,以满足个别学习者的具体需求。

（四）发展性教学评价

发展性评价不仅要关注学生的学业成绩,而且要发现和发展他们多方面的潜力,帮助他们建立自信和自我意识,促进他们按照自己的节奏发展。强调评估的教育功能,关注学习者的成长,关注学习过程,并将定量和定性评价相结合。信息技术可以支持发展性教学评价的实施和持续改进,对高等教育教学评价体系的变革具有重要意义。

在进行发展性评价时,应选择适当的评价方法,并灵活运用于不同的评价内容和相应的课程目标。在评价过程中应融入表现性评价的理念,将学生在学习和应用各科知识或利用信息技术解决实际问题的表现和结果作为评价的依据。

评价应以学生的学科知识基础、学习过程和方法、利用信息技术解决实际问题的能力以及相关情感态度和价值观的形成为基础。评价可以通过各种方式进行,如档案袋评价、考试测评等。

1. 档案袋评价

档案袋评价是网络环境下广泛使用的一种发展性评价方法,其主要功能是"存储""反思"和"交流"。在网络环境下的混合教学中,反映学生发展和进步的信息可以很容易地被记录、归类和存储在作品集中,它是教师了解学生的窗口,也是学生自我反思的对象。

档案袋的数据来源主要包括课堂教学和网络在线教学中产生的过程性数据,包括学生对课程内容和资源的浏览情况,学生在讨论与交流中的贡献数量和内容,小组合作中贡献的信息,合作中对小组成员的评价,提出问题的数量和频率,回答其他学生或教师问题的数量和内容,作业和自我测试的成绩,以及自我评估的结果。这些数据是对学生学习的过程性和形成性评价的基础,如作业和自测成绩、阶段性考试成绩以及学习笔记本的内容。

2. 考试测评

由在线教学平台推动的数字化学习对考试和评估的发展是有利的。教师可以通过在线教学平台为学生提供自我评价的问题或家庭作业。这些作业的自动批改使教师轻松地了解学生的学习过程,不再仅仅依靠学期末的一次考试。此外,学生通过互联网向教师反馈他们的学习成果、课程评价和教师评价,使教师能够理解以前的教学效果、学生目前的需求和对教学的意见。这些信息使教师能够对以前的内容进行修改,确定下一步的教学内容,并促进发展性课程评估。在线平台还可以实现教师和学生之间的各种交流,使教师能够从多方面了解学生,通过各种方法评价学生,引导学生健康发展。

第二节　制订素养导向的学习目标

艺术学习目标作为艺术课堂教学的基础和最终归宿,为促进核心素养的落实提供了关键因素和有效策略。在整个艺术教学过程中,它们是教师和学生活动的核心,应与学生的学业质量水平相匹配。艺术学习目标的功能就像课堂上的北斗导航系统,引导学生走向学习的目的地。

然而,艺术学习目标的意义往往被忽视,教师传统上只关注教学过程,忽视了对艺术学习目标的精心构建。这导致课堂失去了方向,削弱了学科核心素养的培养。

为了促进艺术学科的深度学习,学习目标应体现艺术学科在培养创造力方面的价值,并突出核心素养水平的提升。对于学生来说,清楚地了解自己的学习目标,能够让他们体验到"像艺术家一样思考"的过程,激发无限的创造力。①

一、厘清学习目标、教学目标与课程目标的关系

各目标名称相似,却代表着不一样的教学理念。学习目标是指教师对学生学习结果的预期或期待,也是指学生对自己学习结果的预期或期待;教学目标是指关于教学将使学生发生何种变化的明确表述,也是指在教学活动中所期待得到的学生的学习结果;课程目标则是指课程本身要实现的具体目标和意图,它规定了某一教育阶段的学生通过课程学习以后,在发展品德、智力、体质等方面期望实现的程度,它是确定课程内容、教学目标和教学方法的基础。学习目标和教学目标最大的区别主要体现在行为主体的不同。教学目标的行为主体是教师,而学习目标的行为主体则是学生;在教学过程中,教师可以独立自主地设计教学目标,而学习目标则是教师从学生的角度来制订的,或者是由教师引导和协助学生来制订。此外,教学目标的设计主要考虑到所教学生的整个群体,难以顾及学生的不同特点做到个性化设计,而学习目标是教师针对不同学

---

① 周信达.深度学习视域下美术学习目标的构建策略[J].中国中小学美术,2022(02):10-16.

生的特点和个性,或者由学生针对教师的教学目标根据自身特点进行制订,因此,具有个性化的特点。

二、在落实立德树人的美育行动中制订艺术学习目标

十八大报告在十七大报告提出的"以人为本、德育为先"的教育理念基础上,首次把立德树人作为教育的根本任务。在教育改革和创新的背景下,艺术教育与德育的建立紧密结合,并为德育提供支持,其优势和效果是其他学科无法比拟的。

完善美育、提高学生审美和人文素养的目标,艺术教育承担着重要的使命和责任。要充分发挥美术教育在立德树人方面的作用和功能,必须充分发挥其独特的道德价值功能,充分利用其为德育提供独特平台的能力。艺术教育作为德育的独特载体,为实现这一基本教育任务提供了重要的路径和手段。

三、明确艺术学习目标,促进学业质量提升

学习目标不仅是描述让学生做什么,而且是要描述学生怎么样才能知道自己是否成功,或者学生能够使用什么样的策略来达到目标。因此,艺术学科的学习目标不仅仅是学生需要简单了解艺术史论知识和掌握粗浅的艺术表现技能,更是要认识人类文明成果,坚定文化自信,树立正确的文化观,进而形成积极的审美态度和高尚的艺术品格。那么,我们如何来制订学习目标呢?

(一) 坚持学科核心素养导向

《义务教育艺术课程标准(2022年版)》提出聚焦审美感知、艺术表现、创意实践、文化理解等核心素养。艺术学科核心素养对学习目标的制订起着宏观引领的作用。在课程理念中突出"重视学生在学习过程中的艺术感知及情感体验,激发学生参与艺术活动的兴趣和热情,使学生在欣赏、表现、创造、联系/融合的过程中,形成丰富、健康的审美情趣;强调艺术课程的实践导向,使学生在以艺术体验为核心的多样化实践中,提高艺术素养和创造能力"。

艺术教师应该围绕体现艺术核心素养和自主学习能力的目标导向,梳理教科书中的知识与技能,突出真实情境的引导,为学生创设有利的环境支持,在学习活动中体验与实践艺术学科的独特魅力,教师则引导学生的教学,联系学业质量标准,在持续的评价下,做有效的指导,达到教、学、评的一致性,明确学生在每一个

阶段艺术学习应达成的价值观念、必备品格和关键能力,这为制订素养导向的艺术学科学习目标提供了依据。

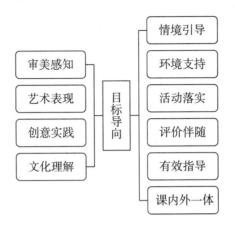

指向艺术核心素养落实的教学形态

(二) 实施大单元教学

单元教学整合了时间、目标、内容、情境、任务、活动、评价等要素,组成了一个相对独立而完整的学习事件,是整体落实核心素养的最小课程单位;是课程的细胞,也是落实学科核心素养、实现学科育人的重要路径和基本单位。单元教学改变了关注单一、碎片的知识点以及单课时的授课模式。

"大单元"与教材单元、学科单元的区别在于,"大单元"是一种学习单位,就是一个学习事件(解决一个真实问题或是完成一个学科任务),是一个完整的学习故事(基于真实情境的探索)。一个"大单元的课程"就是一个微课程。其中"大"字体现在以下几方面:第一是教学,指向学科核心素养的教学倡导大观念、大项目、大任务与大问题的设计,其出发点不是一个知识点、技能点或一个案例,而是起统率作用的"大"的观念、项目、任务、问题,以此提升学生的学习经验,改变学生的学习方式,提升教师的站位,改变教师的格局,同时有利于教师理解学科育人的本质。第二是评价与目标,重视学生能力、品格、观念的培养,而不是只关注知识、技能、习题、分数等,从而导致"高分低能、有分无德、唯分是图"的问题,大单元设计有利于放大教师的着眼点。第三是从时间维度来看,确立"以学习者为中心"的观念,让学生像学科专家那样思考,经历"像艺术家一样创作的过程",运用相对充分的学习过程,规避"时间决定学习",让"学习决定时间",并以学生学会,即目标达成为结束标志。①

---

① 崔允漷.如何开展指向学科核心素养的大单元设计[J].北京教育(普教版),2019(02):11-15.

（三）学情是制订学习目标的重要依据

每一个学生都是独一无二的个体,有着不同的成长背景、知识基础、性格特点和兴趣爱好,对艺术学习的兴趣也各不相同。了解学生的年龄特点、艺术学科水平、现阶段思维特点和发展需求,是制订学习目标的重要依据。维果茨基的"最近发展区"理论要求学习目标要高于学生现有的知识基础和发展水平。为此,艺术教师要对学生的艺术学习进行前测,从已知、未知、想知、能知、怎么知这五个维度进行学情诊断,使学习目标的难度设置体现层次性和渐进性。只有当学习目标为学生所见、认同和内化,才能真正促进低阶学习向高阶学习。让学生知道艺术学科学习目标内容,可以获得更多的知识和技能,拥有更强的自主意识和创意实践能力,并以主人翁的姿态积极投入艺术学习。这种学习目标"透明化"的过程,可以帮助学生为承担的艺术学习任务负责,避免从众性和盲目性。

学情分析

（四）设定学科核心素养为学习目标,促进学业质量的评测

艺术课程的四个核心素养相辅相成、相得益彰,贯穿艺术学习的全过程。其中,审美感知是艺术学习的基础,艺术表现是学生参与艺术活动的必备能力,创意实践是学生创新意识和创造能力的集中体现,文化理解则以正确的价值观引领审美感知、艺术表现和创意实践。

在学科核心素养本位的教学中,针对解决问题的需要,选择相关的知识与技能,运用一定的学习方式,并经历一定的学习过程,掌握相对熟练的技能,在课程学习中逐步形成适应个人终身发展和社会发展需要的正确价值观、必备品格和关键能力。将"三维目标"和"学科核心素养"结合起来呈现学习目标,使得目标真正在教学中发挥方向性的引导作用,需要将其分解成为可以操作和评价的具体指标。

1. 明确学习目标主体

学习目标的行为主体是学生,呈现的是学生学习的结果,判断学习结果的主要依据是学生在学习之后有没有获得具体的、可观测的变化,是从学生的学习发展需求出发提出的艺术学习愿景。为此,在学习目标的表述上,也应该从学生的角度来表述,而不是教师行为。在以下表格中,我们可以看出教学目标与学习目标之间的表述不同。

教学目标与学习目标的异同

教学目标	学习目标
引导学生……	学生尝试……
培养学生……	学生观察……
帮助学生……	学生识读……
使学生……	学生了解……
让学生……	学生学会……

2. 学习目标中行为动词力求准确

学习目标是学生对学习结果进行自我评价的依据。在学习目标表述上所用的行为动词,应力求准确和具有可操作性。

2007 年,美国学者马扎诺和肯德尔提出了认知过程的四个层次:提取、领会、分析和知识运用。"提取"是指知识在激活或迁移的状态下从永久记忆返回到工作记忆的过程。"领会"在认知系统中主要是指负责将知识转换成恰当的形式以贮存在永久记忆中。马扎诺认为,"领会"涉及两种方式,一是整合,二是符号表征。"整合"是采用概括化的方式来提炼知识;"符号表征"是通过语义方式和形象方式来领会知识。"分析"是指对知识作出合理的扩展。为了发挥分析的功能,学习者必须对已经领会的知识进行精细加工。"知识运用"是指个体在完成某个具体任务时采用的一个认知过程。在马扎诺等的分类中,提出四个"知识运用"的类别,分别是决策、问题解决、实验探究和调研。

2015 年,澳大利亚在制定视觉艺术课程标准时,就根据马扎诺和肯德尔认知过程的四个层次,对行为动词进行分类,在此基础上撰写各学段的学习内容。

澳大利亚视觉艺术课程标准中的学习内容

认知过程	行为动词	学习内容(列举)
提取	演示/说明	说明艺术家和艺术风格会影响后来的艺术家及其创作的前后因果关系。
	识别/确认	识别来自不同社会、文化或历史情境的艺术作品含义,描述作品的创作题材和形式。
	使用	在自己的艺术作品中使用视觉元素来表达各种想法。

认知过程	行为动词	学习内容（列举）
领会	沟通/交流	与同学分享交流自己在艺术作品中所做出的各种选择和想法。
	描述	选择一件艺术作品,描述与解释其中的各种表现方式。
	解释/阐释	根据不同情境来解释艺术家的艺术观,特别要留意艺术作品中所传递的各种意图。
	表现/描绘	尝试用各种形式,如绘画、雕塑或摄影,表现与自己、他人和周边环境相关的图像或物品。
分析	分析	分析艺术家如何在艺术作品中使用视觉元素。
	应用/运用	运用传统和当代的风格与技术进行创作。
	比较	比较不同创作动机的艺术作品。
	联系/连接	在自己的艺术想法与艺术家的想法之间建立联系。
	考虑/思考	从心理学角度思考。例如,为什么艺术作品会使你产生强烈的情感?你能在艺术作品中运用类似的技术吗?
	反思	探索与反思自己的艺术作品和来自不同情境的艺术作品之间的关系。
知识运用	创造	在创作中,尝试用视觉元素来创造特定的视觉效果。
	发展	运用合适的视觉元素,发展观念性和表现性的技能。
	讨论	与他人交流和讨论自己艺术作品中的含义。
	评价	从评价角度思考。例如,怎样判断你的艺术作品是否成功? 为什么?
	尝试/实验	将各种材料与技术结合起来进行操作和实验。
	表达	在自己的艺术作品中,尝试用数字和虚拟技术来提高作品所表达的含义。
	操作	遵循程序,运用安全的操作方法来创作艺术作品。

由此可见,马扎诺和肯德尔提出的认知过程四个层次,以及澳大利亚的行为动词分类,对我们研制艺术学科的学习目标是有参考和借鉴价值的。

3. 学习目标中行为条件应尽量具体

行为条件规定了学生完成指定学习任务的环境或参数。因此,在制订这些条件时必须既具体又明确。这些条件通常包括学习环境、材料和工具、艺术教育资源、时间限制。行为条件中的学习背景可以指现实生活中或虚拟的学习场景。所提供的材料和工具应该被设计为支持不同的学习模块。艺术教育资源,如教科书、学习单、学术项目、幻灯片、数据库、相关网站和其他媒体,也应该被指定。时间限制是行为条件的一个重要方面,表明完成每项学习任务的时间分配。行为条件必须制订为具体而合理的学习目标,才能有效地指导学生的学习。这些目标的设计应确保学生有必要的背景、工具、资源和时间限制,以成功地完成指定的学习任务。

学习目标的设计与行为条件

学习目标中的行为条件	是否具体、合理
能为学校或社区的学习与生活需求设计作品 运用线条、形状、色彩等造型元素,以铅笔淡彩的方式表现校园的一角 在 5 分钟内,以小组合作的形式完成学习单的填写	具体、合理
激发学生美术学习的兴趣 提高学生的美术能力 培养学生的美术素养	不具体,难以达成

学习目标的叙写一般包含"学生""行为动词""行为条件""行为程度"等要素,其中"学生"这个行为主体可以省略。一般情况下,单元或主题的艺术学习目标比课时的艺术学习目标相对复杂和上位一些,但也尽量要求做到清晰明了、通俗易懂。综上所述,制订素养导向的学习目标是一个系统工程,学科核心素养的培育需要在素养导向学习目标的指引下,在真实情境中运用艺术学科的特点来解决实际问题。由于艺术学科既有工具性,又有人文性特点,因此,如何设计出精准的学习目标,完善深度学习的学习目标体系,是一个需要不断深入研究的课题。

第三节　设定引领性学习主题

引领性学习主题是对单元学习核心知识的价值提炼,既要反映学科本质和单元大概念,又要与真实世界和学生的基础与兴趣相联系,体现核心素养的落实的具体化与整体化。设定引领性学习主题,应通过将课程内容结构化、情境化来提炼出学科大概念,以此帮助学生进行深度学习。

引领性学习主题关注核心知识和知识结构,由核心知识和知识结构分析确定单元承载的学科观念、学科思想方法、学科大概念。其中"学科观念"反映学科独特的视角、思维方式和基本共识,强调认知的发生和研究学科问题时启动的学科思维。比如,在绘画教学中强调培养学生的"整体观念"。"学科思想方法"是将知识结构与学科观念相结合,基于对学科独特视角的认识,应用知识结构形成解决问题一类的思想方法。比如,在临摹优秀作品时可以通过整体而细致的观察、分析和比较,认识画家在造型、色彩、比例、构图和情境营造等方面的艺术匠心,以及作品的形象特征、表现方式和结构关系。

一、何为大概念

"大概念"的英文是"Big Ideas"。Ideas 有想法、思想、观念、概念等含义。因此我国学者也有翻译为"大观念""大思想"等。

"概念"是指人类在认识过程中,把所感觉到的事物的共同特点抽出来加以概括。"观念"是指客观世界在人头脑中的反映,与意识、精神、思想等相同。为此,将"Big Ideas"翻译为"大概念"更为贴近原意。

国外一些学者对"大概念"是这样界定的:大概念是理解和掌握一个学习领域的基础。这些概念通常是广泛而抽象的,包含了一系列永恒的可以应用到其他情境中的关键想法。① 在一个学习领域中,大概念作为组织原则、关键概念和规律来构建知识。大概念代表了一个研究领域或跨学科探究的核心思想表述,并能反映

---

① 胡知凡."大概念"——一种新的教育理念[J].中国中小学美术,2020(03):19-22.

不同的零散的理解整合成一个连贯的整体。这些概念对理解学科知识至关重要，可以通过跨学科的联系转移到其他主题，而不是琐碎或不系统的信息。它们不是具体的事实信息，如名称、日期或公式，而是更大的概念或原则，可以构建一个概念框架或模型来帮助理解越来越复杂的想法和信息。通过将一个学科或单元中最关键或最基本的内容总结归纳为一个原则或模式，大概念可以使学习者形成更深入的理解，质疑假设，参与探究。大概念是将某门学科或某个单元最关键或最本质的内容进行高度概括和归纳，形成一条原则或规律，引起学习者更深入的理解、质疑或探究。

总之，大概念的教育理念与概念有关，也与学习的迁移有关，是"作为深度学习和更有效地迁移知识与技能的重要途径"。

二、如何提炼大概念

大概念是构成一个学科核心的基本概念，代表了深入探究的来之不易的成果，反映了各领域专家的思考和解决问题的过程。这些大思想可以用各种形式表达，包括单词、短语、句子或问题。反之，核心思想、基本问题或正式理论都属于大概念的范畴，但表达方式不同。

在艺术学科领域，大概念可以分为学科性大概念和主题性大概念。学科性大概念指的是艺术领域特有的关键概念和技能，如构图、形式、色彩和视角。主题性大概念涉及更广泛的主题和可能跨越多个学科的问题，如身份、文化和社会。学科性和主题性大概念对于全面了解艺术领域都是至关重要的。

大概念的提炼难点在于教师能否准确理解大概念，并根据学生和教学的实际情况进行细化，梳理大概念以及下位的小概念，并找到教学的重难点。

在教育领域，有几种方法来定义大概念。其中一种方法是以课程标准为基础，作为国家课程的基本文件。这些标准是提取大概念的主要来源，然后将其提炼出来用于直接的教学和学习。如"艺术是一种反映自然、社会和人类的创造性活动"这一大概念可以从课程标准中得出。

另一种方法是通过学科核心素养来确定大概念，核心素养包含了学生在特定学科中应该培养的必要价值观、性格特征和关键能力。这也可以作为教与学的指南，并有助于确定大概念。例如，艺术课程标准中审美感知的核心素养将"审美感知"这一大概念定义为"发现、感受、认识和应对美的特征及其在自然界、社会生活和艺术作品中的意义和作用的能力"。

专家思维是识别大概念的另一个来源，因为这些概念往往反映了专家对一个

艺术学科利用空中课堂教学资源实现混合式教学的行动研究

主题的思考方式。例如,"艺术是对事物的敏感和理解"这一大概念反映了艺术专家的思维。

最后,大概念可以从一个学科领域内的其他大概念或从属概念衍生出来。例如,"美术是通过思考和工作来诠释文化内涵"和"音乐是通过思考和工作来诠释文化内涵",这两个大概念可以从"艺术是通过思考和工作来诠释文化内涵"这个大概念衍生出来。

后四种是自下而上提取的,难点在于是否能沿正确方向上升到大概念的层面,这就要结合生活和教学经验不断追问,综合更多的具体案例和小概念,思考是否有更加上位且能反映专家思维方式的大概念。具体包括以下四个方面:

第一,生活价值。思考学校教学和真实世界的联通点。比如,在艺术学习中学习比例的测量方法。其实每个人的外貌特征都是由于比例的差异呈现得各不相同。因此,这里就涉及大概念"比例是形成事物特征的重要因素"。

第二,知能目标。知识和技能目标也可以向上提炼为大概念。比如,"用虚实表现空间"的大概念。

第三,学习难点。学习难点既包括学校中的难题,也包括未来生活中的难点,学习难点往往是学生最难以理解的,也正因为如此,剖析学习难点往往就能发现大概念。比如,艺术作品的内容和形式能分开吗?

第四,评价标准。评价标准是对学习行为和结果的反思,而这种反思也有利于发现目标出现的偏差,厘清大概念。比如,"整体观念"是艺术活动中重要的观念,也是人们看待和处理问题最有效的观念之一。

以上揭示了提取大概念的八条路径,需要指出的是,在很多情况下,大概念的提取是几条路径共同作用和验证的结果。

三、引领性学习主题的生成

设定引领性学习主题是单元设计的首要环节,《普通高中艺术课程标准(2017年版2020年修订)》(以下简称《高中艺术课程标准》)和艺术各模块教科书为设定引领性学习主题提供了重要参考依据,教科书通过组织教学内容和活动,促进课程标准向教学转化。《高中艺术课程标准》中的各模块"内容要求"提出了该模块最重要的核心知识;课程标准中的"学业质量"是学生核心素养在学业上的具体体现,与"学科核心素养"共同指导学生应达到的核心素养目标。因此,在设定引领性学习主题时一定要以课程标准中的"学科核心素养水平""学业质量""内容要求"为依据,根据教科书中的核心内容来设定单元学习主题。

引领性学习主题包含四个要素:一是提炼核心知识;二是凝练统摄单元整体的大概念;三是具体化单元内容体现的素养表现;四是初步分析单元挑战性任务,该要素可根据引领性学习主题的分析进程选择是否体现。由此可见,引领性学习主题不是一个简单的词语,而是关注核心素养在该单元的具体表现。

(一)将知识内容结构化

每一个学科都有其基本的知识结构,艺术学科也不例外。在布鲁纳看来,掌握学科的结构就是以允许许多事物有意义且相互关联的方式来理解该学科,习得结构就是学习理解事物如何相互关联。

艺术教材中涉及的知识内容是主题的内在表现。处理好教材知识内容的思想性和科学性,把握好艺术知识与技能的深度与广度,按照学生的年龄特点精选、组织学习内容,使知识内容结构化,是单元教学设计首要考虑的问题。如上教版《普通高中教科书 艺术 选择性必修1 美术创意实践》教材中"绪论"这一章节,其核心知识内容是有关美术鉴赏方面的概念和意义,以及艺术家开展创作的基本路径。教学设计的第一步便是将教材中的知识内容结构化。

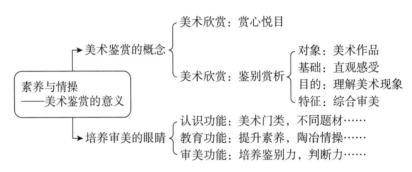

"绪论"章节知识内容结构化图

(二)将单元主题分为不同层级

注重艺术教学要素的提炼是生成学习主题的主要路径,可以有效纠正主题教学实施过程中学科之间知识联系不紧密、学生主题学习理解分散化、学生知识和技能的迁移受限以及学习过程娱乐化、学习评价浅表化等现象。通过建构艺术教学要素分析内容表,把问题情境、学科内容和教学活动等进行有机串联,形成结构化、系统化的一致性,促进学生对艺术的理解认识向纵深发展,从而获得整体审美体验。例如,"'继往开来 踔厉奋发'百年校庆校史展"大单元选自上教版《普通高中教科书 艺术 选择性必修1 美术创意实践》教材"绪论""与自然对话""与自我对话""与物象对话"的教学内容。本单元设置了"绪论""中国传统山水视界""中国现代山水视界""中国花鸟视界""水彩画视界""油画风景视界""中国人物画视界""素描视界""油画人物视界""书法视界""版画视界""平面设计视界""环境艺术设计视界""产品造型设计视界""现代雕塑视界"和"陶瓷艺术视界"16个学习主题。基于课标要求,结合"空中课堂"教学的实际需求,以举办一个有温度的校史艺术作品展为最终挑战性任务,将16课学习内容进行大单元教学重构。因此,本单元的课业类型为绘画创作、雕塑创作、艺术设计、展览展示设计,属于综合实践课程。

围绕校史展的主题,基于逆向教学设计理念来设计大单元教学的各个环节。采用项目化学习的方式,以"怎样才是一个有温度的校史展"作为驱动性问题,围绕挑战性任务"完成'继往开来 踔厉奋发'百年校庆校史展的布展,展出形式采用线上、线下相结合,打造有温度的展览,为校庆献礼",以展览展示设计以及相关艺术作品创作等子项目活动为主线,引导学生经历校史展主题确定,收集展览展示资料,借鉴优秀校史展案例,明确校史展规划,完成线上线下结合的校史展,其间完成校园传统山水、校园写意山水、花鸟画、校友油画作品、校友书法作品、校友版画作品、校史展海报设计、校史馆的设计、校史馆功能椅子设计、校庆纪念性雕塑创作、校史展陶艺文创产品设计等相关内容的学习和创作实践。课程基于深度学习理论,倡导主动参与、乐于探究、勤于动手,养成搜集和处理信息的能力、获取新知识的能力、分析和解决问题的能力以及交流与合作的能力。

（三）确定核心概念,凝练单元大概念

大概念必须是教学性的:它必须使学习者提前明白需要掌握哪些内容;特别要注意,大概念有助于使新的和不熟悉的概念看起来更熟悉。因此,大概念不只是另一个事实或一个模糊的抽象概念,而是一个概念工具,它可以强化思维,连接不同的知识片段,并使学生具备应用和转移的能力。我们可以认为,大概念可以采取各种形式——一个字、一个词、一个短语、一个句子。相反,一个核心概念、一个基本问题或一个正式的理论都是大思想,只是表达方式不同。

我们再以"'继往开来 踔厉奋发'百年校庆校史展"这一单元为例。该单元的核心概念——艺术家如何再现、表现、创作有意义的艺术作品？基本问题——1.主题:你想运用视觉艺术作品表现（设计）出什么样的学校文化？2.欣赏:艺术家为什么运用特定的艺术语言表现视觉艺术作品？3.技法:艺术家如何运用特定的创作方法表现（设计）视觉艺术作品？4.构思:（我）如何表现（设计）一件体现学校文化的视觉艺术作品？5.创作:（我）的视觉艺术作品体现了什么校园文化？6.展评:如何策划一个百年校庆主题的视觉艺术作品展？

（四）依据课程标准,形成素养导向的学业质量标准

依据课程标准中核心素养的具体内涵,确定大概念或引领性学习主题的素养

维度,按照课程标准的"学业要求",将教学内容与素养内涵逐一对照,确定核心素养在该大概念或引领性学习主题范围的具体内涵。我们仍以"'继往开来 踔厉奋发'百年校庆校史展"这一单元为例。以下是《高中艺术课程标准》中与"美术鉴赏的意义"相关的内容。

《高中艺术课程标准》中与"视觉艺术鉴赏的意义"相关的内容

内容要求	学业质量标准
3. 掌握2—3种视觉艺术鉴赏的基本方法,联系文化情境认识视觉艺术作品的主题、内涵、形式和审美价值,并用恰当的术语进行解读、评价和交流。 4. 辨析视觉艺术作品中存在的不同文化、品位和格调的差异,形成健康向上的审美情趣。	1-3 能选择自己喜欢的中外视觉艺术作品,根据对称、均衡、节奏、比例、对比、统一和变化等形式原理对作品进行分析。(素养1、3) 2-2 能选择几幅中外视觉艺术作品,搜集相关的历史背景和艺术家的生平资料,分析、研究作品中所隐含的文化信息。(素养1、5) 3-1 能选择几幅中外视觉艺术作品,搜集相关资料,从其创作观念、造型、色彩和技法等方面区分不同艺术风格、不同流派的特点。(素养1、2)

在此基础上,再根据教材中本单元的知识内容、核心概念,梳理出学生应该知道什么,能够做什么,最终能否理解"美术鉴赏是人的一种不可或缺的精神活动",形成素养导向的学业质量标准。

总之,设定引领性学习主题是一个与课程标准、艺术教材内容积极互动的过程。教师要避免设定的引领性学习主题出现空洞化、表面化样态。为此,教师要站在立德树人的高度,认真研读课程标准,深入研究教材中的知识内容,归纳出核心概念,进而凝练出大概念,引领单元学习。

第四节 设计挑战性学习任务

设计挑战性学习任务,是对制订素养导向的学习目标和设定引领性学习主题在单元教学实践中的全面落实。学习目标和引领性学习主题需要通过具体的单元学习活动设计得以实现,因此,艺术教师要在素养导向学习目标的指引下,根据学生现有的艺术学习情况,设计出符合学生艺术学习的挑战性、探究性和表现性的任务,以大概念为抓手,将复杂学习任务分解成主要任务或者活动,在任务驱动中实现艺术深度学习。

一、梳理知识脉络,明确学习任务

知识不是简单的文字组合,而是具有内在联系的结构和体系,并在结构和体系中显示出意义。在开展基于深度学习的艺术教学过程中,为避免出现知识点孤立、零散、单一的问题,教师应从整体上把握教材的理论框架,深入研究教材内容的逻辑联系,弄清知识点之间的关联性和整体性,帮助学生理清艺术流派的发展脉络,并根据其认知特点设计循序渐进的思维梯度。根据学生的认知特点,设计具有一定思维梯度的学习任务,循序渐进(详见附件 1 中每个学习阶段的"小问题+学习目标")。在艺术课堂教学实践中,通过课前导入引导学生明确学习目标和教学方向。教师利用主题研究式教学方法、有选择地深入欣赏活动和具有挑战性的学习任务来制订教学计划。

二、巧搭学习支架,促进任务分解

深度学习的课堂要运用任务驱动的方法,设定一个个有层级、有挑战性的学习任务,让学生全身心投入课堂学习。学生在已有艺术知识和技能的基础上,通过思考、研讨、探究、概括、描述、分析、解释、评价等活动来完成挑战性学习任务,同时经历像艺术家一样创作的过程,展示他们对艺术新知识和技能的理解,这样的过程就会促进学生核心素养的发展。当然,学习任务的设定对于执教教师也是一种挑战,因为学习任务的设定要具有创新性和开放性,只有这样才能使学生产生真正的深度学习和浸润式的学习体验(详见附件1)。

三、设置体验活动,强化任务效果

艺术学科指向学生深度学习的学习任务具有指向过程和结果的双重作用,具体类型包括观察、体验、实践、游戏、讨论、作业、表现等。在艺术教学中,仅仅让学生观看是不够的,教师还要为学生设置有创意、有趣味的实践体验活动。通过互动体验和实践,激发学生自主探究的学习意识,树立合作精神,拓展审美认知维度,提高思维能力,使学生成为具有综合能力的终身学习者,实现艺术深度学习的目的(详见附件2)。

在开展实践体验活动的环节中,教师鼓励学生结合自己的理解,实践体验中国现代视觉艺术作品传达的时代信息,要求学生选取一位最喜欢的现代画家,再结合对中国现代艺术多元的表现手法的理解,绘制一幅类似风格的作品,可以加入自己的创意和构想。在绘画创作过程中,教师进行巡回辅导,适当给予创作建议,传授学生解决绘画创作问题的基本方法和路径。通过技法学习、构思创作的实践过程,让学生亲身感受中国美术作品的表现手法和艺术魅力,增强对中国美术的认知和理解,拓展学生的创意实践能力。同时,让学生联系现实生活,把自己的创意设计应用到实际生活中,在创意实践中不断解决问题,最终完成作品,以此培养学生创造美的能力,促进学习进阶。

综上所述,设计挑战性学习任务反映的是实现制订素养导向学习目标的单元学习过程,同时也是设定引领性学习主题的过程。当每个单元的艺术学习由一组彼此关联的、结构化的、有逻辑的系列学习任务所构成时,挑战性学习任务就会促使学生解决真实情境的复杂问题,学生也会按照一定的步骤,结合艺术学习内容的特点,在实践性的活动中与实际生活建立关联,并对艺术学科知识进行检索、加工、综合应用,最终会获得一定的学习成效,如达成问题解决或完成美术作品的创作等。

第五节　开展持续性学习评价

一、什么是持续性学习评价

《义务教育艺术课程标准(2022 年版)》指出:"围绕学生艺术学习的实践性、体验性和创造性特点,将学生的课程学习与实践活动纳入学业评价。明确评价依据,改革创新评价的任务设计、题目设计和评价方式;强调评价的统一要求,重视艺术学习的过程性、基础性考核与评价;尊重学生艺术学习的选择性,以学定考,根据学生的选择进行专项评价,体现教、学、评一致性。"①中国中小学的美术学习已经逐渐改变了以往只根据作业优劣打分的评价方式。

近年来,在推进深度学习的过程中,专家学者提出了可持续性评估的方法。通过可持续性评估,专家们认为,教师"根据深度学习目标确定明确的评估标准,对学生的深度学习活动进行明确的反馈,并帮助学生改进学习"。他们认为,"对于教师的教学和学生的学习来说,持续评估是深度学习不可缺少的一部分。""持续评价"将评价的重点从教师的教转向学生的学,关注学生学科核心素养的发展水平,以及学生在学习活动中的参与度、积极性和突破原有框架的能力。因而"持续评价"成为更重要的评价方式。我们认为,持续评价更多的是一种形成性评价,它应贯穿于整个学习过程,随着教学过程的推进,通过评价唤起学生的元认知,让学生时刻记住学习的目标是什么,并自主监控学习目标是否实现,主动反思和调控学习过程,使学习不断深入。持续评价不仅关注学生对美术知识和技能的掌握情况,还关注学生在情境中运用所学艺术知识和技能解决问题所体现的艺术学科核心素养的发展水平。因此,持续评价可以对高中艺术学科的深入学习起到良好的作用,保证艺术学科核心素养的落实。

---

① 中华人民共和国教育部.义务教育艺术课程标准.(2022 年版)[S].北京:北京师范大学出版社,2022.

二、如何进行持续性学习评价

要进行持续性学习评价,应参照核心素养和学业质量标准;应根据学习目标、学习内容来确定评价指标;应贯穿整个单元的学习过程;应采用多样化的评价方式。

(一) 参照核心素养和学业质量标准

课程标准是规定学科课程性质、课程目标、内容目标和实施建议的教学指导文件。《高中艺术课程标准》最大的亮点是以艺术学科的本质和人的发展理念为基础,提出了艺术感知、创意实践、审美情趣和文化理解的艺术学科核心素养。艺术学科的本质是指在哲学层面上对艺术学科的基本性质和核心特征的理解;育人理念是指在以人为本的原则下对艺术学科独特的育人价值的理解,通过艺术学习形成对学生而言最关键的一些核心素养。精练的艺术学科核心素养也将根据不同的内涵和不同的育人价值进行定位,并在深度和广度上划分层次。因为核心素养不是简单的知识或技能,它是以学科知识和技能为基础,融合情感、态度和价值观,并能满足现实生活具体需要的综合素质。因此,为了将艺术学科的核心素养转化为可观察、可测量的外在表现形式,需要一个载体,这就是"学科质量标准"。

我们以"美术创意实践"模块为例,先根据艺术鉴赏学习内容和学生的行为表现,归纳出四条基本要求:一是能区分不同的美术门类、风格、流派;二是能了解中外美术史上著名的艺术家以及美术史的基本发展脉络;三是能根据形式美的原理,用美术语言对作品进行分析;四是能搜集资料,与同学交流自己对美术作品以及美术现象的看法。

然后,根据四条基本要求,将每条再划分成三个水平等级,并且与核心素养之间保持紧密联系。我们以第一条基本要求为例,划分成三个水平等级的学业质量标准:

1-1 能根据材料、工具、技法或题材内容区分不同的美术门类,并说明其不同的特点。(核心素养:艺术感知、创意实践)

2-1 能比较、分析中外传统美术在材料、技法和风格特征方面的基本差异。(核心素养:艺术感知、创意实践、审美情趣)

3-1 能选择几幅中外美术作品,搜集相关资料,从其创作观念、造型、色彩和技法等方面区分不同艺术风格、不同流派的特点。(核心素养:艺术感知、创意实践)

可见,学业质量标准中已包含核心素养,并且是将核心素养作了更为具体的描述。艺术学科学业质量标准,它不仅在引导教师把握人才培养要求、把握教学的深度和广度、提高教学设计和实施中发挥作用,而且在帮助学生学习、进行过程性学业评价、指导学业水平考试命题和高考命题中发挥作用。因此,在艺术学科深度学习中运用持续性学习评价,一定要参照核心素养和学业质量标准。

(二) 根据学习目标、学习内容确定评价指标

学习目标是指为学生学习指明方向,体现以学生学习为中心的目标。要进行持续性学习评价应先根据教材单元内容制订学习目标,然后提炼和归纳出教材单元学习内容中的核心概念或知识,并且参照《高中艺术课程标准》中的学业质量标准细化为评价指标。

总之,在艺术学科深度学习中运用持续性学习评价,"学习目标"和"学习内容"之间要保持一致性,并且要参照《高中艺术课程标准》中的学业质量标准,唯有这样才能基于标准,真正做到教、学、评的一致性。

(三) 贯穿单元的整个学习过程

持续性学习评价强调的是评价的持续性和不间断性。因此,评价应始终贯穿整个单元的学习过程。我们以美国《国家核心艺术标准(2014年版)》(以下简称《核心艺术标准》)中提出的"基石性评估模式"为例,即将评价作为一种"基石",持续而不间断地嵌入整个学习过程之中进行评价。具体做法:

1. 设定一个学习主题。如高中学段的主题是"解释自己的作品,创作并展出新的作品"。

2. 围绕主题对学生提出了五条简要的评估要求:

● 选择、分析和反思自己创作的美术或设计作品,在此基础上提出新的富有创意的问题。

● 选择传统或当代的材料与方法,创作一件美术或设计作品,作为对新的富有创意问题的回应。

● 考虑相关标准,分享各种反馈和个人的艺术观,反思、修改和完善自己的艺术作品。

● 准备之前和新创作的美术或设计作品,以及自己的创作报告用来展览,与同伴合作策划展览和展览说明。

● 根据观察与比较之前和新创作的美术或设计作品,在分享相关信息的过程中,发现同伴有意义的经历。

这些评估要求是针对《核心艺术标准》中的创造、展示、回应和连接四个艺术学习过程而提出的。

3. 将评估要求嵌入课堂教学。《核心艺术标准》要求教师将五条简要的评估要求分别嵌入课堂教学的实施策略和实施顺序之中,学生则根据这些评估要求学习知识与技能,并通过参与具体的艺术学习过程来证明自己的能力。

如在创造过程中,学生应选择、分析和反思自己的美术或设计作品,并确定一个新的有创意的问题;应根据新的有创意的问题,制订一个新的艺术研究计划;应从一系列的材料和方法中进行选择,创作一件美术或设计作品;应分享、解释和讨论正在创作中的美术或设计作品;应评论和反思所反馈的意见,并作出改进作品的决定。着重培养学生想象、调查、规划与反思等方面的能力。

在展示过程中,学生应选择适当的方式来展示之前和新创作的美术或设计作品。在准备和组织展览时,应为展览准备一份创作报告;应调查和确定一处展览的场所或空间;应比较各种因素和展览方式;应与同伴共同制订展览的说明;应与同伴一起反思和分享重要的文本信息;应策划和组织一次参观展览等。

4. 具体的评估程序:

- 在评估之前,学生应该接受基于以往知识和技能的指导。
- 在评估中,知识与技能应在课堂中传授。
- 学生应该有充分的机会和时间去学习他们所期望的知识和技能。
- 对于学习目标,学生在评估之前就应该很明确。
- 学生应拥有许多展现他们所学和克服困难进行实践的机会。
- 评估应能代表学生已学或应该学习到的东西。

5. 评估实施过程:

- 评估学生之前,教师应阅读和展示所有的评估材料,包括有关评估的术语、标准要求或规则、任务提示等,以便确保评估统一实施。
- 学生应收到基石性评估模式的任务单、评估术语、标准要求或规则,以及其他有益的辅助材料。
- 教师应检查了解学生对评估所提出的问题,并作回答或澄清。
- 在对学生进行评估之前,教师应展示所有合适的和需要使用的材料与过程。
- 在评估管理阶段,所有学校、学区和州的政策与程序,都应将安全与适当的监督放在最重要的位置。
- 学生的学习必须基于认定的标准进行评估。
- 当学生进行小组工作时,学习评价应既针对个人又针对小组集体。

- 必须为学生提供充足的时间,来完成评估的所有要求。
- 在评估期间和结束时,应提供所有学生有关个人表现的反馈信息。

美国著名课程与教学理论专家杰伊·麦克泰格(2011)归纳基石性评估特点如下:

- 嵌入课程之中的,而不是外部强加的;
- 在各年级中出现,但随着时间的推移难度会增高;
- 为业绩评估创设真实的情境;
- 将理解性的评估转化为名副其实的业绩评估;
- 将 21 世纪的技能与学科领域的内容整合;
- 用量规来进行业绩评估;
- 鼓励最好的教学,使学生能从事有意义的学习;
- 为学生的档案袋提供内容(以便毕业时有一份证明成就的简介,而不是一份简单的课程成绩单)。

总之,美国《核心艺术标准》中提出的"基石性评估模式",在整个学段的创造、展示、回应和连接的艺术学习过程中,主要是通过创设各种真实情境,让学生运用所学到的知识与技能来解决遇到的各种真实问题,以此证明自己的能力。"基石性评估模式"不是将学科知识与技能简单地进行罗列,它的重点是评估、监测学生的创造力、反思能力、解决问题能力以及沟通与合作的能力,也就是核心素养。因此,"基石性评估模式"对我们在艺术学科深度学习中运用持续性学习评价是有帮助和借鉴意义的。

(四) 采用多样化的评价方式

持续性学习评价应采用多样化的评价方式。对于艺术学科来说,除日常作业之外,档案袋、日志等形式都是很好的评价方式。

1. 档案袋评价

档案袋评价也被称为"作品集"评价,是指收集学生的作品,用于展示他们的学习和进步。这种评估形式最早由画家使用,后来由摄影师使用,他们将自己的作品汇编成一个有代表性的作品集,展示给潜在客户。作品集的内容通常是由提交作品集的个人创造的,因此成为收集个人技能、思维、兴趣、表现等方面信息的容器。

档案袋评价的主要意义在于为学生提供一个学习如何评价自己进步的机会。传统评估模式中,学生完全脱离了标准的制订、测试问题的选择和评分,被隔绝在外。档案袋评价与此不同,学生拥有判断自己学习质量和进展的机会,由于档案袋旨在帮助学生对自己的艺术学习过程进行思考和评价,因此档案袋评价是一种很好的持续性学习评价方式。

美国学者唐纳·凯·贝蒂在其《艺术教育评价》一书中提出:"一件好的艺术作品集(art portfolio)的特征,在于其暗含信息的深度,而不在于其跨越了多长时间。"她还认为,艺术作品集应该包括:

- 在计划书中详细说明学校、项目或自己的学习目标。
- 展示四个方面(美学、美术批评、美术史、美术创作)的学习证据,包括所学内容、过程、条件(或说明为什么某些过程更合适),以及在元认知、艺术技能、价值观、态度和兴趣方面的证据。
- 展示主要的物证(视觉、书面和口头的证据,如作品的实物、作品的照片或幻灯片;笔记、素描稿、调查报告、草图、书面表达等文件;磁带、录像带和日志等支持性的材料)、次要的物证(与创作作品或产品有关的反思、诠释或判断;教师的观察笔记、日常记录、评估报告、小测验、学生成绩单、学生的自我评估)和外在的物证(学生校外的学习证据,包括学生的兴趣爱好、参观博物馆的经历、校外的艺术项目或课程,以及与艺术教育有关的证书、奖项和成就)。
- 展示与艺术课程、学习单元或特定学科领域相关的整体情况。
- 展示随着时间推移而进步的情况。
- 展示取得的显著成就。其中对于"最佳作品"应加以详细说明。
- 展示是怎么克服学习中所遇到的困难的。
- 展示对自己来说有意义的东西。
- 参与选择、反思、辩解过程方面的信息。
- 教学方面的信息(如学生或教师的评语材料,包括日期、与任务和目标相关的证据解释等,以及纳入的原因。)
- 反思遵守绩效标准的情况。

除这些证据之外,艺术作品集还应包括一份目录或提纲、截止日期时间表、学习成果的反思、评分标准和评价量规等。

2. 视觉笔记

视觉笔记是一种书面形式的可视化记录。在艺术学习过程中,通过绘画或文字,将自己的创作计划、构思、想法、反思,以及搜集到的图片资料或文字资料放入视觉笔记之中。因此,视觉笔记也是一种持续性学习评价的工具。

视觉笔记的页面可分成两部分,其中一半用来写或记录,另一半用来绘画。如果是有关艺术评论的视觉笔记,一半可用来粘贴从杂志上剪下的艺术作品或记录、搜集艺术方面的问题,另一半可用来解释、评述。

视觉笔记还可以把创作过程记录下来,其中包括草图、构思的过程和工作流程,以及在修改、完善作品过程中的反思。视觉笔记也可以作为课堂上的笔记,记录有关的知识、概念、问题等,也可以将同伴、教师的评论进行粘贴或记录。

视觉笔记本可以利用画家常用的速写本,它既便于随身携带,也容易放入档案袋。

总之,视觉笔记"可用来阐明思维过程,指导你去探索和创作,还可评估你的作品结果"。在美术学科深度学习的过程中,这也是一种值得倡导的学习方式。

3. 评价量规

评价量规是一种评价工具。它是对学生的作品、成果表现进行评价或者等级评定的一套标准,也是一种有效的教学工具,是连接教学与评价的重要桥梁。

（1）学生自我评价量规

学生自我评价过程中,学生始终是评价的主体。因此,在设计学生自我评价量规时,应针对学生的学习行为、学习态度、学习内容和结果进行判断与评估。我们以"'继往开来 踔厉奋发'百年校庆校史展"单元为例,依据学业质量标准和单元学习内容,从对设计的认识、了解设计的程序与方法,到学会布展并与同学分享交流等几个方面,制订供学生进行自我评价的量规,对自己的学习行为、学习态度和学习结果进行评估(详见附件 2 中的"学习档案袋")。

总之,学生自我评价主要是起激励作用,鼓励学生进行自我认识、自我分析、自我提高,进而唤起学生的元认知,使艺术学习不断深入。

（2）教师对学生的评价量规

教师对学生艺术学习的评价,除对其作品作出评价之外,还应对其学习行为进行评价。如艺术鉴赏学习,主要看学生能否主动观赏艺术作品;能否自觉运用形式美原理分析艺术作品;能否对生活中的艺术现象主动发表自己的看法或建议等。艺术表现学习,主要看学生能否主动搜集信息和素材;能否主动探究和实验;能否主动选择工具和材料进行创作;能否反思自己的创作过程等(详见附件 2 中的"评价量规")。

总之,教师对学生艺术学习的评价,除对其作品的评价之外,更重要的是对其综合素养方面的评价。这样一方面促使学生的能力得到提高,在学习中收获自信,另一方面帮助教师及时调整教学方式,提高课堂效率。

（3）单元整体评价量规

单元整体评价量规贯穿整个单元学习的始终,主要起到随时了解学习目标的达成情况、监测与调控学习过程、反馈与指导改进教学的作用。

在单元整体评价量规设计过程中,评价维度不仅要包含学生在知识、技能方面的掌握情况,而且要包含学习行为和学习态度方面的情况,即监控学生在艺术学科核心素养方面的达成情况。

　　持续性学习评价是一种形式多样的、以学生发展为中心、以学科核心素养为导向的立体性评价,是综合素质评价的一部分。通过评价唤起学生的元认知,让学生始终记得学习的目标是什么,并自主监控学习的目标是否达成,主动反思和调控学习的进程,使学习不断深入。教师在教学中应始终认识到:持续性学校评价是艺术学科深度学习的一个重要组成部分;它的重点是关注学生如何学习和理解艺术;它有助于学生学习艺术,激发学习动力;它能培养学生自我评估和同伴评估的能力。随着课程改革的不断深入,以往艺术课简单地根据学生作业优劣打分的评价方式,终将会被面向学生核心素养的评价方式所逐步取代。

附件1:"像美术家一样创作"的大单元教学计划

地方：<u>上海奉贤</u>　单位：<u>奉贤区教育学院</u>　姓名：<u>张春辉</u>

单元课题	"继往开来　踔厉奋发"百年校庆校史展	学习对象	高二年级学生	课业类型	中国山水/花鸟/人物、水彩、油画、素描、书法、版画、雕塑、陶艺、建筑设计、家具设计

对应教材内容

阶段一　预期成果		
基本问题（理解大概念；提出指向学科本质、启发思考的基本问题。）	艺术家如何再现、表现、创作有意义的艺术作品？	小问题（基于"基本问题"，结合各小单元内容与目标,分别提出上位而有启发性的小问题。）	主题:你想运用视觉艺术作品表现（设计）什么样的学校文化？ 欣赏:艺术家为什么运用特定的艺术语言表现（设计）视觉艺术作品？ 技法:艺术家如何运用特定的创作方法表现（设计）视觉艺术作品？ 构思:（我）如何表现（设计）一件体现学校文化的视觉艺术作品？ 创作:（我的)视觉艺术作品体现什么校园文化？ 展评:如何策划一个百年校庆主题的视觉艺术作品展？
概念与术语	中国画、水彩画、油画、素描、版画、平面设计、环境艺术设计、产品造型设计、现代雕塑、陶瓷艺术展览展示		

阶段一　预期成果					
学科领域	思想品德	语文	数学	外语	历史	地理
	音乐	美术	体育	物理	化学	生物
	信息技术	社区服务	社会实践	劳动技术	其他：	

大单元设计思路

1. 课程分析

（分析本课性质和特点：什么艺术样式？什么属性？什么特点？有何重难点？）

"'继往开来　踔厉奋发'百年校庆校史展"大单元选自上教版《普通高中教科书　艺术　选择性必修1　美术创意实践》教材"绪论""与自然对话""与自我对话""与物象对话"的教学内容。本单元设置了"绪论""中国传统山水视界""中国现代山水视界""中国花鸟视界""水彩画视界""油画风景视界""中国人物画视界""素描视界""油画人物视界""书法视界""版画视界""平面设计视界""环境艺术设计视界""产品造型设计视界""现代雕塑视界"和"陶瓷艺术视界"16个学习主题。基于课标要求，结合"空中课堂"教学的实际需求，以"举办一个有温度的校史艺术作品展"为最终挑战性任务，将16课学习内容进行大单元教学重构。因此，本单元的课业类型为绘画创作、雕塑创作、艺术设计、展览展示设计，属于综合实践课程。

2. 学情分析

（学生的年龄特点、地域特点、知识与技能现状等；有何与学习相关的优势与困难等。）

高中生的言语进入成熟水平，心理、个性全面成熟，知识结构日益广泛，审美态度更成熟，进入了绘画的理性期，特点是兴趣成型，能自觉学用美术，能理性观照美术。高一学生已经具有一定的艺术学习经历，在初中阶段的艺术课程中已经初步涉猎了中国画、油画、版画、水彩、书法、数字美术、平面设计、景观设计、陶艺制作等相关课程，有着较强的艺术感知和一定的艺术表现能力，愿意尝试以研究性学习的方式投入艺术相关课题的探究，这些都为本单元的学习奠定了良好的基础。"双新"背景下的高中艺术教学更需加强对学生艺术感知、创意表达、审美情趣和文化理解学科核心素养的培养。因此，在学习的过程中需要以大概念引领作品鉴赏、艺术实践、合作探究等学习活动，以达成本单元的学习目标。

3. 教学思路

（根据课程、学生特点确定学习目标，即具有挑战性的真实性学习任务和大小作业；为完成学习任务运用了什么美术观念和教学理论；采用什么教学策略与方法巧妙解决教学重难点。）

本单元围绕校史展的主题，基于逆向教学设计理念来设计大单元教学的各个环节。采用项目化学习的方式，以"怎样才是一个有温度的校史展"作为驱动性问题，围绕挑战性任务"完成'继往开来　踔厉奋发'百年校庆校史展的布展，展出形式采用线上、线下相结合，打造有温度的展览，为校庆献礼"，以展览展示设计以及相关艺术作品创作等子项目活动为主线，引导学生经历校史展主题确定、收集展览展示资料、借鉴优秀校史展案例、明确校史展规划、完成线上线下结合的校史展，其间完成校园传统山水、校园写意山水、花鸟画、校友油画作品、校友书法作品、校友版画作品、校史展海报设计、校史馆的设计、校史馆功能椅子设计、校庆纪念性雕塑创作、校史展陶艺文创产品设计等相关内容的学习和创作实践。课程基于深度学习理论，倡导主动参与、乐于探究、勤于动手，养成收集和处理信息的能力、获取新知识的能力、分析和解决问题的能力以及交流与合作的能力。

	阶段一　预期成果					
课程标准	（摘录课程标准中该学段、该学习领域的"目标"；不写"学习活动建议"和"评价要点"，以对照教学设计的难易度。） 4.1 对美术作品的艺术语言进行分析，并从时代和地域文化背景等方面描述作品的意义和价值。理解美术在表现自然、社会生活等方面的作用和特点，与他人交流自己的艺术感知。 4.2 了解中华优秀传统美术的悠久历史和辉煌成就，认识其独特的体系和特征，理解"诗书画印"交融一体的意境；分析和阐释民族传统美术具有的人文情怀和当代意义，并依据相应的主题进行创意表达。 4.3 认识美术的造型规律，掌握一定的技能，运用点、线、面、形、体、色等要素，通过材料媒介和一定的组织形式进行临摹、写生和创作。在美术实践中，运用个性化的造型手段表现特定的艺术主题或解决日常生活的美化问题，具有高雅的审美情趣。 4.4 比较美术与其他艺术门类的表现特点，探究美术与其他学科在观念、原理、形式、材料、媒介等方面的内在联系，进行综合性艺术创造。[①]					
单元目标	知识与技能： （必须掌握的知识与技能；对学科大概念的思考与理解；要完成的真实性成果。） 了解各类视觉艺术的材料、艺术语言、造型、功能、文化寓意等要素在视觉艺术作品中的价值和意义；理解艺术家和设计师以探索创造性的作品为目标，或继承，或打破传统，形成自己的艺术思考；掌握中国画创作、油画创作、版画创作、水彩画创作、书法创作、视觉传达设计、建筑设计、产品设计、雕塑设计、陶瓷设计的创作技法，能选择合适的艺术形式进行创意表达，创作出体现符合校史展主题的视觉艺术作品。 过程与方法： （艺术创作基本的过程与方法；设计、工艺、影视等相应的流程。） 创设真实情境，明确校史展单元学习任务；欣赏经典艺术作品，激发创意灵感；借鉴艺术家的艺术风格，掌握创作技法；收集创作素材，构思与优化草图；开展主题艺术创作；展示交流分享，总结、反思、评价。 情感态度与价值观： （与艺术创作相关的审美情感、学习态度、价值观和创作观念等内在品格的变化。） 体会视觉艺术的表现方法、情感表达与学校文化的关联，体会视觉艺术的独特艺术魅力，体验校史艺术作品创作活动的乐趣；积极参与校史艺术作品的创作；在学校百年校庆活动中开展设计活动，理解不同文化对美术创作的影响。					

	阶段二　评价证据					
	小单元	主题	欣赏	技法	构思	创作	展评
评价方案	主要环节	设定主题 理解意义 多个意向 互动改进	学会鉴赏 运用鉴赏 个案研究 深化认知	学习技法 掌握步骤 思考临摹 学习风格	收集素材 参照范本 绘制草图 形成报告	优化草图 大胆创作 实施反思 不断完善	展示交流 梳理轨迹 撰写总结 真实评价
	评价对象 （作业）	选题意向	欣赏报告	临摹或练习	创作草图	完成作品	小结与测评
	权重	10%	10%	10%	15%	20%	15%
	学习档案袋	20%					

---

① 中华人民共和国教育部.普通高中艺术课程标准(2017年版2020年修订)[S].北京:人民教育出版社,2020.

阶段三　学习计划			
1. 设置情境,生成主题(创设真实而有意义的主题)		概念与术语:校史艺术作品展、视觉艺术	
小问题+学习目标	教师活动	学生活动	设计意图
小问题:你想运用视觉艺术作品表现(设计)出什么样的学校文化? 学习目标:明确"继往开来　踔厉奋发"百年校庆校史展的意义,联系个人情境确定视觉艺术作品创作意向。 (最终作业,占10%) 教具学具和画材: 视觉艺术创作工具、微课视频。	● 讲解: (出示百年校庆海报)今年学校将迎来百年校庆,举办"继往开来　踔厉奋发"百年校庆校史展,我们以校史为主题创作一件视觉艺术作品参加展览。请思考:你想运用视觉艺术作品表现(设计)什么样的学校文化? ● 组织: 播放交通大学校史馆视频,引导学生欣赏经典的视觉艺术作品。 探究作品的表现主题,感受艺术家结合主题创作作品视觉艺术,感叹艺术家的丰富创造力。 ● 动员: 欣赏校园美景,重温校史文化,引出课题:如何像视觉艺术家一样,结合主题进行视觉艺术创作,为学校的"继往开来　踔厉奋发"百年校庆校史展创作一件视觉艺术作品? ● 布置: 分享你最喜欢的校园美景和校史经典,联系真实的学习或生活情境引出将要创作的主题,选择一个学校文化进行表现。 (附件2:学习单1-1及评价量规1)	1. 明确本单元的主题。 2. 观看视频,从交通大学校史馆作品的创作主题、表现内容与方法等方面欣赏作品。在欣赏中形成对视觉艺术的新的认识,思考运用视觉艺术作品表现(设计)什么样的学校文化。 3. 通过欣赏校园美景重温校史文化,激发创作灵感,进一步明确任务,组建团队,小组成员进行分工。 4. 根据学习单讨论选定创作主题。(附件2:学习单1-1及评价量规1)	通过学校百年校庆海报引出本节课的主题,以视觉艺术进行校史主题创作,创设情境,激发兴趣。

阶段三　学习计划				
2. 欣赏名作，研究大师（研究大师的人生和艺术观）		概念与术语：美术鉴赏		
小问题+学习目标	教师活动	学生活动	设计意图	
小问题：视觉艺术作品体现了艺术家什么创作意图？ 学习目标：学会视觉艺术的鉴赏方法，选择优秀的视觉艺术作品并结合任务单进行鉴赏，从视觉艺术的基本表现技法等方面完成视觉艺术鉴赏报告。 （最终作业，占10%） 教具学具和画材：优秀的视觉艺术作品、任务单。	● 讲解： 引导学生按照费德门的"四步鉴赏法"鉴赏视觉艺术作品，认识视觉艺术的特点，感受视觉艺术表现自然、自我物象的作用。通过欣赏视觉艺术作品，引发学生讨论：视觉艺术作品体现了艺术家什么创作意图？ ● 活动： 教师提供多种形式的视觉艺术作品，引导学生通过观察、讨论，运用"四步鉴赏法"鉴赏视觉艺术作品，重点探究各组视觉艺术作品的基本表现技法。 教师针对学生的回答总结视觉艺术的基本表现技法。 ● 选择： 教师提供视觉艺术作品，小组结合鉴赏学习单鉴赏视觉艺术作品，探究视觉艺术作品的基本表现技法。（附件2：学习单2-1） ● 布置： 合作探究视觉艺术作品，学会鉴赏视觉艺术作品，完成视觉艺术鉴赏报告。（附件2：学习单2-2及评价量规2）	1. 欣赏优秀的视觉艺术作品，感受艺术家结合主题进行创作，让视觉艺术焕发出新的生命力。 思考讨论：视觉艺术作品体现了艺术家什么创作意图？ 2. 小组结合任务单讨论：观察视觉艺术作品，探究视觉艺术的基本表现技法。 3. 选择视觉艺术作品，小组结合任务单进行赏析。（附件2：学习单2-1） 4. 明确创作视觉艺术应选择的技法，完成视觉艺术鉴赏报告。（附件2：学习单2-2及评价量规2）。	通过欣赏优秀的视觉艺术作品，了解视觉艺术的艺术特点。通过合作探究，掌握视觉艺术创作的基本表现技法。重点鉴赏视觉艺术作品，借鉴优秀的视觉艺术作品，获取创作灵感。	

阶段三　学习计划			
3.借鉴经典,学习技法(熟悉工具材料,临作品,学技法)		概念与术语:视觉艺术、创作步骤、表现技法	
小问题+学习目标	教师活动	学生活动	设计意图
小问题:艺术家为什么运用特定的创作方法表现(设计)视觉艺术作品? 学习目标:掌握视觉艺术创作步骤,能用视觉艺术的基本技法创意表现"继往开来　踔厉奋发"百年校庆校史展主题作品。 (最终作业,占10%) 教具学具和画材:视觉艺术创作工具、微课视频。	● 讲解: 教师引导学生讨论艺术家如何运用技法来表现主题。根据本单元的任务,指导学生选择合适的技法,展示工具并介绍工具的使用方法。 ● 示范: 教师示范运用艺术表现技法创作主题作品的方法步骤,引导学生提炼视觉艺术的创作流程,掌握视觉艺术的表现方法。 ● 布置: 小试牛刀:尝试运用视觉艺术的基本技法和语言,创作主题视觉艺术作品。指导学生进行技法练习,组织学生展示、交流、评价。(附件2:学习单3-1及评价量规3) ● 布置: 教师总结并布置课后任务:搜集有关校史展主题的图片和文字资料。(附件2:学习单3-2)	1.讨论艺术家为什么运用特定的创作方法表现(设计)视觉艺术作品。 2.通过观看教师录制的微课,掌握视觉艺术创作的方法步骤。 3.通过"小试牛刀"活动环节,尝试运用视觉艺术的基本技法创作校史展主题视觉艺术作品。 展示纸雕作品,相互交流、评价。(附件2:学习单3-1及评价量规3) 4.明确课后任务。(附件2:学习单3-2)	学生通过观看教师示范明确视觉艺术创作步骤,重点掌握视觉艺术技法;通过"小试牛刀"环节的尝试,为完成本单元的表现性任务做铺垫。

阶段三　学习计划			
4.收集素材,构思构图(调研采风、筛选信息、创意构想)		概念与术语:构思、设计草图	
小问题+学习目标	教师活动	学生活动	设计意图
小问题:(我)如何表现(设计)一件体现学校文化的视觉艺术作品? 学习目标:根据创作的主题和视觉艺术的语言,收集相关素材,启发创意思维,根据所选的素材,结合所学到的视觉艺术技法,构思并改进创作草图。 (最终作业,占15%) 教具学具和画材:校史文化的图片和文字资料、绘画工具。	● 检查: 检查学生搜集到的有关"继往开来　踔厉奋发"百年校庆校史展主题的图片和文字资料。 ● 启发: 讨论:"(我)如何表现(设计)一件体现学校文化的视觉艺术作品?"小组讨论并确定表现内容。(附件2:学习单4-1) ● 布置: 引导学生利用素材绘制草图,写出创作意图。 ● 组织: 头脑风暴:如何表现能有效突出主题? 引导学生结合形式美法则探究草图的设计,对草图进行反思、讨论和改进。(附件2:学习单4-2及评价量规4)	1.落实各小组搜集的图片和文字资料。 2.根据课前搜集的素材,讨论"(我)如何表现(设计)一件体现学校文化的视觉艺术作品?"确定表现内容。(附件2:学习单4-1) 3.画出设计图,交流创意,形成创作思路。 4.各小组结合教师的建议反思、讨论、改进本组的草图。(附件2:学习单4-2及评价量规4)	通过搜集素材,感受校史文化,点燃创作热情。通过问题探究讨论,确定主题表现内容。 教师引导学生进行探究性学习,有步骤地进行构思活动。 学生通过教师讲解学习创意方法,结合素材进行讨论并绘制设计图。 小组在反思、讨论中改进设计稿,增强艺术表现和创意实践能力。

阶段三　学习计划			
5. 寻找材料,动手创作（根据所学样式风格完成艺术作品）		概念与术语:材料、制作、完善	
小问题+学习目标	教师活动	学生活动	设计意图
小问题:（我的）视觉艺术作品体现什么校园文化？ 学习目标:制订视觉艺术作品创作计划,并根据创作过程完善创作计划,填写工作日志。能借鉴大师艺术作品的风格,运用各种材料和技法创作表现"继往开来　踔厉奋发"百年校庆校史展主题作品。 （最终作业,占20%） 教具学具和画材:视觉艺术创作工具材料、设计草图。	● 检查: 教师检查各组改进后的草图,最终定稿。 ● 布置: 引导学生思考:"（我的）视觉艺术作品体现什么校园文化？"提出创作要求。 指导学生制订视觉艺术作品创作计划（附件2:学习单5－1）,布置"创作日志"填写要求（附件2:学习单5－2）。 ● 指导: 组织学生运用视觉艺术的语言和技法,分组合作完成"继往开来　踔厉奋发"百年校庆校史展主题作品的创作,引导学生明确创作要求和步骤,分工完成。 教师针对各小组的实际问题进行相应的指导。指导学生反思、改进作品。（附件2:学习单5－3及评价量规5）	1. 结合自己的设计草图思考艺术家的表现方法,最终定稿。 2. 熟知"继往开来踔厉奋发"百年校庆校史展主题视觉作品创作要求。制订视觉艺术创作计划、创作日志,准备日志材料。（附件2:学习单5－1、5－2） 3. 根据创作要求展开"继往开来　踔厉奋发"百年校庆校史展主题视觉作品创作。根据教师的建议修改、完善作品,创作时记录创作过程（图片+文字资料）。（附件2:学习单5－3及评价量规5）	通过小组分工合作、组内的沟通交流、组与组之间的相互借鉴,以及教师适时的示范指导,帮助学生掌握技术要点,有序投入创作,保持热情,按理想的目标反思、改进作品。

阶段三　学习计划			
6. 完成作品,展示反思(展示作品和学习成果,做好评价与结课)		概念与术语:展评、策展、布展、展览	
小问题+学习目标	教师活动	学生活动	设计意图
小问题:如何策划一个百年校庆主题的视觉艺术作品展? 学习目标:展示"继往开来 踔厉奋发"百年校庆校史展主题作品和学习档案袋,能客观地评价团队的视觉艺术作品创作活动,并对自己在"主题—鉴赏—技法—构思—创作—展评"等阶段的表现进行评价,做好组内和组间的互评,积极参与"继往开来 踔厉奋发"百年校庆校史展和布展活动。 (最终作业,占15%) 教具学具和画材:布展工具材料、学习单、评价量规。	● 布置: 引导学生思考:如何策划一个百年校庆主题的视觉艺术作品展? 如何装裱作品,如何展示作品? 如何结合所学样式的特点完成策展、布展、宣传等工作? 如何展示作品和学习档案袋? 如何举办学习成果发布会?(附件2:学习单6-1及评价量规6-1) 布置百年校庆校史展布展任务:搜集相关展览的视频素材,准备布展材料。 ● 布展: 带领学生查看展览场地,播放布展视频以及优秀的展览现场图片,启发学生,指导学生布展。 ● 展评宣传: 举办校史展,做好在学校官微和VR线上云展览的宣传工作。 指导学生汇总学习档案袋的所有材料(调查表、任务书、学习单、照片、图片、草图、日志和评价量规等)、举办学习成果发布会。(附件2:学习单6-1及评价量规6-1)	1. 以小组为单位查看展览场地,交流探讨根据任务布展,借鉴优秀展览的策展方法,举办校史展。(附件2:学习单6-1及评价量规6-1) 2. 根据评价量规,从主题、创意表现、技法表现、风格等方面对每组作品进行评价。能按评价标准汇报自己的成果和评价他人的作品。 完成学习评价档案袋的填写,撰写学习总结,结合单元评价量规对单元学习进行综合评价,评选出优秀作品并表彰。(附件2:学习单6-2及评价量规6-2)	集体参加布展规划,提高参与积极性、主动性和合作能力。 制订评价方案,有效检验、巩固学习效果。 反思、总结学习收获和体会,巩固所学并能指导今后的学习。评价表彰有利于学生体会成功、获得自信心和成就感。

小问题+学习目标	教师活动	学生活动	设计意图
	● 总结： 指导学生结合单元评价量规对整个单元的学习进行综合评价，完成学习评价档案袋填写，并撰写单元学习总结。（附件2:学习单6-2及评价量规6-2） 统计并总评各小单元成绩、学习档案袋成绩，给出最终单元学习成绩，评选出优秀作品并予以表彰。		

注:本模板只是以"像专家一样思考"为原则的艺术创作课程的基本框架,设计课程就应"像设计师一样设计"、工艺课程就应"像工艺师一样创作"、定格动画就应"像动画师一样拍摄",等等。

无论课时多少,都要让学生经历"像艺术家一样创作"的过程,即学知识、能理解、会技能,有继承也有创新,最终完成作品。

教师要按课程特点和需要设计每个小单元的课时量,或压缩、增加、重复、细化某环节,或按实际情况设计/调整前后顺序。

参考文献:

附件2:"'继往开来 踔厉奋发'百年校庆校史展"大单元学习手册

基本问题:

艺术家如何再现、表现、创作有意义的艺术作品?

学习时间:＿＿＿＿＿＿＿

教　　师:＿＿张春辉＿＿

班　　级:＿＿高一＿＿＿

学　　号:＿＿＿＿＿＿＿

学生姓名:＿＿＿＿＿＿＿

课程概述:

同学们,从本学期开始我们要一同学习《普通高中教科书　艺术　选择性必修1　美术创意实践》,了解视觉艺术作品精湛的技艺和鲜明的特色,我们将从校园生活出发,学习视觉艺术的知识和表现方法。

校史馆是展现学校办学历程和精神文化的窗口。学校即将迎来校庆,但受到时间、地域的限制,很多校友和国际友人无法亲临现场。在新媒体、新技术快速发展的今天,如何让校史资源"活"起来,使之得到更广泛、高效的传播? 如何运用艺术的方式讲述学校发展历程中的人、事、物?

了解校史背后的故事,挖掘学校的文化基因,凝练校史中蕴藏的精神内涵,运用艺术的方式讲述学校发展历程中的人、事、物,用艺术创意体现对学校文化传承与创新的思考。请以"继往开来　踔厉奋发"为主题,策划一个校史展,表达"知校、爱校、荣校"的情感,为校庆献礼。我们的校史展将采用线上线下相融合的方式,小组合作,分工明确,经历像艺术家一样创作的学习历程;符合"继往开来　踔厉奋发"主题,体现学校办学特色及文化内涵;运用绘画、工艺、设计、雕塑、校园剧等多元化的艺术方式讲述学校发展历程中的人、事、物;合理运用艺术元素、设计原则进行构思与创作;巧借信息技术,丰富表现形式,创新校史文化传播方式。

希望同学们通过本单元的学习,参与丰富多彩的美术创意实践活动,在艺术感知、创意表达、审美情趣和文化理解的过程中达成艺术学科核心素养,增强社会责任感,提升中华文化认同和自信。让我们在多元的艺术世界、融合的世界艺术里,怀着开放和包容的心态去拥抱世界。

一、主题环节

小问题：

你想运用视觉艺术作品表现(设计)什么样的学校文化?

学习目标：

明确"继往开来　踔厉奋发"百年校庆校史展的意义,联系个人情境确定视觉艺术作品创作意向。

评价量规1：

得分	选题意向评价标准	最高水平		10
0	你没有达到以下任何细则所描述的标准。			
1—3	你能根据老师的创作命题"继往开来　踔厉奋发",随意写出两个创作意向;画出两个草图,确定某一主题。			
4—6	你能根据老师的创作命题"继往开来　踔厉奋发",随意写出三个创作意向;与同学交流后,写下三个感兴趣的选题意向,画出草图,比较三张草图的形式之后确定某一主题。			
7—8	你能根据老师的创作命题"继往开来　踔厉奋发",联系学校发展历史,写出四个创作意向;与同学交流后,记下三个感兴趣的选题意向,画草图,写出创作思路;比较三张草图的形式与主题的相关性之后确定某一主题,略作改进。			
9—10	你能根据老师的创作命题"继往开来　踔厉奋发",联系学校发展历史,写出五个创作意向;与同学讨论创作命题的意义,记下三个感兴趣的选题意向,画出草图,写出创作思路;比较三张草图,分析其艺术表现力、形式与主题的相关性、三者的优缺点之后确定某一主题,并进一步改进和优化。			
评语		自评		
		他评		
		师评		

学习活动：

情境导入:欣赏学校百年校庆宣传片,展示倡议书。百年校庆活动组委会向同学们和校友发出倡议:本学期学校将举办"继往开来　踔厉奋发"百年校庆校史展,现向同学们征集视觉艺术作品。我们的任务:为学校的"继往开来　踔厉奋发"百年校庆校史展创作一件表现校园历史文化的艺术作品。

● 任务一(学习单1-1)：

1. 明确产生主题的真实情境及主题大概念。

我们要创作一件表现校园历史文化的艺术作品参加学校的百年校庆校史展,你想运用视觉艺术作品表现(设计)什么样的学校文化?

2. 根据小问题,写出自己对主题的认识。

你想运用视觉艺术表现校园的哪处美景? 写下你对校园美景的认识。

3. 根据对主题的不同认识,开展讨论(或辩论),加深对主题意义的理解。

大家可以各抒己见,分享自己觉得值得纪念的校史文化及原因。

接下来的六周我们要为学校的"继往开来　踔厉奋发"百年校庆校史展创作一件表现校园历史文化主题的视觉艺术作品。

大单元学习任务书			
课题:	"继往开来　踔厉奋发"百年校庆校史展	总课时:	9 课时
环节	课时	学习任务	评价
1. 你想运用视觉艺术作品表现(设计)什么样的学校文化?	1 课时	明确本单元的任务:为学校的"继往开来　踔厉奋发"百年校庆校史展创作一件表现校园历史文化主题的视觉艺术作品,小组讨论确定视觉艺术作品主题。 欣赏上海交通大学校史馆视频,感受校史馆的艺术作品。调查学校历史文化,明确本单元的任务:为百年校庆校史展创作一件以校园文化为主题的视觉艺术作品,小组讨论确定视觉艺术作品主题。	选题意向评价 权重10%
2. 欣赏:艺术家为什么运用特定的艺术语言表现视觉艺术作品?	1 课时	学会视觉艺术的鉴赏方法,选择视觉艺术大师的作品,结合任务单进行鉴赏,从视觉艺术的基本表现技法和创作步骤、风格特点等方面,完成视觉艺术鉴赏报告。	欣赏学习评价 权重10%
3. 技法:艺术家如何运用特定的创作方法表现(设计)视觉艺术作品?	1 课时	掌握视觉艺术创作步骤,借鉴视觉艺术的风格,能用视觉艺术的基本技法和创作方法,创作表现校园历史文化的艺术作品。	技法学习评价 权重20%
4. 构思:(我)如何表现(设计)一件体现学校文化的视觉艺术作品?	1 课时	收集相关素材,启发创意思维,借鉴大师的风格,结合所学的视觉艺术技法和步骤,构思创作表现校园历史文化的艺术作品草图并加以改进。	草图构思评价 权重20%

大单元学习任务书			
环节	课时	学习任务	评价
5. 创作：（我的）视觉艺术作品如何体现校园文化？	1课时	制订表现校园历史文化的艺术作品创作计划，并根据创作过程完善创作计划，填写工作日志。能借鉴大师视觉艺术作品的风格，运用各种材料和技法的创作工艺创作表现校园历史文化的艺术作品。	创作作品评价权重20%
6. 展评：如何策划一个百年校庆主题的视觉艺术作品展？	1课时	展示校史主题艺术作品和学习档案袋，能客观地评价团队的校史主题艺术作品创作活动，并对自己在"主题—鉴赏—技法—构思—创作—展评"等阶段的表现进行评价，做好组内和组间的互评，积极参与校史主题艺术作品展和布展活动。	展评环节评价权重10%学习档案袋评价权重10%

请大家结合任务一（学习单1－1）组建团队（六人一组），讨论确定各自团队的名称、口号，同时结合学习单进行任务分工。

小组分工成员分工表			
团队名称：			
团队口号：			
	姓名	分工	职责
团队组成		项目总设计师	团队管理、拟定创作计划、组织讨论、反馈交流、汇总学习报告、参与视觉艺术作品创作。
		技术组组长	资源收集整理，草拟设计构思方案、参与视觉艺术作品创作。
		项目监制	协助组长组织各项探究活动，调整成员分工，督促组员完成相应的制作任务，积极参与视觉艺术作品创作。
		组员	保质保量完成组长分配的相应的制作任务，积极参与视觉艺术作品创作。
		组员	保质保量完成组长分配的相应的制作任务，积极参与视觉艺术作品创作。
		组员	保质保量完成组长分配的相应的制作任务，积极参与视觉艺术作品创作。

● 任务二(学习单1-2)：

根据"继往开来　踔厉奋发"这一主题,结合视觉艺术作品特点,完成不同选题的草图绘制,记录选题草图绘制思路,整体分析优缺点。

选定创作意向学习单			
主题	校园美景		
意向	选题1	选题2	选题3
你想运用视觉艺术作品表现(设计)什么样的学校文化?			
草图			
分析	优点： 缺点：	优点： 缺点：	优点： 缺点：
小组讨论			
优化后的选题			
分析			

二、欣赏环节

小问题：

艺术家为什么运用特定的艺术语言表现视觉艺术作品?

学习目标：

学会视觉艺术的鉴赏方法,选择视觉艺术大师的作品,结合任务单进行鉴赏,从视觉艺术的基本表现技法和创作步骤、风格特点等方面完成视觉艺术鉴赏报告。

评价量规 2：

得分	视觉艺术作品欣赏标准	最高水平	10
0	你没有达到以下任何细则所描述的标准。		
1—3	你简单描述了视觉艺术作品的特点和所产生的审美感受；你大体知道各种社会因素会对艺术家及其作品产生的影响；你仅仅表达了是否喜爱这件作品。		
4—6	你粗略描述了视觉艺术作品的形式特征及所产生的审美感受；你能简单地联系主题分析作者运用了某些形式原理；你知道社会背景会对作者及其作品产生某种影响；你能基本评价这件视觉艺术作品。		
7—8	你基本描述了视觉艺术作品的主要形式特征及所产生的审美感受；你分析了作者所运用的主要形式原理、审美效果及其对作品主题的影响；你能解释社会背景会对作者及其作品产生的影响；你能较全面地评价该视觉艺术作品的主要价值，联系"基本问题"说出自己的观点。		
9—10	你充分描述了视觉艺术作品的形式特征及所产生的审美感受；你合理地分析了作者如何运用视觉艺术的艺术语言创造了作品的审美效果，充分表达了作品的主题；你解释了历史、文化、社会、艺术观念等社会背景会对作者及其作品产生的影响；你能较有见地地评价该视觉艺术作品的艺术、历史、文化价值，联系"基本问题"阐明自己的观点和理由。		
评语		自评	
		他评	
		师评	

学习活动：

导入：同学们，我们分组运用费德门的"四步鉴赏法"分别鉴赏艺术家黄公望、张大千、吴昌硕、透纳、莫奈、顾恺之、达·芬奇、凡·高等的作品，认识艺术的特点与艺术家的创作观念，即如何运用视觉艺术的艺术语言创造作品的审美效果，充分表达视觉艺术作品的主题，感受视觉艺术作品在现代生活中的应用。

大家通过对视觉艺术作品的欣赏，思考讨论：艺术家为什么运用特定的艺术语言表现视觉艺术作品？

费德门的"四步鉴赏法"是一种由表及里的鉴赏方法。先要学会这"四步鉴赏法"，然后另选一件视觉艺术作品，以小组为单位再次实践欣赏活动，派代表交流，学会欣赏。

● 任务一（学习单 2－1）：

教师课前将"与自然对话、与自我对话、与物象对话"艺术学习资料文件夹下发到班级群。

与自然对话：黄公望、张大千、吴昌硕、透纳、莫奈。

与自我对话:顾恺之、达·芬奇、凡·高、王羲之、古元。

与物象对话:靳尚谊、贝聿铭、布朗库西、里特维尔德、唐英。

根据教师提供的艺术家名单,选定你喜爱的艺术家及其风格和作品,写出理由。

选定艺术家学习单		
选择你喜欢的艺术家,写出他的国籍、所处时代、成长历程、社会背景和艺术思潮等		(欣赏作品粘贴处)
描述该艺术家作品的风格与特点		
选择你最喜欢的艺术家的作品并写出理由		
参考文献		

● 任务二(学习单 2 - 2):

请各小组合作研究所选艺术家的生平和艺术特点,采用费德门"四步鉴赏法",鉴赏所选艺术家的代表作,完成鉴赏报告。

视觉艺术作品鉴赏学习单				
选定作品:	(选定作品粘贴处)		作者: 所处时代:	
姓名:	班级:	小组:		
费德门 "四步鉴赏法"	描述	作品给你什么感觉?区分作品所属的艺术门类,描述视觉艺术作品的基本技法、创作步骤和所运用的形式原理,以及对视觉艺术作品所产生的审美感受。		
	分析	作者想表达什么?分析作者如何运用视觉艺术的技法、步骤以及形式原理来塑造艺术形象、创作视觉艺术作品并形成审美感受,以表达作品的内容、主题或意义。		
	解释	作品有何意义?解释时代、种族、地域、文化、社会、政治、经济和艺术观念等社会背景对作者及其作品所产生的影响。		
	评价	你喜欢这件作品吗?为什么?能有见地地评价这件视觉艺术作品的艺术、文化、历史等价值,联系对"基本问题"和"小问题"的思考阐明自己的观点和理由。		

三、技法环节

小问题：

艺术家如何运用特定的创作方法表现(设计)视觉艺术作品？

学习目标：

掌握视觉艺术创作步骤，借鉴视觉艺术的风格，能用视觉艺术的基本技法和创作方法，创作表现校园历史文化的艺术作品。

评价量规3：

得分	学习技法评价标准	最高水平	20
0	你没有达到以下任何细则所描述的标准。		
2—5	你选择了某种风格的视觉艺术作品，准备了部分材料和工具；你用简单的视觉艺术作品技法，完成了低水平的尝试性创作练习。		
6—10	你了解了视觉艺术作品的艺术特点，准备并能使用部分材料和工具；你已掌握简单的视觉艺术创作技法，完成了一般水平的尝试性视觉艺术创作练习。		
11—15	你理解了视觉艺术作品的艺术特点，准备并能使用各种材料和工具；你已掌握基本的视觉艺术作品创作方法步骤，能对"基本问题"和"小问题"有所认知，并完成了良好的尝试性视觉艺术作品创作练习。		
16—20	你理解了视觉艺术作品的艺术特点及其创作观念，充分准备并熟悉各种材料和工具；你熟练掌握了基本的视觉艺术作品的方法步骤，加深对"基本问题"和"小问题"的认识，出色地完成了尝试性视觉艺术作品创作练习。		
评语		自评	
		他评	
		师评	

学习活动：

通过观察老师的示范讲解，请同学们思考：视觉艺术如何运用创作步骤和技法来表现生活？请大家结合老师的示范，合理地运用创作工具和视觉艺术创作步骤。通过"小试牛刀"活动环节，尝试借鉴艺术家的风格，运用视觉艺术的艺术语言创作表现校园文化主题的简单视觉艺术作品。

● 任务一(学习单3-1、3-2)：

思考：视觉艺术如何运用创作步骤和技法来表现生活？通过"小试牛刀"活动环节，尝试借鉴视觉艺术大师的风格，运用视觉艺术的艺术语言创作表现校园历史文化主题的简单视觉艺术作品。运用绘画工具材料，结合视觉艺术的制作方法步骤，完成表现校园历史文化主题的视觉艺术作品。

班级：		小组：		姓名：	
所借鉴的艺术家作品： （作品粘贴处）			表现对象：		
分析 （选择该作品的意义和理由）					
方法步骤 （写出创作步骤并绘制草图）					
交流、评价	自评				
	他评				
	师评				
技法学习心得					

- 任务二（学习单3-3）：

请同学们结合学习单，搜集有关校园历史文化的图片、文字资料和可借鉴的相关主题的艺术家作品。

班级：	小组：	姓名：
校园历史文化资料粘贴处：		可借鉴的艺术家作品粘贴处：
校园历史文化素材选择理由：		艺术家作品素材选择理由：

文字资料：
文字素材选择理由：
参考文献：

说明：与大单元设计的各项"教师活动"相对应，重点思考"小问题"，知道技法对于作品的重要性；利用学习单让学生知道材料、工具、设备的准备和使用安全；观摩示范后，模仿（借鉴）所学的名作，学习操作步骤、方法和要领，完成技法作业。

四、构思环节

小问题：

（我）如何表现（设计）一件体现学校文化的视觉艺术作品？

学习目标：

搜集相关素材，借鉴大师的风格，结合所学的视觉艺术技法和步骤，构思创作表现校园历史文化的草图并加以改进。

评价量规4：

得分	草图评价标准	最高水平	20
0	你没有达到以下任何细则所描述的标准。		
2—5	你选定了视觉艺术的主题，画了草图；你根据所找的图片改进草图；你写了一点创作意图。		
6—10	你从三个主题中选定一个主题；你能根据主题和视觉艺术的风格画出草图；你写出了一些创作意图。		
11—15	你能在三个以上的主题和草图中选一个最佳主题；你能根据主题和视觉艺术的风格，搜集有关的图片；你对"基本问题"和"小问题"有所考虑之后，能借鉴图片资料，画出比原先质量更高的新草图；你写出了自己的创作意向。		

得分	草图评价标准	最高水平	20
16—20	你在三个以上的主题和草图中选一个最佳主题;能根据主题和视觉艺术的风格,搜集六幅以上与视觉艺术艺术风格、主题造型有关的图片;你在思考"基本问题"和"小问题"之后,吸取图片中有价值的元素,画出更有风格、更能表达主题的新草图;你能由表及里地写出自己的创作意向。		
评语		自评	
		他评	
		师评	

学习活动:

检查搜集到的有关校园历史文化的图片和文字资料。

小组讨论:"如何表现(设计)一件体现学校文化的视觉艺术作品?"

确定表现内容,并引导学生利用素材绘制草图,写出创作意图。

头脑风暴:如何表现才能有效突出主题?

引导学生借鉴大师风格,结合视觉艺术的形式美探究"怎样的草图设计更能突出主题",对草图进行反思、讨论和改进。

● 任务一(学习单 4-1、4-2):

1. 请结合原定创作意向、艺术家作品的艺术语言和风格特点,讨论:怎样用视觉艺术的艺术语言来表现校园历史文化? 整理提炼搜集的素材,通过想象创意进一步思考:怎样用视觉艺术的艺术语言来表现校园历史文化?

提炼素材(学习单 4-1):

(1) 主题:提炼三张以上你所搜集的关于校园历史文化的图片。

粘贴处	粘贴处	粘贴处	……

(2) 形式:搜集三张以上与你所选表现题材相似的艺术家作品。

粘贴处	粘贴处	粘贴处	……

2. 思考:怎样用视觉艺术的艺术语言来表现校园历史文化? 结合任务单思考探究,画出三张不同的草图;写出"创作意图",并与同学互动交流。

提炼素材(学习单4-2):

提炼素材、构思草图			
班级:	小组:		姓名:
搜集素材			
组内交流筛选素材			
草图	草图1		
	草图2		
	草图3		
创作意图			

● 任务二(学习单4-3、4-4):

根据"小问题"开展小组讨论,总结三张草图的优缺点,选择并改进为最终草图,不断完善"创作意图"。

头脑风暴:

讨论:怎样用视觉艺术语言来表现校园历史文化? 如何表现能有效突出主题? 借鉴艺术家的风格,结合视觉艺术的形式美、技法等,讨论、探究怎样的草图设计能更好地突出主题,对草图进行反思、讨论和改进。

艺术学科利用空中课堂教学资源实现混合式教学的行动研究

根据主题最终选择校园历史文化素材并说明原因(学习单4-3):

最终选定校园历史文化素材	
原因	

呈现最终草图(学习单4-4):

班级:		小组:	
素材			
最终草图			
创作意图 (最终说明)	描述 (运用了哪些美术语言)		
	分析 (作品与你有何关系;你如何用视觉艺术的艺术语言表达情感)		
	解释 (作品背后的内涵和意义)		

五、创作环节

小问题:

(我的)视觉艺术作品如何体现校园文化?

学习目标:

制订表现校园历史文化的艺术作品创作计划,并根据创作过程完善创作计划,填写工作日志。能借鉴艺术作品的风格,运用各种材料和技法创作表现校园历史文化的艺术作品。

评价量规 5:

得分	创作评价标准	最高水平	20
0	你没有达到以下任何细则所描述的标准。		
2—5	你制订了简单的视觉艺术创作计划,包含步骤、时间和任务;你做出了一件简单的视觉艺术作品。		
6—10	你制订了基本的视觉艺术创作计划,包含应有的步骤、时间和任务,写出了对计划做出的修改;你的作品能表现校园历史文化,你通过较有限的技法和创作过程,创作了一件与所选样式略有相似之处的视觉艺术作品。		
11—15	你制订了合理的视觉艺术创作计划,包含应有的步骤、时间和任务,写出了与作品的互动、做出的改变及部分理由;你的作品展现了校园历史文化,你运用材料的特性和视觉艺术的艺术语言,以适当的技法、工艺和创作过程,使作品与所选风格有所相似;你能想到"基本问题"和"小问题",创作出一件较成功的视觉艺术作品。		
16—20	你制订了详尽的视觉艺术创作计划,包含详细的步骤、时间和任务,说明了与作品的互动、做出的改变及其理由;你的作品完美地展现了校园历史文化内涵,你创造性地运用材料的特性和视觉艺术的基本技法、步骤、形式美法则等,以熟练的技法、工艺和有序的创作过程,使作品体现所选风格的特点;你不断思考"基本问题"和"小问题",提高对视觉艺术的艺术语言的认识,最终创作出一件优秀的视觉艺术作品。		
评语		自评	
		他评	
		师评	

学习活动:

检查:是否都改进了草图,写出了"创作意图"?

鼓励学生像艺术家一样,怀着理想的目标,精益求精地创作属于自己的作品!

● 任务一(学习单 5 - 1、5 - 2):

1. 思考:你创作的视觉艺术作品如何体现校园文化? 结合自己所选择的艺术家风格,思考视觉艺术创作各步骤中的重难点。

2. 按照视觉艺术创作的进度,制订创作计划,有序、高效、优质地完成属于自己的视觉艺术作品。

制订视觉艺术创作计划(学习单 5 - 1):

视觉艺术创作计划		
创作步骤	预计时间	实际时间
根据主题确定创作草图		
选取创作所需的各种材料、工具		

视觉艺术创作要求学习单(学习单 5 - 2):

项目	具体要求	分值
主题	优秀的视觉艺术作品应确立能体现校园文化内涵的主题;能自如地运用视觉艺术的材料、工具和技法,自信、创新地表现主题、寓意和自己的心声。	7
风格	本课程的重要学习任务之一就是掌握视觉艺术的艺术语言和表现风格,能创造性地运用材料、步骤、技法和表现风格。	8
创意	发挥想象力和创意,巧妙地运用各种视觉艺术的形式美法则、步骤、表现手法等,使作品呈现视觉艺术风格的艺术语言和形式美感。	7
技巧	能根据视觉艺术的形式和工艺要求,运用材料、工具和技法有序地创作和完善自己的作品。	8

● 任务二(学习单 5 - 3):

按照视觉艺术创作进度,如实记录"创作日志"。在视觉艺术的创作过程中调整计划很正常,而在"创作日志"中,忠实地记录如何改变和改变的原因,则将使创作过程更加鲜活而有意义。

创作日志：

年　月　日	星期：	天气：
参与人员及分工		
创作用时		
作品进度		
发现问题		
探讨解决问题		
记录改进方法		
学习总结		
年　月　日	星期：	天气：
……	……	

● 任务三(学习单 5 - 4)：

按学习目标、步骤与技法的要求,不断创作、反思、改进和完成视觉艺术作品,记录"创作意图"。

创作意图：

作品改进、完善之处	
修改原因	

六、展评环节

小问题：

如何策划一个百年校庆主题的校史展？

学习目标：

展示校史主题艺术作品和学习档案袋，能客观地评价团队的校史主题艺术作品创作活动，并对自己在"主题—鉴赏—技法—构思—创作—展评"等阶段的表现进行评价，做好组内和组间的互评，积极参与校史主题艺术作品展和布展活动。

评价量规6-1：

得分	展评评价标准	最高水平	10
0	你没有达到以下任何细则所描述的标准。		
1—3	你评价了自己小组的视觉艺术作品和自己的表现。		
4—6	你根据学习目标评价了自己小组的视觉艺术作品和自己在创作过程中的表现，并尝试写出对自己作品的改进思考。		
7—8	你能根据学习目标客观地评价自己小组的视觉艺术作品和自己在创作过程中的表现；你收集了他人的评价意见并写出对自己小组视觉艺术作品的改进思考，能按要求参与视觉艺术展评活动。		
9—10	你能根据学习目标客观地评价自己在视觉艺术名作鉴赏、视觉艺术技法、视觉艺术创作以及视觉艺术创作观念方面的进步；你能客观地评价自己在视觉艺术学习的主题、鉴赏、技法、构思、创作、展评等阶段的表现，积极参与视觉艺术作品展评活动。		
评语		自评	
		他评	
		师评	

学习活动：

动员：通过本单元的学习，我们各小组都创作出了"表现校园历史文化内涵，符合校史展功能需求"的视觉艺术作品。我们将举办"继往开来　踔厉奋发"百年校庆校史展，体现学校办学特色及文化内涵活动，本次活动是向全校师生、校友和国际友人汇报和检验我们成果的重要时刻，我们要以最大的热情做好策展、布展、宣传等工作！

● 任务一（学习单6-1）：

汇总"学习档案袋"的所有材料，思考：如何更好地展示评价视觉艺术作品，表达"知校、爱校、荣校"的情感？学会反思，完成自己的学习小结。

学习小结		
姓名:	小组:	班级:
环节	收获	不足
主题		
鉴赏		
技法		
构思		
创作		
展评		
通过本单元的学习,你有什么感悟和心得?		

评价量规 6－2:

学习档案袋评价量规

项目	具体要求	分值
完整	能全面完成本课程"主题、鉴赏、技法、构思、创作、展评"等各阶段的"学习单""评价表"和相关作业,要求内容完整,达到应有的作业数量。每个阶段1分,共6分。	6
研究	强调自主学习和研究,要参考各种资料,进行比较、分析和理解后,有理有据地表达自己的观点,切忌拷贝资料;具有版权意识,列出参考文献。	6
表达	在上述研究的基础上,要表现出较强的资料选择和整理能力,强调表达的逻辑思维能力、分析能力、自我评价能力和书写能力。	6
排版	学习档案袋应是一本形式统一美观、排版适宜的平面设计作品,每个页面又各具特色,图文并茂,富有创意和美感。可以书写、手绘,以及用剪报、照片、印刷品等拼贴而成。	6

● 任务二(学习单 6－2、6－3、6－4):

思考:如何更好地展示评价视觉艺术作品,表达"知校、爱校、荣校"的情感?

各组装裱自己的视觉艺术作品;结合视觉艺术的特点,积极参与策展、布展、宣传等工作;展示作品和学习档案袋。

策展计划(学习单6-2):

策展计划		
展览主题		
展览地点		
展览时间		
邀请人		
展览内容		
展览形式		
展览人员分工		
姓名	具体任务	完成情况
	总负责人	
	宣传 （包括网络宣传、媒体、校电视台、VR线上展厅、学校官微发布等）	
	布展 （规划场地;结合校园的文化长廊进行布展）	
	网络投票	
	总结反馈	
方案补充		

校园线上投票统计(学习单 6 - 3):

小组作品	师生投票统计	师生评价要点摘录

评价量规 6 - 3:

	视觉艺术作品评价量规				
	项目				
组号	主题(20%) 立意明确, 健康向上, 表达美好	技法(40%) 熟练运用多种技法和方法步骤	风格(10%) 有自己独特的风格特点,并能借鉴运用经典作品	创意(30%) 想象力丰富, 作品有新意, 美观实用	总分(100)

学习档案袋(学习单 6 - 4):

"'继往开来 踔厉奋发'百年校庆校史展"大单元学习档案袋		
环节	档案袋内容	说明
封面	课题:《继往开来 踔厉奋发"百年校庆校史展》 基本问题:艺术家如何再现、表现、创作有意义的艺术作品? 教学时间: 教师: 年级: 学号: 学生姓名:	可按照教师提供的封面设计,也可自主设计自己的档案袋封面。

环节	档案袋内容	说明
主题	评价量规： 任务1：明确产生主题的真实情境，明确主题大概念，根据"小问题"写出自己对主题的认识。 任务2：根据"继往开来　踔厉奋发"这一主题，结合视觉艺术作品特点，完成不同选题的草图绘制，记录选题草图绘制思路并整体分析优缺点。 参考文献：	明确课题（大概念）的意义和价值、创作的背景和范围，初步设想自己的创作构图，画出最初草图。
欣赏	评价量规： 任务1：根据教师提供的艺术家名单，选定你喜爱的艺术家、风格和作品，写出理由。 任务2：各小组合作研究所选艺术家的生平和艺术特点，按费德门"四步鉴赏法"的要求，欣赏所选艺术家的代表作，完成欣赏报告。 参考文献：	明确所学艺术样式，按照"四步鉴赏法"鉴赏作品，完成鉴赏报告的撰写。
技法	评价量规： 任务1：思考："视觉艺术如何运用步骤和技法来表现生活？"通过"小试牛刀"活动环节，尝试借鉴艺术家的风格，运用视觉艺术的艺术语言，利用刻刀、卡纸、垫板等工具材料，结合视觉艺术的制作方法步骤，完成表现校园历史文化的简单视觉艺术作品。 任务2：结合学习单，搜集有关校园历史文化方面的图片、文字资料和可借鉴的表现风景主题的视觉艺术作品。 参考文献：	工具、材料的准备；使用安全须知，操作步骤方法的要求和注意事项、具体作业要求等。

环节	档案袋内容	说明
构思	评价量规： 任务1:(1)结合原定创作意向、艺术家作品的艺术语言和风格特点,讨论如何表现(设计)一件体现学校文化的视觉艺术作品。整理提炼搜集的素材,通过想象创意进一步思考如何表现(设计)一件体现学校文化的视觉艺术作品。(2)结合任务单思考探究,画出三张不同的草图;写出创作意图并与同学互动交流。 任务2:头脑风暴——如何表现(设计)一件体现学校文化的视觉艺术作品? 如何表现能有效突出主题? 借鉴艺术家的风格,结合视觉艺术的形式美、技法等,讨论、探究怎样的草图设计能更好地突出主题,对草图进行反思、讨论和改进。 参考文献:	搜集素材,合理选择素材,形成草稿,按照所学艺术样式的风格特点改进草图与创作意图等。
创作	评价量规： 任务1:思考:"(我的)视觉艺术作品如何体现什么校园文化?"结合自己所选择的艺术家风格,思考视觉艺术创作各步骤的重难点;按视觉艺术创作的进度,制订创作计划,有序、高效、优质地完成属于自己的视觉艺术作品。 任务2:按视觉艺术创作进度如实记录"创作日志"。在视觉艺术的创作过程中改变计划很正常,而在"创作日志"中,忠实地记录如何改变和改变的原因,则将使创作过程更加鲜活而有意义。 参考文献:	再次明确材料工具的使用方法和安全须知,制订创作计划,撰写"创作日志",明确创作的方法步骤,改进完善作品。
展评	评价量规： 任务1:汇总学习档案袋的所有材料,思考:"如何策划一个百年校庆主题的视觉艺术作品展?"学会反思,撰写学习小结。 任务2:思考:"如何策划一个百年校庆主题的视觉艺术作品展?"各组装裱自己的视觉艺术作品;结合视觉艺术的特点,积极参与策展、布展、宣传等工作;展示作品和学习档案袋。 参考文献:	了解布展环境,参与展示设计,对作品进行评价,合理组织义卖活动,完善学习档案袋,撰写学习小结。
封底	学习感悟、总结性语言等。	个性化设计。

第四章
利用"空中课堂"教学资源
实现混合式教学的步骤

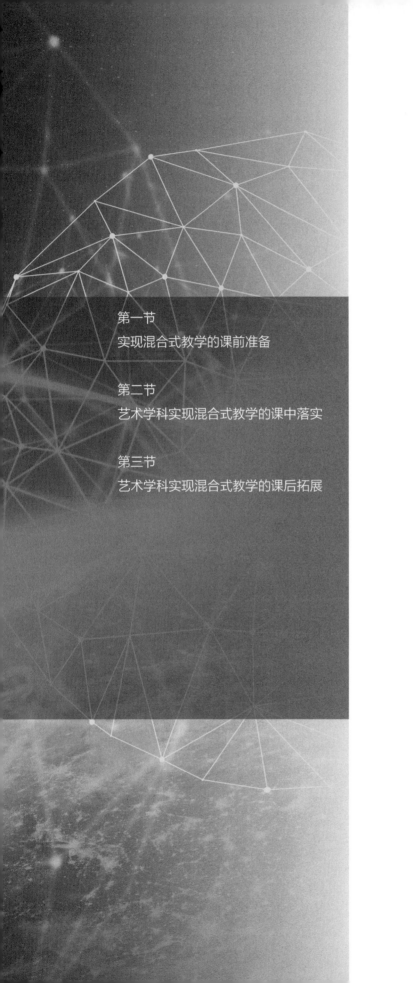

第一节 实现混合式教学的课前准备

在利用"空中课堂"资源进行教学前,教师应该根据教学主题和目标来分析学生的学习目标,并设计相应的学习任务。这些学习任务可以以学习任务单的形式呈现,既能指导学生的学习,又能评估他们的学习成果。学生在观看"空中课堂"内容后,需要完成教师所布置的学习任务单。通过评估学生完成任务单的效率和效果,教师可以诊断学生的学习情况,发现学生在学习中遇到的问题,了解学生对课程内容的兴趣点和思考点,进而调整教学计划。这样做能够更好地满足学生的学习需求,解决学生在学习中的问题,同时提高他们的学习积极性。

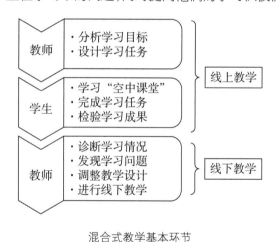

混合式教学基本环节

一、如何设计混合式教学的任务单

(一)什么是学习任务单

学习任务单是一种有价值的学习支架,是教师根据教学内容和学生需要而制作的学习辅助工具。通过提供真实的、发人深省的现实世界问题,学习任务单可以使学生在获得关键知识和解决关键挑战的同时,发展自主、协作、探究和交流技能。

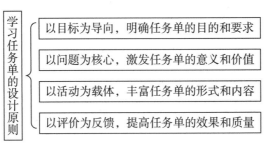

学习任务单的设计原则

（二）学习任务单的设计

学习任务单的设计要考虑课程标准、教学目标、教材知识点、重难点、课时要求等，以学生为主体来设计学习任务，通常包含学习指南、学习任务、问题设计、建构性学习资源和反思等内容。首先，分析学情，确定教学目标。这一步需要教师根据课程标准、教材内容、学生特点等因素，明确本节课要达成的知识、能力、情感等方面的目标，并将其简洁地写在任务单上。其次，设计问题，激发学习兴趣。这一步需要教师根据学习目标和教材内容，设计出具有思维挑战性、现实意义和价值导向的问题，作为任务单的核心和驱动力，并将其以引人入胜的方式呈现在任务单上。再次，设计活动，引导学习过程。这一步需要教师根据问题的难易程度和复杂性，设计出适合学生自主或合作完成的活动，包括信息获取、分析处理、解决方案等环节，并将其以清晰明了的方式安排在任务单上。最后，设计评价，反馈学习效果。这一步需要教师根据学习目标和活动结果，设计出多元化的评价方式，包括自我评价、同伴评价、教师评价等，并将其以具体可行的方式规定在任务单上。

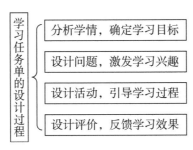

学习任务单的设计过程

（三）混合式教学的学习任务单设计

在混合式教学中，学生在课堂上和在线上都会有学习任务，任务单就是其中一种指导学生在线学习的工具。一般来说，"混合式教学任务单"应该包括以下几个方面的内容：

1. 任务说明：简要介绍本次任务的目的、要求以及完成时间等重要信息。

2. 学习资源：指导学生如何获取相关学习资源，包括课程材料、视频、参考书等。

艺术学科利用空中课堂教学资源实现混合式教学的行动研究

3. 学习步骤:具体指导学生完成本次任务的步骤和顺序,以及需要注意的事项。

4. 自我评价:让学生对自己完成任务的情况进行评价,以便调整学习策略和提高学习效果。

5. 反馈和辅导:提供学生在完成任务过程中需要的反馈和辅导,包括答疑、问题解答等。

上海市奉贤区致远高级中学的杨敏慧老师结合"空中课堂"教学资源,明确教学设计的目标、内容、活动及评价,梳理核心知识,打破章节界限,将逻辑相关的知识点进行整合,依据本校学情进行教学的组织与实施,取得了良好的教学效果。

"光色斑斓　瞬间印象"混合式教学任务单(杨敏慧)

1. 设置情境,生成主题(创设真实而有意义的主题)		概念与术语:校园文化底蕴、校园记忆	
"小问题"+"学习目标"	教师活动	学生活动	设计意图
小问题: 我是如何理解校园文化底蕴的? 学习目标: 回顾校园生活的同时,拍摄能体现致远校园文化底蕴、人文关怀的场景。 (最终作业,占25%)	● 讲解: 作为寄宿制学校,这里承载了你青春的记忆。你对学校了解多少?能举例说出校园文化底蕴吗?提供高清图片:济远楼、志远楼、蕴远楼、思远园…… 思远园	思考问题,完成任务书,解决小问题: 1. 我是如何理解校园文化底蕴的? 任务一: 探究校园建筑文化(结合校史)。 你对致远老校区了解多少?举例说一说校园主要建筑的文化底蕴。 2. 分享最喜欢的校园一隅,联系真实学习或生活的情境引出将要创作的主题,完成摄影作品。	通过观看视频及搜集材料,加深对校园建筑文化底蕴的理解;通过欣赏不同时间、不同天气下的校园风景,发现校园之美(光影、色彩),调动学生创作兴趣。
教具学具和画材:高清图片(不同季节、不同时间、不同天气下的校园风景)。	● 组织: 小组讨论校园建筑背后的文化底蕴。 ● 动员、布置: 如何用相机记录有关校园时光的青春记忆?分享你最喜欢的校园一隅,联系真实学习或生活的情境引出致远即将于2024年搬迁,用有关老校园的记忆装点新校园文化长廊。	作业单 3. 评价量规: 评价量规	

（续表）

2. 欣赏名作,研究大师(研究艺术家的人生和艺术观)		概念与术语:莫奈的艺术特征	
"小问题"+"学习目标"	教师活动	学生活动	设计意图
小问题: 印象派画家是如何变革与突破西方传统艺术的? 学习目标: 1. 鉴赏西方古典绘画作品,通过与传统绘画的对比分析印象派艺术家追求的艺术风格(光影、色彩)。 2. 联系西方19世纪时代背景、文化背景及艺术家的人生经历等,理解印象派艺术家对西方传统艺术的变革与突破。 3. 运用数字软件探究创作具有莫奈风格特点的校园数字绘画作品。 教具学具和画材:高清图片、平板电脑、触控笔、PPT。	● 讲解: 教师通过对比古典油画米勒《拾穗者》与莫奈《干草垛》,鉴赏莫奈笔下物体明暗的色彩关系并揭示背后的科学原理;通过观察《干草垛》物体暗部色彩和笔触,解释色点并置技法的原理以及特点;探究《干草垛》背后的文化性。 ● 活动: 色彩补偿 让学生体验视觉补偿效果的原理以及色点并置给人眼睛的不同视觉感受,真切感受其中的科学性。 ● 示范创作草图: 根据一幅校园场景图,教师通过视频进行操作示范;学生利用前一课时完成的摄影作业,运用造画滤镜软件以及sketchbook软件进行数字板绘。 数字绘画 ● 布置: 提供鉴赏小单元评价量规。	1. 学生陈述自己所了解的莫奈,并回答相应的问题。 2. 学生思考:根据画面色彩,莫奈表现的是一天当中什么时刻的干草垛? 完成"上海微校"选择题: 作品分析 3. 学生自主学习探究,完成小组组图的数字板绘作业。 4. 鉴赏小单元评价量规: 评价量规	重点: 学习鉴赏莫奈的作品,理解莫奈的光色艺术特征;利用莫奈的艺术特点,用数字绘画的方式来恰当表现对校园的情感。

3. 完成作品,展示反思(展示作品和学习成果,做好评价与结课)		概念与术语:布展、策展、展览	
"小问题"+"学习目标"	教师活动	学生活动	设计意图
小问题: 　如何更好地展示自己的作品? 　学习目标: 　选择自己喜欢的方式印刷、装裱作品;选择更能突出自己作品优势的展览场地。 　教具学具和画材:展具、装裱后的作品。	●布置: 　1. 协助学生对作品进行展览前的印刷、装裱处理。 　2. 布置学习档案袋汇总任务。 　3. 提供其他学校文化长廊布展图片和视频,启发学生布展思路。 　4. 提供三处展览场地,选取同一场地的学生组成一个组,进行合作展评。 　●总结: 　指导学生汇总学习档案袋的所有材料,提供学习档案袋评价量规。	1. 从教师提供的方式中选取喜欢的印刷风格以及装裱形式,也可以张扬个性,自行装裱。 　2. 结合学习单汇总学习档案袋的所有材料(任务书、图片、草图、评价量规等),完成学习档案袋评价量规。 　3. 借鉴其他学校文化长廊展厅布置,选取适合自己作品的展览场地,利用气氛、意境、色调、空间、灯光、音响等多媒体策划创意和设计,完成学习单,解决小问题:如何更好地展示我的作品?(见学习档案袋设计—评价量规) 　4. 完成分工表。(见学习档案袋设计—布展任务分工表) 　5. 布展完成后,根据策展计划进行下一步展示环节,完成策展计划学习单。(见学习档案袋设计—策展计划学习单) 　6. 总结单元学习过程,撰写学习小结。(见学习档案袋设计—学习小结)	评价涉及教师、家长、同学及社会人士等,引导学生重视布展和结课工作。

　　混合式教学任务单是一种较为详细、比较清晰的指导学生学习的工具,能够让学生明确自己的学习目标、了解学习进度,并且能够根据自己的实际情况进行调整和提高。

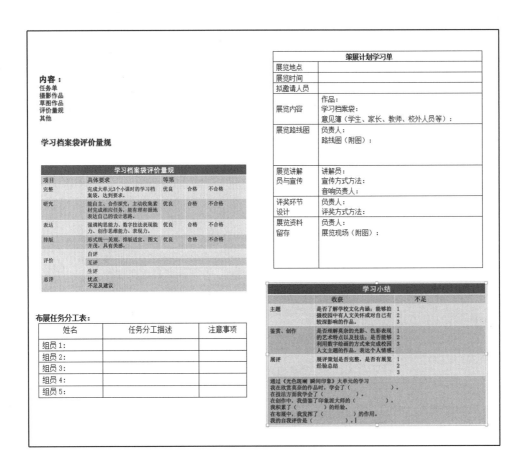

学习档案袋设计

（四）如何准备混合式教学的配套资源

混合式教学需要准备的配套资源主要有三个方面：第一，线上教学平台，如"上海微校"、上海市中小学数字教学系统等，可以提供多媒体资源和互动功能，支持学生自主学习和协作学习。第二，线下教室设备，如希沃电脑、平板电脑、手绘板、麦克风、耳机等，可以实现线上线下同步或异步的教学交流，增强课堂效果。第三，教学内容和活动设计，如课程目标、内容、活动、评价等，可以根据学生的情况和需求进行灵活调整，提高教学质量。总之，制作混合式教学配套资源需要根据教学计划和学生需求，注重内容质量和教学效果，为学生提供更灵活、更高效的学习方式。

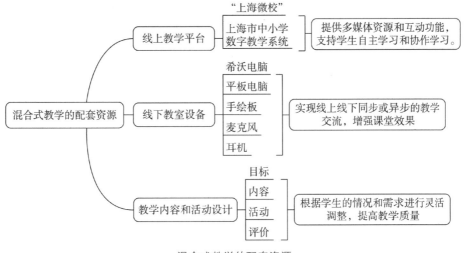

混合式教学的配套资源

二、数字教学系统的资源建构

　　作为目前全国唯一的教育数字化转型试点区,自2021年起,上海就将深化推进中小学教学数字化转型作为改革方向,通过打造数字基座创新教育场景示范应用;通过提升数字化与智能化水平,推动信息技术与学科教学的深度融合,促进基础教育的优质均衡发展。上海市依托上海智慧教育平台("上海微校"),建设中小学数字教学系统,研发备课助手、教学助手以及作业辅导助手(简称"三个助手"),融入数字教材、"空中课堂"视频课等优质资源,为师生打造线上线下深度融合的教学空间,优化资源配置与服务支持,推动教学方式变革,努力实现公平而优质的教育。

上海市中小学数字教学系统(试用版)登录界面

　　这个项目涉及22个学科,分三个类别:深化应用、试点应用、专项应用。其中,深化应用的3门学科是最先试点的,经过一年多的探索实践已积累了不少经验,为其他学科工作的开展奠定了基础。试点应用的9门学科为考试学科,因其特殊性,划归到试点应用。专项应用的10门学科,学科属性鲜明,转型尝试的空间很大,最有可能做出特色资源。高中艺术学科就属于这个类别,需提交两类资源:基础资源和特色资源。

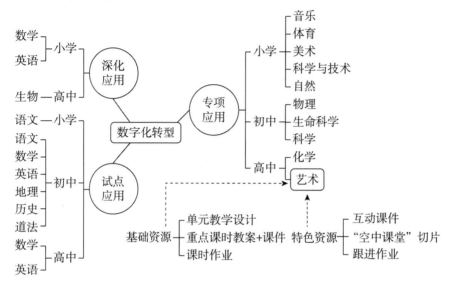

2022年上海教育数字化转型学段学科及资源建设导图

(一)备课助手

利用备课助手打造"教师备课1帮1"的应用场景。备课助手是一款创新的应用程序,旨在促进和优化教育工作者的备课过程。它的功能集包括一系列的功能模块,如数字资源管理、教案设计、编辑和任务设置。教师通过访问备课助手所提供的高质量数字资源,能够更深入地理解并掌握教学概念、要求和方法。此外,它还提供优质教案、课件和任务,有效减轻了与备课有关的负担和压力,从而简化了整个过程,提高了教学质量。

目前正在研究如何根据教师风格与学生特征进行差异性推送,进一步满足教师个性化的教学需求。

高中艺术学科按照项目要求,选做6项内容:单元教学设计、重点课时教案+课件、课时作业、互动课件、"空中课堂"切片、跟进作业。选取两册教材先行试点:《普通高中教科书 美术 必修1 美术鉴赏》和《普通高中教科书 艺术 选择性必修1 美术创意实践》。时间紧任务重,为了按时、保质完成任务,我们组建了团队,制订了详细的分工和时间表,定期汇报交流。2022年7月15日建群,先学习文件。7月19日全体参加专题培训,会后各小组研讨方案。8月1日顺利完成两个单元的资源样例。8月3日至19日进入审核循环,反复修改,确定终稿。9月1日资源上线。特色资源建设同步进行;其他基础资源持续开发,完成剩余单元的滚动上线工作。11 月试点学校进行数字化转型教学展示;12 月初提交一个试验区校的实践案例。

	提交审核材料清单	高中艺术-选择性必修1《美术创意实践》第一单元	一审	二审	三审
外请专家审核	单元教学设计	第一单元 单元教学设计	☐	☐	☑
	重点课时1-教案	第一单元 第四课《浪漫羁客 高歌自然》课时教学设计	☐	☑	
	重点课时1-PPT	第一单元 第四课《浪漫羁客 高歌自然》——走进透纳的水彩画视界	☑		
	重点课时2-教案(可选)	第一单元 第五课《光色斑斓 瞬间印象》——走进莫奈的油画风景视界	☐	☑	
	重点课时2-PPT(可选)	第一单元 第五课《光色斑斓 瞬间印象》——走进莫奈的油画风景视界	☑		
	重点课时互动课件-演示录屏	第一单元 第四课 互动课件演示视频	☑		
组内审核	重点课时-"空中课堂"切片表	"空中课堂"切片-高一艺术《美术创意实践》——第一单元-第四、五课	☐	☑	

数字教学系统资源审核清单

首先,按单元召集人力组建团队,4—6 人不等,确定人员名单。开放大学工程师给教师们扩充权限,除自己单位外,额外增设市教研室身份,保障顺利完成各项任务。其次,组织教师自学和集中技术培训,使其明确自己的任务,熟悉操作流程。在规定的时间内完成文稿撰写、互动课件开发、"空中课堂"切片等工作,并提交组内专家审核。组内审核通过后,技术组长和联络人按照相关要求上传资源,进入外聘专家审核环节,一般会有一审、二审、三审,可能还有四审或更多,直至终稿达到上线要求。

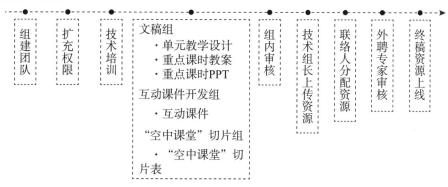

资源上线工作流程

在开发常规资源的同时,艺术学科还另设一个特别行动小组,专项研究高中艺术学科特色数字资源的开发。资源的开发从内容和形式两方面着手。内容上,有些传统艺术借助编程技术、App,焕发新的生命力,转换为数字艺术。这种技术的运用可以更好地激发学生的学习兴趣,让学习过程更加直观、学习成果即时可见,让传统艺术在新时代能够更好地传承与发展。形式上,数字化转型不仅仅是把资源上传到网站上,而且是借用数字化实现教育教学方式的转型。多年来学生的学离不开教师的教,不可避免地陷入被动式学习。真正进入社会后,还得靠自己,自学自研的能力变得尤为重要。学生要靠自己,在理解和试错中寻找最佳路径,有一个明确的目标,像闯关游戏一样,开展沉浸式学习,最终获得成就感。趣味感和成就感,让学习变得有意思、有意义。

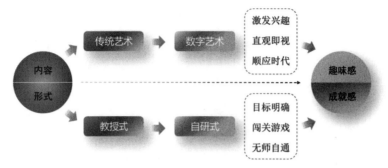

艺术学科数字化特色资源创新路径

数字化特色资源基于优质教育资源,更多地关注交互功能。目前特色资源进入攻坚阶段。上海市宝山区吴淞中学李秀英老师主持开发了"十字挑花"非遗传承—数字化课程,奉贤区崇实中学陈梦倩老师主持开发了"分形艺术"数字化课程。这两个项目经过两个多月的实验改进,数字化和艺术教学的融入越来越紧密,教与学的形式发生了质的变化。

2022年9月6日,在艺体领域数字化专项资源建设研讨会上,上海市教师教育学院院长王洋肯定了中学艺术学科的工作成果,并针对艺体领域的数字化转型提出"两最三要":"两最",即最能出彩、最易推动课改;"三要",即要亮出绝活、要善用平台、要发动骨干力量,以点带面开展数字化转型的相关研究。王洋院长指出,数字化转型应从"三个有利于"攻关:有利于学生素养养成;有利于教师突破教学重难点;有利于课堂的快速反馈,最终有利于学生的终身发展。

备课助手可以根据教师的教学目标、教学内容、教学方法等,智能推送相关的数字教材、视频课程、微课、素材等资源,帮助教师完成教材分析、目标编制、活动设计等备课环节,提高教师备课质量和效率。

课时定位及资源导引

（二）教学助手

利用教学助手打造"课堂教学1加1"的应用场景。教学助手设置教学课件、互动工具、信息传输、数据分析、结果呈现等功能模块。依托教学课件与互动工具，优化教师演示讲解，丰富学生探究体验。提供任务完成数据和作答详情数据，支持教师采取有针对性的教学措施，促进因材施教。呈现过程性信息，体现思维可视化，促进师生有效互动，激发学生高阶思维。

例如，上海市七宝中学艾郎华老师结合"空中课堂"资源，将传统陶艺课程开发成数字化陶艺课程——《瓷砖映敦煌》。本课程以单元为抓手，分5课时：为瓷砖设计敦煌图案；参考敦煌色系为瓷砖配色；配制敦煌色系釉料；模拟瓷砖烧制过程；作品展映评价。以项目化学习方式，运用上海市中小学数字教学系统"三个助手"助力数字化教学实施，通过"备课助手"开发"智能铺瓷砖""敦煌元素图案设计""敦煌色彩运用""配色、上釉与烧成""陶瓷断代试一试""项目海报设计"等多个互动课件；通过"教学助手"推送学习任务，学生端完成学习任务。

"教学助手"推送学习任务

教师端收集、批改作业，平台收集数据，记录学生完成作业过程、所用时间、作品样例，为教师诊断教学行为和学习效果提供了强有力的技术支撑。

模拟烧窑过程

教学助手可以根据教师的授课进度和学生的实际情况，提供多种交互体验功能，如投票、抢答、随机点名、小组讨论等，促进学生进行自主探究、信息传输、互动交流和资源应用等学习活动，实现个性化和深度化的学习。

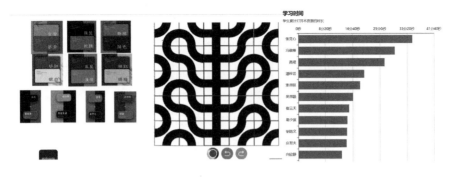

观测学生作业完成情况,收集后测数据

问卷调查分析和学习时间分析显示:学生乐于接受新的教学方式,能真切感受到数字化使课堂更加趣味化,激发了学习热情。虽然在软件开发、硬件配备、网络保障上还需要不断完善,但新的教学样态已展露出来,学生很期盼未来更加趣味化、智能化、精准化、个性化的数字化教学新课堂。

(三)作业辅导助手

利用作业辅导助手打造"课外辅导 1 对 1"的应用场景。作业辅导助手是一个尖端的应用程序,旨在为学生提供一对一的课外辅导。其先进的功能设置包括课后作业管理、数据统计、错误分析、智能推送和人机对话等。作业辅导助手非常强调以无缝和有效的方式整合在线和离线家庭作业方法,培养学生的深度思考能力,鼓励他们检查和分析自己的作业,同时也促进审查和组织。该应用程序利用智能算法,提供个性化的辅导解释、微课视频,以及基于问题归属的匹配后续作业,从而为学生提供量身定制的个性化辅导体验。总的来说,作业辅导助手代表了一种促进学术卓越和促进学生学习过程的宝贵工具。

例如,在《瓷砖映敦煌》课程中学生了解到瓷砖是一种建筑陶瓷,生活中随处可见。在学科理论上,瓷砖的铺设是以一块砖(一个单位)向四面伸展铺开的四方连续。学生了解地砖在实际生活中是如何铺设的。瓷砖的表面纹理、铺法不同,最终呈现的效果就会不一样,这是本单元首先要解决的重要知识点。但因四方连续的重复性大、费时多,在传统的美术教学中很难进行实践操作。受一道来源于PISA2022的砖瓦匠"铺地砖"测试题的启发,艾老师创设了一份"智能铺地砖"课堂作业。这道题是把 PISA 题中的数学推理题改为创意拼贴题,把推理题填入代码改为拖动、旋转操作,借助上海市数字化教学系统中的"图片画板重放"控件,学生通过拖动和旋转两种操作方式,能在较短时间内完成作业任务,在实践体验中表现创意地砖铺设带来的个性化结果。

作业辅导助手可以根据教师布置的作业类型和难度,提供智能批改、数据分析、错题反馈等功能,帮助教师及时了解学生的作业完成情况和掌握程度,为学生提供有针对性的辅导建议和复习计划。

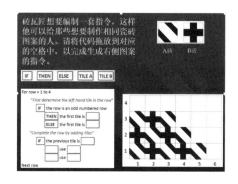

PISA2022 测试题　砖瓦匠"铺地砖"

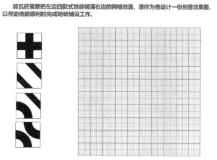

作业练习　智能铺地砖

学生作业练习作品　地砖创意铺设效果图

目前,高中艺术学科数字化转型项目在全市教师的努力下稳步推进,运用大数据统计、网络互联、智能分析这些前沿科技更客观地分析数据,更智能地辅助判断,更有针对性地开展差异性教学,有助于因材施教。教育数字化转型转变教学范式、组织架构、教学过程、评价方式等,实现全方位的创新与变革,从"供给驱动"变为"需求驱动",实现"永续性学习"。

三、"空中课堂"教学资源在混合式教学中的创新利用

"空中课堂"教学资源是通过网络平台提供的各类课程、专题、微课等视频、音频、图文等多媒体形式的教育内容。在混合式教学中,"空中课堂"教学资源作为线上部分的重要部分,帮助学生自主、灵活地获取知识,同时配合线下部分的互动、讨论、实践等活动,形成完整的学习过程。

数字教学系统中的"空中课堂"教学片段

"空中课堂"视频切片是指从"空中课堂"视频中截取一些具有教学价值的片段,作为教学的辅助资源,可以在课前、课中、课后进行应用。"空中课堂"视频切片可以从不同的角度进行,例如,核心知识点的讲授片段:这些片段可以帮助学生掌握重要的概念、原理、方法等,也可以作为教师复习或引入的素材;教学情境片段:这些片段可以展示一些生动有趣的教学情境,激发学生的兴趣和好奇心,也可以作为教师导入或拓展的素材;总结归纳片段:这些片段可以帮助学生回顾和整理所学内容,形成知识体系,也可以作为教师总结或检测的素材。

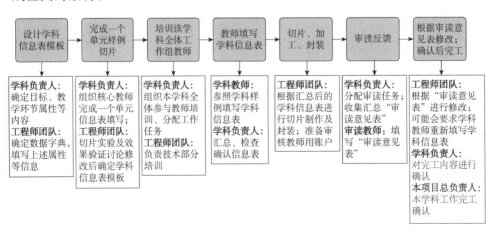

"空中课堂"视频切片工作流程

每一个"空中课堂"切片本质上就是包含某一个相对独立教学知识点的课堂教学行为片段。为了确保切得适切,切片组由"空中课堂"执教教师、开放大学工程师、审核专家三方协同制作,经过仔细推敲、精心剪辑、反复审核才能最终上线,供广大教师使用。

"空中课堂"切片信息表

1. 课程信息	课程序号	拍摄序号	学段	年级	学期	学科	拍摄年份	
2. 教材信息	教材编码	教材类型	出版社	使用年份	教材名称			
3. "空中课堂"视频信息	视频课时序号	学期	章	节	课时	视频课时名称	主讲教师单位	主讲教师	课时索引
4. 教学片段标引信息	视频课时序号	视频课时名称	序号	教学片段名称	内容简介	单元目标	环节标签	类型标签	素养标签
5. 教学片段制作信息	教学片段场景组件序号	教学片段序号	教学片段名称	信息文本	视频课时序号	视频课时名称	视频起止时间码	音频起止时间码	备注
6. 教学片段关联信息	教学片段序号	关联教学片段序号	教学片段名称	关联关系	学习路径指向建议	标引教师			
7. 教材关联信息	教学片段序号	教材编码	教材名称	页码	教学片段名称	备注	教学片段索引	标引教师	
8. 专家审读反馈	教学片段序号	教材名称	页码	教学片段名称	审读专家	审读日期	学科内容审读	文本视频审读	位置与关联关系审读
9. 单元目标	目标描述	学习水平	单元名称	单元序号	学期	年级	学科		
10. 字典表	环节	类型	核心素养	学科内容审读	文本视频审读	位置与关联关系审读	单元序号	单元名称	

（一）创新利用的原则

混合式教学的原则是一系列指导性原则,可以帮助教师更好地设计和实施混合式教学。创新利用"空中课堂"教学资源开展混合式教学需遵循五条指导原则:一是以建构主义为理论基础,以解决问题为导向,激发和培养学生主动探究和创新能力;二是以信息技术为支撑,打破时间和空间限制,实现线上线下融合互补;三是以评价为导向,注重过程和结果并重、反馈和改进并行;四是以个性化为目标,因材施教,满足不同层次和类型的学生需求;五是以协作为手段,促进师生互动、同伴互助、社会参与。

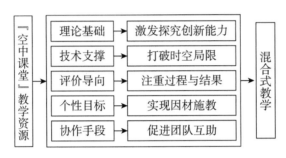

利用"空中课堂"开展混合式教学的原则

混合式教学是一种灵活的教学模式,它可以根据不同的课程类型和层次进行创新性改造,以适应学生的多样化需求。那么,是不是所有线上课程资源都适合开展混合式教学呢? 怎样的资源适合混合式教学? 一般来说,混合式教学适用于这几种情况:课程内容较为复杂或抽象,需要通过多媒体资源和实践操作来帮助学生理解和掌握;课程目标不仅包括知识传授,而且包括能力培养、价值观塑造等,需要通过线上线下的互动和协作来促进学生的深度学习;课程受众较为广泛或分散,需要通过线上平台来扩大教育覆盖面和提高教育公平性。

当然,我们必须明确混合式教学并不是万能的,它也有一定的局限性和挑战。因此,在选择混合式教学时,要根据具体的教学环境、媒体、策略、评价等要素进行合理整合,并注重给学生一个整体的学习体验。

（二）创新利用的方法

混合式教学是一种融合了传统面对面教学和在线学习的教学模式。在利用已有的"空中课堂"教学资源进行混合式教学时,可以通过一些创新的方法来进一步提高教学效果和学生的学习体验。

1. 制作精练的"空中课堂"切片:在制作视频切片时,要注意将复杂的概念和知识点进行分解和简化,让学生易于理解和消化。另外,也要注意控制视频的长度和内容,避免视频过长或内容繁杂导致学生难以专注和理解。

2. 融入互动元素：在视频切片中添加互动元素，如选择题、填空题、弹幕评论等，可以让学生参与学习过程，激发学生的学习兴趣，提高教学效果。此外，还可以添加音频或视频的解说，以便学生更好地理解内容。

3. 制作示范视频：针对"空中课堂"中难度较大的知识点，可以制作辅助的示范和练习视频，让学生在观看视频后进行实践体验。这不仅可以提高学生对难点的掌握程度，而且可以减少实践体验环节的时间。

4. 利用数据分析提供反馈：利用学生的学习数据和反馈，可以为混合式教学提供反馈和改进的建议。例如，可以分析学生观看"空中课堂"视频的时长、参与在线讨论的次数、课程评分等数据，为教学改进提供依据。同时，也可以为学生提供个性化的学习建议，帮助学生更好地掌握课程内容。

通过以上创新做法，可以使利用"空中课堂"开展混合式教学更加生动、有效，让学生更好地掌握知识和技能，提高学生的学习体验和教学效果。以下是七宝中学艾朗华老师根据"空中课堂"教学资源开展混合式教学的教学安排：

"三个助手"辅助《瓷砖映敦煌》课程单元教学安排

	"三个助手"应用安排	研究变量	证据采集	资料积累
课时1	备课助手设置任务"智能铺地砖"；教学助手发送该作业，学生完成推送任务，教师进行评价和批阅。	瓷砖是以四方连续铺设的，而在传统的课堂中只能停留在理论层面的讲解，运用教学助手，在完成"智能铺地砖"任务的过程中，学生通过实践能在短时间内直观感受四方连续的铺设方法，还能进行创意表达。	课堂观察、学生作业。 学生操作实践	教学设计、课件设计、作业设计、课堂教学实录。 1.智能铺瓷砖 发送任务 发送任务1
课时2	备课助手设置任务"敦煌元素图案设计"；教学助手发送该作业，学生完成推送任务，教师进行评价和批阅。	运用 PPT 软件图形设计的缩放、复制功能，设计适合纹饰的一个单位；运用 PPT 软件中的旋转、轴对称和平移等功能，在短时间内把一个单位变成四个，组合成标	课堂观察、学生作业（20分钟内完成）。与传统图案设计相比，效率提高，质量提升。	教学设计、课件设计、作业设计、敦煌元素基础图形资源包、课堂教学实录。 2.敦煌元素图案设计 发送任务 发送任务2

	"三个助手"应用安排	研究变量	证据采集	资料积累
课时2		准化的适合图案设计。可视化让学生及时自我评价与反思,并能再次对设计稿做出调整与修改,同时提高项目实施的持续信心。		
课时3	备课助手设置任务"敦煌色彩运用";教学助手发送该作业,学生完成推送任务,教师进行评价和批阅。	运用吸管工具提取颜色功能,学生能够轻松、准确地获得所需的敦煌色彩,填入设计好的瓷砖图案中。与传统的调颜色相比准确性高、速度快。学生还能在轻松的学习氛围中培养科学严谨的学习态度。	上传作业截图。	3. 敦煌色彩运用 发送任务 发送任务3
课时4	备课助手设置任务"陶瓷断代试一试"和"配色、上釉与烧成";教学助手发送该作业,学生完成推送任务,教师进行评价和批阅。	虚拟现实可以同时呈现烧前的釉浆和烧后的釉色效果。学生无法实践操作烧窑,虚拟现实烧窑让二三十小时的烧窑时间缩短在1分钟内,如果对烧成效果不满意还可以反复修改,最终达到预期的设计意图。这正是这节课进行数字化教学的意义所在。	学生操作实践	陶瓷断代试一试 发送任务 发送任务4 配色、上釉与烧成 发送任务 发送任务5
课时5	备课助手设置任务"项目海报设计";教学助手发送该作业,学生完成推送任务,教师进行评价和批阅。	学生通过制作一张体现项目过程的海报设计,完成项目汇报。	上传作业截图。	5. 项目海报设计 发送任务 发送任务6

（三）创新利用的步骤

"空中课堂"突破时空限制,提供更多样化、更便捷化、更个性化的教学服务。但是,"空中课堂"也存在一些问题,比如,缺乏面对面的交流氛围,难以保证学生的注意力和参与度,难以进行有效的实践操作等。为了克服这些问题,我们可以创新利用"空中课堂"开展混合式教学,即将线上和线下的教学方式有机地结合起来,让学生在虚拟空间和实体体验中获得更全面、更有效的学习。那么,创新利用"空中课堂"开展混合式教学有哪些具体步骤呢?

首先,确定教学目标和内容,分析学生的特点和需求,选择合适的线上和线下教学形式和工具。例如,根据学生接收信息的模式,可以选择听感型、视感型、触感型等形式;根据学生的兴趣天赋,可以选择分组竞赛和个人思考等形式。

其次,设计线上教学环节,利用"上海微校"或数字化教学系统提供优质的"空中课堂"教学资源,引导学生自主预习、复习和拓展。例如,可以利用"空中课堂"相关的知识点讲解、案例分析、示范演示、创意实践等视频资源,让学生在空闲时间观看并完成相应的练习或作业。

再次,设计线下教学环节,利用"三个助手"或智慧课堂的信息化软硬件工具,组织高效的信息传递、互动交流和实践操作,激发学生的兴趣和参与度。例如,可以利用"三个助手"平台进行随堂测试、抢答、投票等活动,及时了解学生掌握的情况,并给予反馈;也可以利用智慧课堂平台进行小组讨论、案例分析、项目设计等活动,培养学生的协作能力和创新能力。

建立有效的评价机制,结合线上和线下的数据分析,及时反馈学生的进度、表现和问题,调整教学策略和方法。例如,可以利用在线平台收集并分析学生在预习、复习和拓展过程中产生的数据,并为不同类型、不同水平、不同兴趣的学生提供个性化的指导建议;也可以利用线下平台收集并分析学生在互动交流和创作实践过程中产生的数据,并根据不同情境、不同任务、不同目标给予合理化评价。

资源上线后,试点学校如何使用数字教学系统的资源开展混合式教学?教学效果如何?目前有两个试点学校进行了尝试。2022年11月24日,由七宝中学教师艾朗华和周国亮联合执教《瓷砖映敦煌》课程项目式学习第四课时《敦煌色系釉料制备与烧成》。艾朗华基于学校学生对陶瓷认知规律的认识,设置符合学生学情并且富有结构的活动任务;通过回顾前课和创设问题情境,引导学生明确本课任务;以探究釉料的产生、发展演变与釉料的科学性,提高学生利用跨学科知识综合分析问题的水平。接着,通过上海市中小学数字教学系统平台实施釉料制备、选色、上釉,学生不仅可以利用数字化平台反复调整瓷砖表面取自敦煌色系的色彩搭配,而且能直观地看到瓷砖烧制前后颜色的变化,利用数字化技术解决了陶瓷烧制技术难度高、时间久的困难,深化了如何在课堂教学过程中传承中华优秀传统文化,并且将之创造性应用于现实生活、解决实际问题的内涵。最后,在虚拟窑炉中烧制作品并上传和评价,学生能在几秒内感受到窑炉的升温曲线变化和瓷砖烧制完成的效果。这节课的数字化运用极大地丰富了艺术课堂的学习效果,尤其是运用数字化手段,模拟釉料烧制实验效果的环节,混合式教学有效解决了传统课堂学生学习体验环节中无法在短时间内感受釉色变化的难题。

《敦煌色系釉料制备与烧成》课堂实景

2022 年 12 月 22 日,奉贤区致远高级中学杨敏慧老师试用"三个助手"中的教学资源开设了一堂高中艺术课《光色斑斓　瞬间印象——走进莫奈油画风景视界》。本节课选自上教版《普通高中教科书　艺术　选择性必修 1　美术创意实践》第一单元。教师自主延伸出单元教学中的第二课时《光色斑斓　瞬间印象》,本课立足于老校区即将搬迁至新校址这一真实情境,引导学生明确本课任务;通过对比古典油画米勒《拾穗者》与莫奈《干草垛》,鉴赏光影下物体明暗的色彩关系并揭示其背后的科学原理,学生利用数字化平台进行巩固训练;观察《干草垛》物体暗部色彩和笔触的,解释色点并置技法的原理以及特点;探究《干草垛》的文化背景与时代性。学生不仅可用平板电脑中的绘图软件对上一课时完成的校园主题作品进行再创作,而且可利用数字化平台展评已完成的作品,师生可在答题卡中及时查看作品并进行交流。这节课混合了线上资源与线下实践体验,解决了传统教学的难点痛点问题,学生参与度高,课堂呈现出全新面貌。

《光色斑斓　瞬间印象——走进莫奈油画风景视界》课堂实景

　　总之,利用"空中课堂"开展混合式教学强调"因地制宜、因校制宜",教师需要结合本校的特点选择优质的"空中课堂"资源,运用适当的数字化教学工具,为学生提供更加丰富多样的学习资源和更加灵活的学习方式。

第二节　艺术学科实现混合式教学的课中落实

一、艺术学科实现混合式教学中的答疑解惑

教育的目的应该是帮助学生学会如何学习。苏联教育家苏霍姆林斯基也强调教学生如何学习的重要性。因此,在教学活动中,教师必须对学生的学习态度、心理、内容、方法等方面进行有针对性的指导。这样可以有效地激发学生的学习兴趣,培养学生良好的学习习惯,提高学生的学习能力,提高学习效率。通过这种方式,学生可以成为积极的学习者,真正掌握学习的过程。

教师的重要职责之一是回答问题和解决问题。正如唐代学者韩愈所说:"师者,所以传道、受业、解惑也。"这意味着教师有责任传授真理、讲授学业,并为困难问题提供解决方案。韩愈的话强调了回答问题和解决问题的重要性,因为如果没有教师的指导,学生就会产生困惑。在《论衡》中,王充也强调了提问的重要性,他说:"不学无术,不问不知道。"学生有疑问时应提出问题,而教师是提供答案和解决方案的最佳资源。

帮助学生学会学习是每个教师的重要责任。在这个过程中,回答问题和解决问题是一种有价值的帮助。这在历史上一直是教育的一个基本方面,在现代仍有意义。回答问题和解决问题是对课堂教育和教学的补充。只有将课堂教育教学与课外答疑解惑结合起来,才能使教育教学取得有效进展,促进学生的健康成长。

教师"答疑解惑"的概念是指在此过程中,教育者利用自身的专业知识、个人发展和生活经验与学生进行对话,帮助他们克服在学习、生活和心理上遇到的挑战。这可以在一对一的互动中进行,也可以在课内外的小组环境中进行。通过这样的互动,可以激发学生对学习的兴趣,提高他们的学术知识和学习方法,培养积极的学习习惯,并为最终成为自主学习者打下坚实的基础。总之,教师的答疑解惑是促进学生学会学习过程的重要辅助手段。

首先,答疑解惑是一种师生对话,是一种双向交流活动,具有平等性和互动

性。对话是建立在平等的基础上的,话语权并不只是掌握在教师手中,学生也有话语权,在答疑解惑时双方都必须发表自己的观点,以达到沟通交流的目的。艺术学科实现混合式教学的课堂要求教师与学生充分互动,答疑解惑具有天然的互动性,而且比课堂教学的互动性要强烈得多。因为这种互动是建立在双方的心理需求基础之上的,学生有疑问可以问教师,教师有疑问也可以问学生。

其次,答疑解惑又是个性化的。课堂教学必须面向全体学生,对象和疑问都具有共性。而答疑解惑是针对单个学生或部分学生进行的疏导和解答,疑问具有个性化,所解答的对象也具有针对性,也就是说,在答疑解惑时,可以真正做到因材施教。

再次,答疑解惑具有指导性。在艺术学科混合式教学中,教师在学生的学习行为中起着主导作用。答疑解惑过程中,教师对学生的人生观、世界观和学业知识具有强有力的导向作用,甚至有某种程度上的强制性导向作用。

最后,答疑又具有随机性。在答疑解惑的实践中,由于学生的疑问不是固定的,学生产生疑问的时间也不固定,因此答疑解惑的时间和内容就是随机的,学生有了疑难问题,就可以解答。同时,由于答疑解惑是艺术学科实现混合式教学中的一种师生交流活动,答疑解惑的地点也就不固定,处于一种随机状态,可以是教室、办公室,也可以是上学、放学的路上,还可在线上进行。也就是说,随时随地都可以进行这样的双边交流活动。

艺术学科混合式教学中的答疑解惑是课堂教学的有益补充,是更为个性化的教育教学方式。课堂教育或教学的组织形式决定了教学必须面对全体学生,教师所运用的教育教学方式针对的是全体学生,这就势必无法同时照顾学生的个性化发展,而答疑解惑恰好弥补了课堂教育教学的不足,在知识和心理的指导上比课堂上更为深入细致、全面到位,更为个性化,更能有效地促进学生的个性化发展,更能够让学生个体快速成长。由于答疑解惑是对单个或少数人进行的,而教学双方都处于一种主动探讨的状态之中,教师讲得细致生动,学生听得聚精会神,当然取得的辅导效果也就比课堂上的教学效果好。

艺术学科混合式教学中常常会采用"攻心为上"的策略,主要分为两个方面。一是学习目的的答疑。其核心内容是解决学生"为什么要学"的问题。学习成功与否主要取决于学生自身,但在很大程度上又取决于教师的正确引导。因此,答疑解惑首先要帮助学生明确学习目的,端正学习态度,克服在学习上的畏难情绪,增强学习信心。教师可以通过多种形式的讲解,让学生意识到在未来社会里要生存、要做一个有益于国家和人民的人,就必须学会本领,培养能力,增强学习的紧迫感。学习是一件苦中有乐的事情,让学生明白只有掌握和运用学习方法,才能在艰苦的学习过程中感受到乐趣,认识到掌握科学的学习方法的重要性。二是学习心理的答疑。主要是帮助学生解决"能不能学"的问题。智力因素和非智力因素是学生学习的两根缺一不可的"拐杖"。学习心理答疑就是要让学生懂得智力和非智力因素在学习中的作用。如培养学生学习动机、兴趣与求知欲、情感与态度、意志与毅力、开拓与进取等方面的非智力因素;疏导学生在学习过程中产生的心理压力、心理矛盾。在课外随机地训练学生的观察力、记忆力、想象力、思维能力以及创造能力等智力因素,特别是要教会学生培养这些能力的基本方法。

那么,教师在艺术学科混合式教学中如何答疑解难呢?

首先,答疑解惑的关键步骤是建立一个民主和谐的氛围。教师必须创造一个开放和温馨的环境,促进诚实的交流,使学生能够自由地说出自己的想法。而这又是在教育环境中成功解决问题的前提条件。例如,在音乐表演中,学生面对音高可能会害羞,演唱时犹豫不决。在这种情况下,教师必须让学生认识到,音乐是一种艺术形式,既涉及技术技能,也涉及情感表达。因此,大胆和自信的表演是必须培养的关键素质。

其次,答疑解惑中采取主动与被动的方式。这样的环节应该是一个双向的交流过程,学生扮演着主动或被动的角色,教师也应如此。在混合式教学环境中,有些学生有了疑难问题,会主动找老师解难;有些缺乏动力的学生在提问时可能会很被动,但他们往往面临着需要解决的最主要问题。教师应主动仔细观察,找出学生问题的根源(如学习方法、情绪状态、理想、观点),并提供建设性的反馈和改进建议。

再次,在问答环节中强调多鼓励、少批评是至关重要的。当学生向老师寻求帮助时,他们已经是鼓起勇气了。因此,教师必须保护他们的热情和勇气,避免批评的语气或轻视的评论。学生需要感到被重视和尊重,这反过来又会鼓励他们保持积极性,提出更多的问题。归根结底,学习是一个有价值的过程,涉及怀疑和不确定性,教师必须提供必要的支持和鼓励,助力学生的成长和发展。

总之,艺术学科实现混合式教学中的答疑解惑是艺术教育教学的重要辅助手段,是课堂教学的有益补充,也是学生获取知识、提高学习兴趣、形成良好学习习惯不可或缺的重要方式。

二、教学中的个别辅导

艺术教学存在两种教学形式:传统的课堂教学和"一对一"教学,也被称为个别教学。个别教学涉及对单个学生的教学,可进一步分为两种类型:个人教学和个人辅导。"个人教学"代表了课堂教学的最小形式,而课堂教学是一种更有计划和组织的教学形式,旨在为多个学生服务。"个别辅导"是课堂教学的一种补充形式,通常不为学生制订计划,而是根据学生的个人知识需求来进行。

在线个别辅导有两个不同的含义:第一,在线辅导、远程辅导、数字辅导或基于互联网的远程辅导,通过互联网进行远程辅导;第二,它指的是发生在教师和学生之间的个性化辅导,被称为一对一辅导。这种辅导的主要特点是教师与每个学生进行直接交流,根据学生的独特需求提供指导和支持。

三、教学中的组织讨论

在新课程改革中,在课堂上组织学生讨论是广大教师常用的方法,是充分暴露学生思维、训练学生表达能力的重要形式。同时,它为教师和学生之间、学生和学生之间提供了沟通和交流的机会。合理组织讨论,使全体学生相互启发,有利于帮助学生养成尝试表达的习惯,便于教师掌握不同层次学生的认知水平,从而调整教学策略,灵活教学,达到提高课堂质量的最终目的。

(一)分组的机械化

长期以来,人们一直遵守传统的教室空间布局,课桌呈"稻田"式排列。当需要讨论时,桌子往往被整齐有序地组合在一起,或前后相接。虽然这种方法节省了时间,维持了课堂秩序,却显得机械和呆板。学生往往处于被动状态,常常为了满足老师的期望而作秀。既不能反映出小组内个人学习质量的多样性,也不能创设一个自由发言的氛围。因此,学习质量较高的学生往往在讨论中占主导地位,而其他人则仅仅是记录者或倾听者。

(二)问题的单一化

课堂讨论的目的是让所有学生在不同层次上获得知识,并通过对话题的各方面讨论达到全面理解的目的。然而,在课堂教学中,常见的问题往往是在"平等的基础上"被提出来讨论的。一些小组立即解决了问题,而另一些小组则感到不知所措和厌烦。当问题没有完全解决时,一些学生可能会感到气馁,无法满足他们对归属感和自尊心的需求。

(三)讨论的散乱化

在当前的新课程改革中,教师为了营造活跃的气氛,往往会反复、单调地组织课堂讨论。特别是对于一些简单的、小的、具体的、稍加思考就能回答的问题,学生被迫在小组中讨论和解决,这使问题更加严重。结果是,学生认为讨论是一种负担,并对课堂失去兴趣。

混合式教学革新了整个教育观念、教学环境、教学方法、教学组织形式、教学手段,教育中人与人的关系,教与学中各种行为的变化。如何在网络环境中有效地实施教与学,是值得研究与探索的新课题,也是当前教育技术领域及学校教学中倍受瞩目的焦点。在网络通信技术与通信手段的支持下,教学模式不仅日趋丰富,而且比原有教学模式更加优化。而网络教学中实现教育目的的途径是交互网络讨论式教学。

在混合式教学中的讨论可以有一定的程序:学生自学—自行讲解—相互讨论—单元结论—全课总结。借助 QQ、微信群、数字教学网络平台开设讨论区,增强课堂教学的互动性,实现生生互动、师生互动、小组互动。混合式教学的讨论法应用于网络讨论区的内涵与应用于课堂学习相同,不同之处在于,在网络讨论区中,各参与主体之间处在不同的地点,而非限制于教室这一狭小的空间里;各参与主体之间的交流往往是通过文字进行的,而非语言交流。其他方面与课堂讨论相同,比如,在网络讨论区中同样可以进行师生和生生的一对一、一对多、多对多端点讨论。

网络讨论区中的讨论程序与课堂讨论程序也是一致的,学生在网络讨论之前一定要认真预习所讨论内容,这完全取决于学生的自觉性;教师在讨论区中侧重不同内容设置不同的讨论板块,学生根据所讨论内容不同,选择进入相应的板块,教师根据分组的需要对分组情况进行调整;分组后各板块进入自由讨论模式,教师可以随时进入不同板块了解学生的讨论情况,并正确引导讨论方向;分组讨论结束,进入单元总结环节,教师在大讨论区带领各组学生进行总结,将得到的最终结论整理成章,放在学生可见的板块,供学生学习用,最终网络讨论结束。

学生通过讨论虽然可以获得一些新知识,但是所获得的知识往往是比较零碎和缺乏系统性的。有些学生发言是较粗糙的,甚至有些信息可能是错误的。缺乏鉴别能力的学生容易是非不分,全盘吸收,由此,组织讨论的初衷非但没有实现,反倒造成了负面影响,阻碍了学生的发展。

因此,在组织课堂讨论时,必须考虑以下几点:教师和学生的充分准备是至关重要的。教师应提供有关主题和对学生在讨论前应熟悉的材料的明确指示。同样,学生也应注意听从教师的指示,充分了解材料,并为参与讨论做好准备;论题或话题应该是相关的、有吸引力的,并且有适度的深度。教师应精心设计一个清晰、简洁的论题,符合学生的认知能力,并与学生的兴趣产生共鸣;教师应引导学生紧扣主题,促进深入讨论。教师应发挥主导作用,引导讨论聚焦主题心论点,在学生偏离主题时进行干预,并鼓励学生对有争议的问题进行深入讨论和研究;鼓励所有学生积极参加讨论。部分学生相比其他学生发言积极是很自然的,但教师应鼓励所有学生表达自己的观点,为整个讨论作出贡献;教师应该对讨论的优势和劣势进行实时总结,并指出任何有争议的地方。重要的是,教师应避免将自己的观点强加给学生,而是鼓励学生在尊重不同意见的同时表达自己的观点。

四、艺术学科实现混合式教学中的典型任务

典型任务的概念起源于 20 世纪 90 年代的德国,特别是在职业教育领域,作为对理论学习和实际工作经验之间明显差距的回应。典型任务的根本目的是通过为学习者提供可以有效应用于未来职业和个人生活的知识和能力,来调和这种二元对立。

典型任务为教学过程、教学内容和教学形式提供了内在价值,注重创造一个真实的学习环境,为学生模拟真实的工作环境,同时也强调任务设计是教学环境和内容之间的桥梁。此外,典型任务将典型性放在首位,强调完整性、代表性和综合性,以此发展和提高学习者的多种能力。

各种研究表明,典型任务对学生未来的职业发展和生活结果有重大影响。因此,应考虑将其纳入职业教育和其他教学情境,作为培养学习者掌握实用技能和知识的有效手段。

五、教学中的自主探究

自主探究是指一种有意识的、主动的和自我导向的学习。它与"被动学习""机械学习"和"他主的学习"形成对比,后者的特点是缺乏内在动力。自主学习的特点:学习者设定自己的学习目标,以自己的速度取得进展,设计评估标准,拥有独立学习的能力,参与问题的解决。学习者对学习过程感兴趣,投入情感,同时监控自己的认知活动,根据需要调整自己的认知策略。

新的教育改革强调为学生提供充分的机会来展示他们的能力,使他们亲自体验问题的提出、调查和解决的过程。这就培养了学生在整个学习过程中的独立探究、合作和创新的综合意识。通过体验学习和成功的喜悦,学生可以提高自主学习、解决问题和合作学习的能力。在这种教学模式下,学生首先根据教师提供的学习计划进行自觉、主动、自主的探究学习。然后,他们找出自己不懂的问题,与同伴合作讨论,互相帮助,寻找解决办法。最后,他们通过教师的指导,得出正确

的结论,达到熟练运用知识的目的,并展示理解的成果。

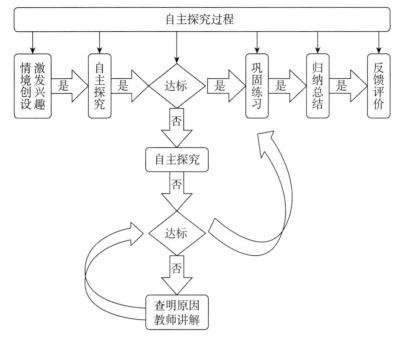

自主探究过程示意图

自主探究学习是新课程理念所提倡的一种学习方式。它要求学生做课堂的主人,在教师的引导下发挥自己的主观能动性,调动自己的各种感觉器官,通过动手、动眼、动嘴、动脑,主动地获取知识。

（一）教给学生学习方法

俗话说:"授人以鱼不如授人以渔。"在今天的知识经济时代,随着信息的爆炸,只教学生学习方法或"如何钓鱼"是不够的。我们还需要指导他们在哪里"捕鱼"以及如何获取互联网上的丰富资源。必须教会学生如何从各种渠道搜集和获取信息,如剪报、书籍摘录、线上搜索、下载、实地调查、个人经历、专题访谈等渠道。通过这样做,学生可以获得必要的技能来寻找和搜集他们在学习及未来职业中取得成功所需的信息。

（二）让学生批判性与创造性地接受知识,展示思维过程

为了实现艺术学科的混合教学,必须引导学生运用已有的知识和经验,根据教师的讲授或通过自己的独立思考达到新的理解和独特的见解。因此,教师应采取对话式教学,让教师、学生和知识超越主体与客体的位置,进行开放、轻松的对话、沟通和交流。对话式教学有助于培养学生的批判性思维能力,使他们能够从不同角度理解问题,整合思想,培养挑战权威和敢于坚持自己观点的精神。此外,

它还鼓励学生突破陈规陋习,并避免司空见惯,产生新的想法。教师也应尊重学生的非常规问题和想法。

多媒体教学技术的应用有利于学生获得广泛的信息,激发学生的学习兴趣。在教育教学中,多媒体教学技术在英国和美国已被广泛采用,多媒体技术的信息传输速度有助于激发学生的兴趣,培养学生的创新精神。为营造宽松的学习环境,要求学生坚持真理,遵循事物的客观规律,敢于质疑,开阔视野,超越课本和传统资料。

(三) 让学生多"想"

想象力是创新的根本。心理学理论认为,创新始于想象力。想象力和创新与主人翁意识密切相关,因为只有当一个人具备主人翁意识时,他才能有动力去想象和创新。在教学方面,教育者必须激发学生产生新的想法,鼓励他们接受独特性,设定高期望值,挑战做别人做不到的事情,并营造一个让学生不受约束地自由思考的环境。鼓励学生发挥创造力,帮助他们解决实际问题,是促进创新的关键策略。

(四) 让学生多"看"

要给学生充足的时间去观察,通过"看"来发现,在此基础上主动学习知识。观察是人有目的、有计划的感知活动,学生通过观察,并对观察的结果进行分析和整理,最后得到有价值的信息和数据,为形成科学结论或提出科学解释提供依据。观察力是人们正确地认识问题、解决问题的基础。所以在教学过程中,教师要善于激发学生的观察兴趣,帮助学生掌握正确的观察方法,促进其观察力的发展。

(五) 让学生多"画"

通过利用自己的视野、经验和想象力,学生可以从不同的观察角度与认知水平来解释和说明所获得的信息。此后,他们可以用绘画语言表达出来,从而提高认知和心理运动能力。这种方法有助于克服传统教学技术的局限性,即主要依靠被动听讲和实践活动。

(六) 让学生多"说"

学生思维的合理性可以通过语言有效地表达出来,因为它可以让教师了解学生的思维方式,并帮助他们在思维过程中实现更大的合理性。为学生创造一个安全、开放的空间,让他们自由表达,对于促进和谐、民主的课堂氛围,鼓励学生独立探究至关重要。可以运用诸如"指名说、上台说、小组说、问答交流说"和"补充说、总结说、修改说、纠正说、综合说"等策略,以提高学生的口头表达能力、批判性思维能力和迅速将其观点组织成连贯语言的能力。这些活动的作用是提高学生的语言组织能力,使他们更有效地表达自己的思想和观点。

（七）让学生多"做"

让学生自己做事情的过程涉及思考和探究的过程。因此,设计并提供必要的时间和物质条件,让学生进行自主学习是非常必要的。学生的自主性和积极性就充分体现在自己找、自己学的过程中。通过改变我们的教育观念,为学生提供思考、观察、交流、创造、怀疑和探究的时间、空间和机会,我们可以培养学生的自主学习能力和意识,教会他们获取知识的方法,学会学习。此外,我们还可以教给学生学习方法,培养探究能力,促进独立思考。

（八）让学生多"创"

创造有吸引力的学习情境,激发学生进入课堂的热情和学习的欲望。在这样的情境中,鼓励学生体验和欣赏他们周围的自然与现实世界,并反复、仔细地观察,大胆地假设和仔细地证明。通过积极的联想和想象,以及利用视觉、听觉和触觉,学生可以创造艺术作品,并以多感官的方式表达他们的想法。借助多媒体信息网络,学生可以在独立或合作学习中得到充分的启发和指导,发挥自己的主观能动性,开发个人潜能。这种方法不仅有助于提高学生欣赏和想象美的能力,而且有助于培养他们的创造力。

六、教学中的个别与集体指导

个别指导是指教师根据学生在学习过程中体现出的能力、方法或基础知识、学习态度等问题进行的一对一(单独问题)的或一对几(一类问题)的辅导。每个学生在认知及性格上都有较大的差异,针对不同学生做个别指导,为他们提供自身发展所需的帮助,这样因材施教的目标正是每一个教育工作者最根本的职责。

每个学生都是鲜活的生命体,要对学生进行艺术学习个别指导,就必须对学生有全面、透彻的认识,然后依据每个学生的具体情况因材施教。因此,个别指导之前首先要通过观察学生平时表现、与学生谈话、艺术表现和创意实践完成情况等方式了解学生的差异。随后,为了能够更好地指导学生,可以制订总体指导策略和针对不同类别的指导策略。在个别指导过程中,首先要有耐心,不能讽刺学生,应以鼓励、表扬为主;其次,发现新问题时要及时调整指导方法。

集体指导注重在教学中培养学生民主独立的学习态度,在学生充分自主学习、合作探究之后,适时、适当地给予指导补充,要充分调动学生对知识的好奇心、求知欲、主动学习的兴趣,提高学习效率,培养学生独立自主学习和解决问题的能力,促进学生的个性发展。学生是课堂的主人,他们通过自主学习和小组学习占据学习的主体地位,在学习过程中通过自主学习、合作探究等学习方式主动获得教学内容。

集体指导补充模式就是学生通过自主学习完成教师布置的同一任务,总结汇报学习成果以及发现的问题。经汇总后,教师集体指导学生的困惑,学生根据自己的实际学习情况选择合适的任务进行补充学习或发展学习。

集体指导补充模式中完成个人学习必须有教师的明确任务作保障,因为独立学习是学生与文本的对话过程。这个过程因人各异,选择的学习方法不同,学习的时间也不同。教师不仅要指导方法,而且要把握时间,让学生能有充足的时间进行自主学习,得到对文本的独到理解。

七、教学中的合作学习

合作学习不局限于课堂,可以延伸到整个学习过程,小组成员相互协作、相互支持,完成一系列具有共同学习任务和目标的学习活动。具体来说,合作学习就是根据学生原有的知识基础、学习能力、个性特征、性别、职业、家庭背景等,将异质学生分成同质小组,以个人学习为基础,以集体学习为核心,利用任务驱动、问题解决的方法,结合组间交流和评价,进行全班教学和指导。这使每个学习者在分享资源和相互学习的同时,能够依靠自己的努力共同完成小组学习任务,并根据学习结果为学生提供相应的个人和小组激励性反馈,促进学生进一步合作。

事实证明,合作学习可以有效改善课堂气氛,提高学业水平,促进学生积极的非认知素质发展,并显著改善同伴关系,是混合学习的首选学习模式。协作是合作学习的基石,对协作学习的追求已成为课堂合作的实践方向。在当前网络技术背景下,学生对协作的需求范围大大扩展,要求学生具备良好的协作能力。因此,从推进当前合作学习实践的角度出发,基于学生未来的社会适应需求,当前的课堂合作实践需要从合作学习向学习合作转变。

然而,在当前的课堂合作学习实践中,仍有许多问题需要解决。这些问题会影响到教学目标的实现、合作学习的认知以及合作习惯的培养。首先,教师和学生缺乏合作能力,可能会影响教学目标的实现和学习效果。其次,合作学习的不当实践可能导致学生将合作视为可有可无或无关紧要,进而影响到他们对合作及其相关技能的认知。再次,课堂上的合作学习实践缺乏标准化,可能会阻碍学生良好合作习惯的培养,而这些习惯对于在合作学习中获得成功和适应其环境条件至关重要。因此,必须解决这些因素,以确保合作学习作为一种教学方法的有效实施。

随着信息技术的发展和教育信息化的推进,以学生为主体、以信息技术为支撑的教育教学改革不断深化。学生之间的合作学习、相互交流、共同发展,以及教师和学生之间的教与学,是教育教学改革的重要目标。混合式教学是一种典型的信息化教学方式,小组合作学习是一种培养学生合作学习、协同学习、相互交流能力的学习方式。

合作已经成为全球化的主流,教育教学也不例外。合作学习是现代教育中最重要的改革之一,也是混合式教学的重要组成部分。在合作学习中,小组被作为最基本的组成单位。小组成员之间的促进性互动、学习责任和小组组织建设,被用来将传统的面对面教学从单一的知识和信息传递转变为教学的各种动态因素之间的多边交流。这就扩大了教师与学生、学生与学生之间的教学信息来源,也使学生的学习方式呈现自主、合作、探究的特点,有助于培养学生"学会求知、学会做事、学会共处、学会生存"的意识。

然而,目前混合式学习中的小组合作学习效果并不尽如人意,小组合作学习实践存在各种误区和困难。例如,有人认为合作学习是解决所有教学改革问题的灵丹妙药,可以在所有课堂、学科、阶段进行,学生不需要独立学习、竞争学习。这些误解使得合作学习的环境营造、方法实施、质量评价标准等都无法得到保证。因此,有必要对小组合作学习进行重新解释和关注,以促进教育信息化下的混合教学和小组学习。

八、艺术学科实现混合式教学的课中成果展示

在整个主题活动中,课中成果展示是一个非常重要的环节,它既是活动过程的总结,也是学生间交流学习的过程,同时又是学生展示自我体验成功的过程。学生经历了一个完整的实施过程,总结实践活动的丰富经历、收获感悟以及活动结果等,用不同的方式展示出来,与大家一起分享。通过成果展示进一步提升主题活动的意义,交流活动过程中的知识技能、方法运用、情感态度等,提高学生学习能力,激发学生学习兴趣。

那么,如何有效指导学生进行成果展示呢?

(一) 明确展示内容

俗话说:"巧妇难为无米之炊。"在指导学生展示他们的成果时,确保他们理解教师对他们的期望至关重要。首先,也是最重要的,学生应该理解什么是结果。简而言之,成果是指所取得的成功结果,即在活动过程中学生在认识、感知、技能、

方法、思维等方面的进步,以及学生获得的情感体验和提升。让学生明确和理解自己在综合实践活动中的成功与收获是非常必要的。通过讨论,学生可以了解自己在整个活动中的收获。教师不仅仅是观察,更重要的是为学生提供及时和适当的指导,帮助他们系统地列出自己的成果。但是,教师不应过度协助学生,而应在整个过程中为他们提供机会,使他们的能力得到发展。

（二）明白展示的作用和目的

综合实践活动重在学习过程,重在亲身参与探索性实践活动获得的感悟和体验,重在培养学生的能力。成果展示是把这些体验的结果和他人进行交流,起到取长补短、共同学习、激励探索的作用。不能为展示而展示、搞形式、走过场,这样的活动对于学生来说毫无意义。

（三）成果展示的形式

成果展示可以有很多形式,可以分为静态或动态、内部或外部。静态展示,如调查报告、绘画、模型、经验日记和小报;动态展示,包括主题演讲、口头报告、节目、竞赛、讨论、演示和经验谈等。有些演示可能是动态和静态元素的结合,如在演示中介绍或制作模型,或在调查报告演示中讨论调查情况和收获。对内展示,可以通过课堂讨论、辩论、制作展览、交流、墙报展览、调查报告展览、节目介绍、论文答辩等方式,针对小组或班级进行介绍。对外展示,如演讲,可以面向家长、全校或整个社会。教师应建议学生创造符合具体情况的独特展示,并肯定他们在设计过程中的创新意识和创新能力。随着展览、展示和演出的日益多样化,以及可用空间的扩大,特别是在信息技术的支持下,我们有更多的机会进行创造性的展示。

（四）选择适当的展示形式

成果展示既是学生和教师相互学习与交流的机会,也是学生发现自我、欣赏他人的机会。选择合适的展示形式应以主题为基础,反映学生的独特体验和收获。不同的主题拥有不同的特点,在展示时需要多样化的交流形式。

在指导学生展示自己的成果时,关键是要了解他们所从事的活动、所取得的成就,以及他们需要通过展示达到的目的。展示的形式应该根据主题的特点以及学生自身的优势、劣势和独特的经验来确定。每个学生都拥有自己的长处和短处,展示成果的最佳方法是利用他们的长处,增强他们的信心,展示他们的能力。

（五）成果展示的注意要点

1. 根据学生的理解水平调整交流方式。确保活动结果的表述与学生的认知水平相一致是至关重要的。教师应引导学生以简明易懂的方式交流他们的想法。

2. 在学校的能力范围内选择适当的方法来展示成果。活动结果的呈现方式应适应学校现有的条件和资源。例如,如果学校缺乏电子投影设备,学生可以制作手工海报,在学校或班级的公告栏上展示。

3. 承认并解决活动中出现的任何问题。在介绍活动结果时,重要的是不要回避解决可能出现的任何问题。这种方法可以刺激人们进行更深入的思考,并加以改进。

在课堂上展示活动成果,既是一个展示学生创造性工作和成果质量的机会,也是一个展示教学活动过程和效果的机会。对教师和学校来说,形式多样的课内展示是其专业能力和学校文化的体现,有助于营造积极的教学环境,促进士气的提升。因此,多层次、多维度、混合式的活动成果展示方式可以促进学生的个人成长和发展,也是一种新颖的提高教学效能的方式。

第三节　艺术学科实现混合式教学的课后拓展

一、课后成果整理

一项混合式教学工作按计划完成之后,需要对整个过程及其结果进行整理、分析、总结,用文字记载下来,形成项目工作的书面材料。这种对教育教学成果进行文字加工的过程,就是课后成果整理。

课后成果整理是一个学生自我构建知识体系的过程,也是课后及时反思并记录自我成长足迹的过程,是学习改进与实践成长的重要源头。课后成果整理,首先需要一个逻辑架构。

(一) 学习素材成果整理与积累

所谓的学习素材通常是指教科书以外可用于学习过程的内容与实施场地(境)等。这些素材的积累一般有三种形式。一是原始学习素材。如实物、生产生活实景等,直接来源于真实生活世界。二是体验馆等专业场馆学习素材。这些场馆虽然是实景式的,但通常有明确的主题,是经过精心设计的,可以作为学习素材。三是加工处理后的文本性学习素材。这是对原始资源作文本化处理后的学习素材。它们可以是书籍资料或电子书籍,也可以是民间艺术、人物传奇、民风民俗等。它们可以是文字,也可以是图片和视频资料,可以存在于学校,也可以存在于网络。

(二) 优秀学习成果的整理与积累

在完成艺术课程的具体探究过程后,学生要通过总结阶段来巩固和组织经实践探究获得的知识。随后,他们以各种形式展示自己的发现,如口头报告、实物、绘画、音像制品或简单的书面材料。通过对优秀学习成果的整理和积累达到反思学习过程的目的,也可用于交流和展示。成果的展示和交流可以全面评价学生的学习过程和成果。此外,在展示和交流过程中,学生可以从同伴的探究成果中学习,点燃他们进一步探究的欲望,参与问题的讨论,分享他们的发现和思考,评估他们的优势和劣势,改进他们的行动,开阔他们的视野,实现自我反思和自我完善。

可以采用各种方法来组织和积累优秀的学习成果,如观察记录、活动表现、调查报告等。

观察记录涉及及时记录学习活动和个人经历信息,包括活动记录表、调查表、访谈表、实验记录、原始数据、学习心得等。这种记录可以通过日记、录音、图画、照片等多种形式展现,以展示研究过程。这就要求学生对每个学习过程进行详细的记录,保存所收集的各种信息并分类,形成一个系统的信息袋。该系统帮助学生分析活动过程中某一阶段的利弊,总结经验教训,并为后续活动或进一步的学习提供方向和思路。

活动表演要求学生在他人面前进行演讲或生动的表演,充分展示自己的独特性和表现力。例如,举行研讨会、答辩会、表演、小型竞赛等。当艺术学科的混合式学习发展到一定程度时,学生可以分组召开研讨会,讨论学习活动中遇到的各种问题,发表自己的看法。另外,他们也可以邀请老师和其他学生一起讨论,展示当前的学习成果,为后续的学习提供新的思路。

调查报告指的是总结和提炼学生或其小组通过混合式学习的实践和体验所取得的成果。这些信息以书面或口头报告材料的形式呈现,展示活动开展的过程、取得的成果和经验。书面总结可以直接呈现,也可以以主题演讲的形式分享。

二、成果分享发布

近几年来,随着网络和多媒体技术的发展、虚拟现实技术的不断成熟与普及,虚拟现实技术逐渐被应用于艺术学科混合式学习成果的分享发布。基于虚拟现实技术的展示手段通过创建和表现虚拟物体与虚拟空间,使成果分享发布方式有了新的途径和形式,更直观、高效地传递成果。

(一) 平面与立体交互展示

在艺术教育领域,学生的成果分享应该强调艺术作品的多维表现,包括将平面作品进行三维展示,反之亦然。这样的方式可以让学生从不同的角度来欣赏作品,体会到作品的特点和细节。分享学生成果的发布方法的选择必须基于教学内容的结构、课程类型和教学实际。作品展示有不同的方法,如平面粘贴、立体悬挂、展架放置、多媒体展示等。

平面粘贴是一种高效、便捷的平面作品展示方法。这种方法是将作品粘贴在黑板或展示墙上,尽管它有时间限制。墙壁是最常用的展示区,可以满足同时展示整件作品和多件作品的需要。教师可以利用点、线、面的构图原则,创造有效的展示效果,从而给学生带来丰富的视觉体验和心理感受。

立体悬挂是在墙壁和天花板等不同区域展示小尺寸手工作品的理想选择。它是一种灵活方便的方法,可以在每个班级巡回展示多件作品。利用悬挂的方法还可以有效地装饰教学气氛。

展示架则适合展示手工制作的作品,特别是需要二次创作的作品。它们的展示元素变化范围大,尺寸灵活,高度可调。

多媒体展示是展示学生成果的另一种有效方法。它可以清晰地呈现平面作品的细节,或创造出三维效果,让学生欣赏作品的特点。通过音乐和其他形式的整合,多媒体展示可以为欣赏学生的作品创造一种沉浸式的氛围。因此,艺术教育工作者应该探索多样化的学生成果分享方式,这样可以使学生更深入地欣赏艺术,提升艺术教育的价值。

(二) 实物与虚拟跨界展示

学生的成果表现形式丰富多样。每一种作品形式都表现出独特的特点,如儿童画、水彩画、素描、手工艺品、舞蹈、歌唱等。教室里的展示活动自然需要考虑设计,追求某种形式的美,在精细和奇特的展示形式之间小心翼翼地平衡。在这方面,教室环境提供了各种展示空间,包括墙壁、柱子、屋顶、桌子和凳子,以及展示道具。因此,我们鼓励教师探索如何充分利用这些空间,以适当的方式展示学生的作品。

鉴于艺术教育作为沟通、交流和学习的媒介,媒体的多样化使用对于分享和发布艺术教育的成果至关重要。这种多样性必须通过各种形式来反映艺术的独特性,表现出多样性、新颖性,以及艺术创造力和技术支持之间的整合。例如,多媒体展示利用灯光和声音来提高学生作品的美感,并在活动过程中创造艺术情境,培养综合艺术创作形式的美感。此外,还可以利用多媒体和计算机软件等现代教学手段,包括 PS、3Dmax、VR 等,以更加生动、直观的方式展示学生的作品,实现对作品思想和内容的直接交流与比较,从而发挥教育作用。

此外,在线成果分享和发布可以扩大线下成果分享的范围和影响,形成人、场景、服务相互联系的新模式。这种方式可以实现场景重塑和价值重建,从而为公众提供更深层次的艺术体验,促进人们对艺术价值更全面的理解。

第五章
艺术学科实现混合式教学的
案例研究

本案例对《普通高中教科书　艺术　必修1　艺术与生活》教材(以下简称《艺术与生活》)进行概述和内涵解析;介绍《艺术与生活》教学内容的几大教学策略;探讨数字化转型背景下艺术课程资源开发的步骤与方法;最后以《艺术与生活》第三单元"艺术赞美生活"为例,探讨混合式教学中基础性课程资源、交互性课程资源和拓展性课程资源开发的实施案例。

第一节　《普通高中教科书　艺术
必修1　艺术与生活》课例的开发与实施

一、关于《艺术与生活》

　　《艺术与生活》是教育部普通高中艺术课程的三个必修课程之一,是普通高中学生艺术学习的基础课程。本教材共分为"艺术源于生活""艺术展现时代""艺术赞美生活"和"艺术提高生活"四个单元。

　　生活是艺术之源,艺术始终伴随着人类的生活实践和社会发展。通过本教材的学习,引导学生了解中外艺术作品中蕴含的丰富生活内容;感悟艺术在生活中的意义,探索艺术生活化和生活艺术化的途径。[1]

二、《艺术与生活》教学策略的实践与探索

(一) 以大单元教学指向深度学习

　　2000 年课程改革以前,强调"双基",注重学科基础知识和基本技能。2000 年以后,提出了三维目标:知识与技能、过程与方法、情感态度与价值观。2015 年开始,从三维目标走向"核心素养"。这三者之间是一脉相承的。[2] 核心素养是学生

---

　　[1]　中华人民共和国教育部.普通高中艺术课程标准(2017 年版 2020 年修订)[S].北京:人民教育出版社,2020.

　　[2]　瞿剑宛.基于核心素养的美术鉴赏教学"六步曲"的实践研究[J].教育参考,2018(2):60-66.

为适应终身发展和社会发展的需要,用所学的知识、技能与态度解决现实生活复杂问题情境的必备品格与关键能力。艺术学科的核心素养包括审美感知、艺术表现、创意实践、文化理解四个方面。

以往一课一练的单课时学习,学生只能浅尝辄止。基于核心素养的学习强调围绕真实问题解决,开展深度学习,实现深度理解。2022年新课程方案中指出,"探索大单元教学,积极开展主题化、项目式学习等综合性教学活动,促进学生举一反三、融会贯通,加强知识的内在关联,促进知识结构化"。素养来自实践。各种艺术核心素养是在一系列相应的艺术实践活动中形成的,并追求知道、理解和做到,即KUD(know, understand, do)。因此,艺术学科核心素养的落实必须采用大单元教学。即围绕情境化主题的真实性学习任务展开,以学科大概念深化理解,按"像艺术家一样创作"过程的逻辑推进,由各环节不同性质学习活动的小单元组成的大单元研究型教学。①《艺术与生活》教材采用大单元教学,使学生经历像艺术家一样创作的完整单元学习,形成结构化、整体性的核心素养。

(二) 以大概念引领深化学生思维

普通高中课程方案指出:"进一步精选学科内容,重视以学科大概念为核心,使课程内容结构化。"旨在用"学科大概念"深化学生思维,使学习活动指向学科本质或核心,促进深度学习。艺术的"学科大概念"指向艺术学科领域核心和本质,最有价值,贯穿并覆盖该学科课程,让学生接受和持续理解学科内容。因此,我们必须把知识得以产生的"问题"还给学生,设计出激发学生探索学科大概念的"基本问题",这是通向理解之门,追求学科理解、开展深度学习的途径。基本问题具有开放性,甚至涉及不同的价值观,具有四个特点:在我们一生中会重复出现的重要问题;某一学科的核心思想和探究;学习核心内容所需的东西;能最大限度地吸引特定的、各种各样的学习者。

如《艺术与生活》第二单元"艺术展现时代"的单元基本问题是"艺术创作如何展现时代精神?"以基本问题引发学生对艺术与时代关系的持续探究,深化学生的思维,帮助学生从更高的高度去理解"艺术展现时代精神"这一大概念。

(三) 以真实情境关联学生生活

新课程方案培养目标中指出:"学会在真实情境中发现问题、解决问题,具有探究能力和创新精神。"其目的是使学习活动能"注重与学生经验、社会生活的关联,加强课程内容的内在联系",追求真实性学习。而课改中的"情境"主要指与学生学习

---

① 王大根.基于美术核心素养的大单元教学[J].中国美术教育,2019(06):4-10.

相联系的个人情境、社会情境和职业情境等真实情境。其中"职业情境"即"像专家一样思考",让学生学习、体验该职业专家的思维和解决问题的过程与方法。因此,我们鼓励教师创设联系学生生活的真实情境,让学生在相对真实的情境中,采用艺术家的思维方式、工具和方法过程进行研究,并完成作品。将像艺术家一样创作的过程,转变成师生教和学的过程,在解决问题的过程中,学到所需要的知识与技能。如盖晓鸣老师执教的《艺术与生活》第三单元"艺术赞美生活——四季抒情"一课中的情境创设:2022 年北京冬季奥运会组委会正在筹备开幕式表演的征集活动。请小组合作,设计以"冬梦华服"为主题的服装展示"秀",参加开幕式表演征集。教师引导学生在真实的情境中完成真实的任务,从而促进学生核心素养的培育。

(四) 以体验活动加深主题理解

《普通高中艺术课程标准(2017 年版 2020 年修订)》强调,应该重视学生的艺术体验,并将其作为课程的核心,通过多种形式的实践活动,培养学生的艺术修养和创新能力。作品赏析环节,教师可以设计些体验性活动。如张春辉老师执教的《艺术与生活》第一单元"艺术源于生活"中,以名画《捣练图》为例,请四位学生分别模仿画面中人物的不同神态、拿杵捣练的工作场景,进行情景再现。学生通过对人物动作的模仿体验,感受了宫中妇女劳作的辛苦。理解艺术创作源于生活又高于生活。紧接着,张老师引导学生对《捣练图》中人物的不同动作、面部表情、造型特征等进行分析,并请学生就第一组同学模仿的人物动作和位置进行调整。第二次体验活动,请学生对《韩熙载夜宴图》小组体验模仿中人物的动作和位置提出调整意见。调整后的模仿画面:韩熙载和宾客们正聚精会神地欣赏琵琶演奏,他们或分坐在床上,或端坐于靠背椅,或站立围观,全场的目光聚焦于弹琵琶的女子。通过名画人物的模仿体验,学生们切身感受到了古人当时的生活状态。第三次体验活动,张老师请学生对《捣练图》进行整体演绎。每组学生形象地表演出了每一个人物劳作时的精彩瞬间,并根据联想进一步展开创意表演。学生通过对名画作品中人物动作、神态的模仿与体验,获得了生动而直观的情感体验。从模仿到再创作,学生的审美情趣、想象力在潜移默化中不断提高,激发了学习兴趣,加深了对作品主题的深入理解。

学生体验模仿《捣练图》

学生体验模仿《韩熙载夜宴图》

(五) 以学习工具，提供学习支架

单元教学是由不同课业类型的各课时组成的，有的侧重欣赏，有的侧重技法学习，有的侧重创作，对学习单、评价量规的设计有更高的要求。根据各学习环节提出的学习任务，设计相应的学习工具，如学习任务书、学习单、评价量规等，评价工具的设计为学生的学提供指引。

1. 设计学习单

学习单是教师设计的引导学生开展学习活动、记录学习过程的任务清单，是指导学生完成某一阶段的某一知识或技能任务的具体指令和要求。学习单不仅是帮助学生自主学习达成学习目标的支架，也是评价学习过程和结果的依据，因此，也被认为是学习评价的工具。

如顾超老师执教的《艺术与生活》第四单元"艺术提高生活"——《设计之光》一课的研究任务：以"城市记忆"为主题，运用装置艺术的形式表现上海旧区改造中的人、事、物，通过艺术设计巧妙利用旧改中的"遗留物"进行二度创造，用艺术创意记录城市变迁中的记忆，表达对保护城市肌理和有机更新相结合的思考。为了帮助学生更好地完成项目任务，顾老师为学生提供了"旧改装置设计"的学习单。学生通过网络查找、参观美术馆、田野考察等多种方式搜集资料，记录自己的改造构想。还为学生提供了"希望点"创意法的思维路径，引导学生围绕设计主题，对希望达成的关键点进行头脑风暴。如城市记忆的装置艺术可以从场地、材料、形式和意义等角度罗列出大致的改造构想，进行创意方案的设计。学习单的设计，为学生的学提供了支架。

旧改装置设计学历案

"希望点"创意法

2. 设计评价量规

评价量规，又称评价量表，是一种评分工具，描述的是对某项任务的具体期望，将任务分成多个组成部分，并对每个部分的表现进行详细描述。如程珊老师执教的《艺术与生活》第二单元"艺术展现时代"第二课《延安文艺②》的学习活动内容与要求是通过欣赏不同形式的《黄河大合唱》，感受作品所表达的情感。在《黄河大合唱》声乐套曲中挑选一首歌曲，进行学唱。在欣赏实践后，体会并交流作品反映的时代精神，激发对中华民族强烈真挚的感情。该学习活动评价量规的设计，从小组分工、小组合作、完成情况等方面关注学生的学习过程；从欣赏探究、艺术创编、展示交流等方面，关注学生的学习结果。新艺术课标强调基于证据的评价。评价工具的设计一方面为学生的学提供方向与目标；另一方面，为学生学的情况提供一种评估证据，让学习活动与教学目标一致，实现教、学、评的一致性。

《延安文艺②》学习活动评价量规

评价内容		优良	合格	不合格
过程表现	小组分工	能根据主题展示活动分工，分工合理。	能根据主题展示活动分工，分工较明确。	没有根据主题展示活动分工，分工不明确。
	小组合作	能认真听取意见，全程关注研讨，积极思考，采用多种方式开展学习，合作默契、相互包容。	能比较认真地听取意见，研讨和思考，用一种方式开展学习，合作比较默契。	不能认真听取意见，研讨和思考不积极，学习方式单一，合作不默契，不相互包容。
	完成情况	能投入地完成各项学习任务。	能基本完成各项学习任务。	未完成学习任务。

评价内容		优良	合格	不合格
成果表现	欣赏探究	能结合时代文化背景全面理解《黄河大合唱》音乐作品的意义,对作品进行详细分析与交流,并能学会其中一首歌曲。	能结合时代文化背景初步理解《黄河大合唱》音乐作品的意义,对作品进行分析与交流,并能学会其中一首歌曲。	不能结合时代文化背景理解《黄河大合唱》音乐作品的意义,对作品进行分析与交流,未学会其中一首歌曲。
	艺术创编	能根据《黄河大合唱》的编曲创意设计主题展示活动,符合单元主题要求,具有创意。	能根据《黄河大合唱》的编曲创意进行主题展示活动设计,基本符合单元主题要求。	不能根据《黄河大合唱》的编曲创意进行主题展示活动设计。
	展示交流	能从不同时代文化的角度主动与同学交流自己对《黄河大合唱》音乐作品及艺术现象的看法,自信、清楚地表达观点和意见,思路清晰流畅。	能从一个时代文化的角度主动与同学交流自己对《黄河大合唱》音乐作品及艺术现象的看法,清楚地表达观点和意见,思路比较清晰流畅。	不能从一个时代文化的角度主动与同学交流自己对《黄河大合唱》音乐作品及艺术现象的看法,表达观点和意见不清楚,思路混乱。

(六) 以拓展研究实现跨学科学习

新艺术课程标准强调融入跨学科学习,加强学科之间的相互关联,带动课程综合化实施。《艺术与生活》的教学中鼓励学生以个人或小组合作的方式,将艺术与自然、社会、科技相融合,探究各种问题,提高综合探索与学习迁移的能力。如张春辉老师执教的《艺术与生活》第一课《艺术的起源》导入环节,向学生介绍舞蹈《唐宫夜宴图》的舞美融合了贾湖骨笛、莲鹤方壶、唐三彩等文物。请学生思考:世界上最早的吹奏乐器贾湖骨笛的材料是什么? 听一听,民乐合奏乐曲《原始狩猎图》,骨笛模仿了什么声音? 表现了什么生活场景? 并引导学生进一步探究骨笛的功能。教师通过微视频介绍了原始测量日影工具——骨笛与叉形器的组合,主要根据日影的位置来判断时节。骨笛每一个孔洞正好是一天中正午时分叉形器影子所在的位置。当阳光照射到骨笛上,不同的笛孔就代表着不同的节气,古人以这种方式来计算节气。骨笛的孔之间是节,而孔就是气,所以就有了节气之说。骨笛的拓展与延伸环节,体现了艺术与天文的跨界融合。

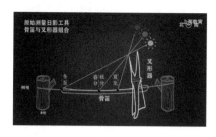
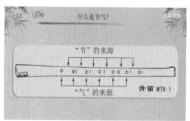

骨笛与叉形器组合测量日影工具　　　　　　骨笛上的"节"与"气"

三、数字化转型背景下的艺术课程资源开发

中学艺术学科课程资源是在单元教材教法分析、单元教学目标确立与分解的基础上，充分挖掘教材，整合教学内容，并根据学校自身的条件、师资情况，明确资源目标，形成结构化的单元资源。合理的单元资源设计能使单元教学有效开展，促进单元教学目标的达成。中学艺术学科课程资源包含教材资源、补充资源及环境资源。教材是中学艺术课程的主要载体和重要资源。基于教材内容，教师可根据学校自身条件、师资情况与学生学习需求等补充资源，也可以形成校本教学特色。环境资源不仅要求教师关注硬件资源的开发与利用，而且要依托数字化教室，建立各类艺术资料库、互动平台等。引导教师以宽阔的视野和多元的角度来整合各类教学资源，丰富教学内容，进一步促成学生多样性、自主性与综合性的艺术学习，为实施单元教学提供保障。

（一）教材资源的有效利用

教材是课程与教学内容的主要呈现方式。"艺术赞美生活"单元的教材资源如下：

第三单元"艺术赞美生活"教材资源

资源目标	资源名称	资源用途
1. 通过多种艺术形式作品的综合品味，欣赏中外民族传统和现代艺术，知道四季的美学内涵。 2. 了解民族节庆活动中包含的艺术门类，感受所蕴含的文化内涵。 3. 在作品赏析中，了解作品的手法、形式、风格和意境等，理解艺术在节日庆典中的意义和作用。	1. 钢琴套曲《四季》。 2. 中国画《雪景寒林图》。 3. 民族民间舞《喜鹊衔梅》。 4. "那达慕大会""春节"等节庆文化。 5. 北京奥运会开幕式文艺演出《春江花月夜》片段。	学习单元核心内容。

补充资源有:古琴曲《梅花三弄》、古诗《问刘十九》、春节民俗活动视频、日本东京奥运会和服设计、第十四届少数民族运动会开场表演片段、服装设计三要素视频、服装设计效果图步骤、平昌冬奥会上"北京8分钟"等。

在混合式教学中,我们应深入解读教材,充分利用教材提供的丰富素材,有效地选择和合理地使用教材素材,为我所用,提高教学质量。比如,"艺术赞美生活"单元的第一课《四季抒情》,教材提供了《春之歌》(乐曲)。《春之歌》描绘了一幅万物复苏、蓬勃生长的画面,音乐淳朴,富有诗意,充满积极向上的情感,流淌出门德尔松对生命的无限热爱,展现了春之美,表达了对自然美景的热爱,与本单元艺术赞美生活、四季抒情的主题十分契合。教师在使用这一教材资源时,可以引导学生通过视频感受《春之歌》的音乐形象,并从乐曲的旋律、节奏、配器等要素入手,赏析音乐作品是如何描绘春季的;线下引导学生唱一唱其中的旋律,加深对作品的理解。

又如,教材中提供的素材宋代画家范宽所作《雪景寒林图》,这幅作品是天津博物馆的镇馆之宝之一。这幅三拼绢的大幅画作展现了壮丽的景色:白雪皑皑的山峰高耸入云,山麓水边密林重重,萧寺掩映,流水无波,峰峦沟壑间云气万千。画作完美地展现出秦陇山川雪后的磅礴气象,令人叹为观止。这幅画的布局非常严谨,笔墨浓郁润泽,层次分明,完美地融合了皴擦和渲染技法,展现出山石和枯木的锐利质感,被公认为范宽的杰作。

教师在使用这一素材时可以通过欣赏《雪景寒林图》,引导学生发现、感受四季美景。探究艺术家在生活中运用艺术形式借景抒情。欣赏表现自然和民族的传统艺术。分析《雪景寒林图》的主题、构图、技法,探究艺术家如何运用艺术形式借景抒情。课外,教师可引导学生搜集作品背景资料,从社会、历史、文化情境中了解和艺术的内在联系。交流对冬天的感受,在赏析《雪景寒林图》的过程中了解绘画艺术表现出的自然之美。

(二) 基础性课程资源开发

基础性资源是与单元内容相关的核心知识,包括学生需要掌握的专业知识和技能。主要呈现形式为单元教学设计、课时教学设计、教学课件、教学视频、单元/课时作业等。

1. 教学课件资源开发

教学课件以PPT等形式呈现,是对本单元概念性知识的汇总和梳理。资源开发团队自主设计PPT模版,整体风格统一。PPT中的虚拟学生形象的设计,增加了学生的亲近感和课程学习的趣味性。

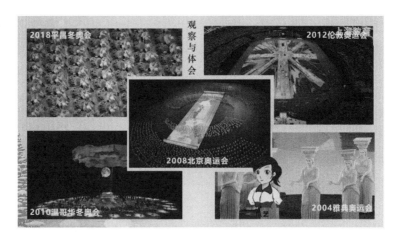

"艺术赞美生活"单元《国际庆典》教学课件中的虚拟学生形象

2. 教学视频资源开发

教学视频主要是针对程序性知识进行示范讲解的微视频,教学视频的开发多采用"教师示范+录屏"的形式,让学生有足够的时间去理解知识,更好地掌握专业技能。如"艺术赞美生活"单元第三课《民族节庆②》中,教师利用两段视频资源,向学生演示"冬梦华服"设计草图绘制的方法与步骤。示范微视频1:示范手绘服装设计草图的方法与步骤。步骤一,铅笔起稿,画出服装款式、纹样等细节;步骤二,水笔勾线,描绘细节;步骤三,上色并撰写设计说明。示范微视频2:示范如何借助软件进行服装设计。教师通过示范类视频资源的开发,帮助学生快速理解具体的创作方法、步骤及注意要领。

示范微视频:手绘服装设计草图

示范微视频:用软件绘制服装设计草图

3. 交互性课程资源开发

在交互式教学资源制作方面,为学生开设"上海市中小学数字教学系统"平台,搭建备课助手、教学助手、作业辅助助手。其中制作的互动课件增强了学习的体验性、互动性,能及时记录学生的学习过程与结果,便于学生自主学习与探究。通过整合学习资源,建立数字教学系统平台,实现资源共享,让学生按自己的学习需求和学习节奏自主地利用学习资源,使信息技术真正成为辅助学生学习的工具,实现个性化学习。

上海市中小学数字教学系统

4. 拓展性课程资源开发

拓展性资源是除教材之外更加丰富的学习资源,能够满足学有余力的学生更高层次的学习需求。如"艺术赞美生活"单元的学习为学生提供了拓展性课程资源,主要包括书籍资料、视频资源、学习网站资源、数字美术馆等,学生可利用课余时间自主学习。通过提供拓展性课程资源,开拓学生的视野,满足学生个性化学习需求。

第三单元"艺术赞美生活"拓展性课程资源

资源名称	资源形式	目的
天津博物馆	网站资源	欣赏《雪景寒林图》等作品,了解其艺术形式与特点,提升学生艺术审美能力。
故宫博物院	网站资源	欣赏《中秋帖》等作品,通过观察、探究等学习方式,提升艺术鉴赏能力。
《中国节日》	书籍资料	了解各民族节日庆典等民俗活动。
《且吟春语》中国古典舞	视频	观赏引导,探究中国古典舞的综合艺术表达。
《夏日席趣》民俗舞蹈	视频	观赏引导,探究岭南舞蹈的综合艺术表达。
《葡萄熟了》民族民间舞	视频	观赏引导,探究新疆维吾尔族民族民间舞蹈的综合艺术表达。

资源名称	资源形式	目的
《喜鹊衔梅》民族民间舞	视频	观赏引导，探究当代民族民间舞蹈创作的特征和综合艺术表达。
《屈原·天问》中国古典舞	视频	观赏引导，探究这部舞蹈的历史雏形、文化价值，体验舞蹈与文学相结合的综合艺术表达。

四、《艺术与生活》数字化课程资源开发案例——"艺术赞美生活"

上海市"空中课堂"数字化课程资源的开发整合了现有艺术教材，基于艺术课程标准，结合《上海高中艺术学科教学基本要求（试验本）》，提炼与生活息息相关的主题。通过单元教学规划、单元教材教法分析以及基本问题、学习任务、评估证据、学习活动、学习资源的设计，经过团队集体备课磨课、录制"空中课堂"视频等环节开发数字化课程资源。把以往"一课一练"、碎片化的单课时意识转化为"大单元意识"，运用充分的时间和空间进行单元教学实践，丰富学生的学习经历，让学生学会运用艺术的思维方式、知识与技能解决现实生活中的问题。以"空中课堂"的形式开发而成的数字化课程资源通过教育电视台共享给广大师生，实现了数字化课程资源的最优化和最大化。下面以钱雪锋、童岚、盖晓鸣老师共同执教的高一年级《艺术与生活》第三单元"艺术赞美生活"——"冬梦华服秀"单元为例。

（一）"艺术赞美生活"单元目标及内容架构

单元目标	核心素养
发现、感受生活中春夏秋冬等自然景观的美，了解表现自然景观的主要艺术类型及表现形式。知道各民族节日庆典等民俗活动，探索艺术如何在民族节日庆典等民俗活动中体现人类精神生活、社会生活、自然生活之美，进而理解人类如何在生活中运用艺术形式表达情感并引发共鸣。	艺术感知水平2
对已有艺术作品或艺术形式进行模拟再现。在综合艺术创作活动中发挥想象力，用多种艺术形式对既定主题进行变化表现。选用适当的材料做有创意的设计；借鉴经典艺术成果，进行有个性的艺术表现，树立文化创新的观念。	创意表达水平2
欣赏中外民族传统和现代艺术，积极参加艺术活动，表现出对艺术的兴趣爱好。能评价艺术作品，了解中外节庆、庆典活动的特点；认识中外艺术的审美特征，表现出正确的审美价值判断。	审美情趣水平2

单元目标	核心素养
在学习和艺术实践活动中，从社会、历史、文化等角度鉴赏艺术。认识艺术与生活发展的关系，自觉弘扬中华优秀传统文化的艺术精神，理解世界多元文化艺术。	文化理解水平3

本单元依据"艺术与生活"模块中的内容要求，设置了"四季抒情""民族节庆"和"国际庆典"三个学习主题，引导学生探究人类在生活中如何运用艺术形式借景抒情，在节庆、风俗、庆典中如何体现人类社会生活、精神生活；从多种艺术门类的角度感受艺术表现生活的丰富性和关联性。

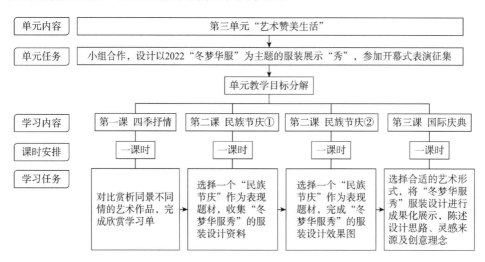

第三单元"艺术赞美生活"内容架构

（二）"艺术赞美生活"大单元教学设计思路

单元课题	艺术赞美生活——"冬梦华服秀"	学习对象	高一年级	课业类型	服装秀
基本问题	艺术如何表现与赞美生活？	小问题	1. 人类在生活中如何运用艺术形式借景抒情？ 2. 民族节庆如何体现人类社会生活、精神生活？ 3. 服装设计如何融入民族元素？ 4. 国际庆典与生活有何关系？		
关键词	艺术与生活；混合式教学				

学科领域	政治	语文√	数学		外语	历史	地理
	艺术√	音乐√	美术√	体育	物理	化学	生物
	信息技术	社区服务	社会实践	劳动技术√	其他：		

大单元设计思路	1. 课程分析： "艺术赞美生活"大单元为《艺术与生活》第三单元的教学内容。本单元学习任务是小组合作，设计以2022"冬梦华服"为主题的服装"秀"，参加开幕式表演征集。本课教学重点是选用多种艺术形式表达对生活的感受，交流情感，用艺术的眼光发现自然景观、生活环境中美的元素，感受和理解艺术对生活的赞美。本课教学难点是探究人类在生活中如何运用艺术形式借景抒情。在学习和艺术实践活动中，从社会、历史、文化情境等角度鉴赏艺术。通过本课的学习，让学生感受艺术表现生活的丰富性和关联性。 2. 学情分析： 高一年级的新生已具有一定的艺术学习经历和知识技能积累。高中艺术实施"新课程""新课标"后，原来的学习方式遇到极大挑战。学生需获得"艺术感知""创意表达""审美情趣""文化理解"四个方面的学科核心素养，通过阅读、感知、体验、模仿、创作等多种方法与途径来提升合作能力、探究能力和思辨能力，从而达成本单元的学习目标。 3. 教学思路： 本单元是高中艺术课程学习的第三个单元，除了课程内容的教学以外，还要引导学生知道高中艺术学习的方法与路径，知道如何在学习中发挥自主性。因此，主要采用创设情境、问题引导以及示范演示、模仿表现、合作探究等教学方法，引导学生的研究性学习。 本单元教学基于以终为始的逆向设计理念，将任务前置，创设了联系学生生活的真实情境：假设2022年北京冬季奥运会组委会正在筹备开幕式表演的征集活动，请小组合作，设计以2022"冬梦华服"为主题的服装展示"秀"，参加开幕式表演征集。让学生一开始就明确单元学习任务。 为了帮助学生更好地完成单元学习任务，各环节都设计了子任务，引导学生围绕基本问题"如何用艺术的方式表现和赞美生活"展开探究。单元活动1：对比赏析诗、画、乐等不同艺术形式同景不同情的艺术作品。单元活动2：选择一个"民族节庆"作为表现题材，进行"冬梦华服秀"的服装设计资料搜集。单元活动3：选择一个"民族节庆"作为表现题材，进行"冬梦华服秀"的服装设计。通过学习活动的设计，让学生实现对"艺术赞美生活"这一大概念的深度理解。
国家课标	目标：学生在艺术与生活相关联的情境中，参与各类艺术门类实践活动，获得艺术感知、创意表达、审美情趣和文化理解的艺术学科核心素养。 学习活动建议：可以结合学校、社区、艺术观摩展演等活动，设计具有趣味性、开放性、研究性的情境或任务，引导学生进行主题探究、资料搜集、创意设计、艺术展演等活动，培养学生的艺术实践能力和解决实际问题的能力；在艺术学习中，注重艺术学科与其他学科之间的关联。 评价要点：评价内容参照"学业质量水平"，评价学生相应模块的学业成就；评价是否具有艺术学习的兴趣愿望，是否积极参加艺术活动，是否善于表达自己的意见和创意，是否具有与他人交流的愿望、合作探究的精神等方面。关注学生的综合性艺术表现，评价学生的艺术感知、创意表达、审美情趣和文化理解等核心素养在艺术活动中的具体表现。

| 单元目标 | 1. 知道四季的美学内涵和中国人特色鲜明的抒情模式以及庆典活动的基本特征。
2. 理解不同民族文化在节日庆典中的艺术表达方法；理解人类如何运用艺术形式表达情感、赞美生活。
3. 能够选择一个"民族节庆"为表现题材，进行"冬梦华服秀"的服装设计。 |

本单元的学习既关注学生的学习结果，又关注学生的学习过程。采用嵌入式的评价方式，将评价贯穿于整个大单元教学的始终。评价内容包括选题意向、欣赏学习单、资料搜集、构思草图、创作作品、成果展示等。

选题意向——组建团队，分工任务，确定主题，理解意义；欣赏学习单——对比赏析同景不同情的艺术作品，完成欣赏学习单；资料搜集——搜集"冬梦华服秀"服装设计资料（包括图片、文本、视频等）；构思草图——"冬梦华服秀"的服装设计效果图；创作作品——优化草图，创作华服，修改完善；成果展示——"冬梦华服秀"单元学习成果展示。

评价方案

	主题	欣赏	构思	创作	展评
主要环节	组建团队 分工任务 确定主题	学会鉴赏 运用鉴赏 研究大师	搜集素材 借鉴创意 构思草图	优化草图 创作华服 修改完善	梳理成果 交流展示 反思评价
最终作业	选题意向	欣赏学习单	构思草图	设计创作	华服展示
权重占比	10%	20%	20%	20%	30%

（三）"艺术赞美生活"大单元学习计划表

子课题	小问题+学习目标	教师活动	学生活动
1. 四季抒情	小问题： 人类在生活中如何运用艺术形式借景抒情？ 学习目标： 知道表现自然景观的主要艺术类型及其表现形式。 理解艺术作品中对于自然、生活、节庆意蕴的表达。 能够结合诗、画、乐、舞等不同的艺术形式，对同景不同情的艺术作品进行对比赏析，完成欣赏学习单。	1. 情境导入：老子说："天地有大美而不言。"意思是说：天地具有伟大的美但却无法用言语表达。古今中外的艺术家们会用哪些方式表达对自然、对生活的热爱与赞美？ 2. 出示表现四季的四首小诗，播放柴可夫斯基钢琴套曲《四季》，引导学生综合品味诗、音、画，了解四季的美学内涵。 3. 组织赏析：对比赏析同景不同情的艺术作品。	1. 思考讨论：艺术家们会用哪些方式表达对自然、对生活的热爱与赞美？ 2. 欣赏音乐：根据不同的音乐片段，选择相应的小诗进行匹配。感受旋律是如何表现四季变化的。 3. 对比赏析：赏析诗、画、乐、舞，对比赏析同景不同情的艺术作品，感受古人眼中不一样的冬季景致，完成学习单。 唱一唱《梅花三弄》，体会主题的意境。

子课题	小问题+学习目标	教师活动	学生活动
1. 四季抒情		（1）带领学生吟诵古诗《问刘十九》（[唐]白居易）。 （2）吟唱古琴曲《梅花三弄》，引导学生进一步体会主题的意境。 （3）展示中国画《雪景寒林图》，出示欣赏学习单。师生交流讨论：你们感受到了怎样的冬天？ （4）播放舞蹈《喜鹊衔梅》，提问：舞蹈中梅花的形象是如何塑造的？ 4. 布置任务：2022年北京冬季奥运会组委会正在筹备开幕式表演的征集活动。请小组合作，设计以2022"冬梦华服"为主题的服装展示"秀"，参加开幕式表演征集。	观看舞蹈《喜鹊衔梅》，思考与讨论舞蹈中梅花的形象是如何塑造的。 4. 组建小组，明确单元任务、任务内容及任务要求。
2. 民族节庆①	小问题： 民族节庆如何体现人类社会生活、精神生活？ 学习目标： 知道各民族节日庆典等民俗活动，探索艺术如何在民族节日庆典等民俗活动中体现人类精神生活、社会生活、自然生活之美。 理解人类在生活中运用艺术形式表达情感；理解民族节日承载着各族的民俗文化。	1. 作业点评：请学生分享交流上节课小组寻找到的运用不同的艺术表现形式表现冬季的艺术作品并进行点评。 2. 播放有关春节的短片。提问：春节有哪些民俗活动？春节中的哪些元素能够运用于"冬梦华服秀"的展示？ 3. 呈现少数民族节庆活动的图片，请学生猜一猜，图片展示的是哪个民族的节庆活动。	1. 作业分享：各组进行作业分享与交流，分析作品的表现手法与美学特征。 2. 观看短片：感受春节的热闹气氛。思考与讨论，寻找春节中能够运用于"冬梦华服秀"展示的元素。 3. 思考讨论：从服饰的款式、色彩等方面发现蒙古族服饰的特点。 4. 观看视频：讨论苗族服饰的特点。

子课题	小问题+学习目标	教师活动	学生活动
2. 民族节庆①	能够根据小组选定的民族节庆主题进行资料搜集、整理和归纳,完成"冬梦华服"设计稿。	4. 播放有关少数民族传统体育运动会的视频。提问:视频中哪些元素能够代表蒙古族的文化符号,为什么?请尝试从款式、色彩等方面说说蒙古族服饰的特点。 5. 播放介绍苗族服饰的视频。提问:苗族服饰有哪些特点? 6. 引导赏析:壮族、满族、蒙古服饰。 7. 呈现学习单:那达慕大会(蒙古族)节庆学习单。	5. 节庆介绍:从节庆简介、服饰特点、准备素材、选择理由等方面进行介绍。
2. 民族节庆②	小问题: 服装设计如何融入民族元素? 学习目标: 知道服装设计的三要素。 理解民族节庆是中国优秀传统文化的重要载体;民族节庆的生命力在于传承与创新。 能够用手绘或电脑软件的方式绘制"冬梦华服秀"的服装设计效果图。	1. 作业点评: 请学生分享交流上节课小组选择研究的民族节庆。 2. 案例分享: 播放东京奥运会和服设计的视频。提问:东京奥运会和服设计体现了什么设计理念?深入分析:不同款式的和服各运用了哪些元素? 3. 讲解:服装设计三要素:款式、色彩、面料。提问:你想设计怎样的廓形?色彩对服装设计有何功能?归纳:色彩具有美学表达、视觉纠错、情绪表达、身份价值等功能?服装设计中,你想如何运用色彩?选择什么面料?	1. 作业分享:各组进行作业分享与交流,从节庆简介、服饰特点、准备素材、选择理由等方面介绍各民族节庆。 2. 思考讨论:分析讨论东京奥运会和服的设计理念,寻找各款式和服的设计元素。 3. 思考讨论:从款式、色彩、面料方面畅谈"冬梦华服"的设计思路。 4. 观看视频:了解"冬梦华服"设计草图绘制的方法与步骤,并思考与讨论。 5. 观看视频,学习借助软件进行服装设计的方法与步骤。 6. 明确课时学习任务及具体要求。

子课题	小问题+学习目标	教师活动	学生活动
2. 民族节庆②		4. 播放"冬梦华服"设计草绘制示范视频。请学生思考：设计的是哪个民族的服饰？可以从哪些方面看出来？哪些地方体现了"冬梦华服"的主题？ 提问：如何进一步完善老师的服装效果图？添加款式图和设计说明。 5. 视频演示：借助软件进行服装设计，以汉服设计为例。 6. 布置作业：选择一个"民族节庆"作为表现题材，完成"冬梦华服秀"的服装设计效果图。 7. 本课小结：民族节庆是中国优秀传统文化的重要载体。民族节庆的生命力在于传承，更在于包容与创新。	7. 思考与理解民族节庆的传承与创新。
3. 国际庆典	小问题： 国际庆典与生活有何关系？ 学习目标： 知道庆典活动的基本特征、独特价值和意义。 理解艺术在庆典中的意义和作用，从不同视角理解中华优秀传统文化的精神和特征。 能够设计一场具有视听效果的"冬梦华服秀"。	1. 作业分享：请学生围绕"冬梦华服秀"主题，分享服装设计效果稿，进行作业点评。 2. 提问：如何将设计的服装变成一场具有视听效果的服装秀？ 3. 呈现图片：不同国家举办奥运会开幕式的图片。 4. 播放视频：北京奥运会开幕式视频片段。提问：你能找到体现主办国特点的艺术元素吗？	1. 分享交流：展示小组的服装设计效果图，阐述设计思路。 2. 观看视频：畅谈观看感受。 3. 模仿体验：模仿穿着汉服时的表演动作。 4. 反思评价：观看表演，讨论交流表演对小组"冬梦华服秀"的创作带来的启发。 5. 思考讨论：交流自己的观看感受及小组对"冬梦华服秀"的初步构想。

子课题	小问题+学习目标	教师活动	学生活动
3. 国际庆典		提问:北京奥运会开幕式的文艺演出有哪些值得借鉴的地方?视频中呈现的是什么戏曲剧种?念的什么词?(以戏曲、书法、绘画等多种艺术形式表现《春江花月夜》)穿着汉服时如何进行表演? 5. 教师示范:汉服秀表演中的动作。 6. 提问:观看这段表演对你们的创作有何启发? 7. 播放视频:"2022相约北京"奥运会片段(融入 AR 技术,传统与科技的结合)。提问:看完视频你有哪些感受?对你们的单元任务有何启发?(基于传统,紧扣生活,展现多元,科艺交融) 8. 本课小结:国际庆典是民族的盛会,也是世界的盛会。具有悠久文化历史的中国作为世界的一员,也将不断在国际盛会展现自己的形象和风采。	
单元反思	教师总结	1. 本单元教学将单元任务前置,体现以终为始的逆向设计理念。以目标统领,注重学习证据的设计,为具体学习成果的产出设计具体的体验性活动。 2. 强调基于统整的大单元整体设计,从"一课一练"转向大单元教学,为追求对大概念的理解而学,为知识迁移而学。通过确定主题、欣赏学习、构思草图、修改完善、设计创作、展示交流等学习环节,让学生经历"像设计师一样设计"的学习过程,从而学会设计的思维模式,全面落实审美感知、艺术表现、创意实践、文化理解四大艺术核心素养,形成结构化、整体性的核心素养。	

单元反思	教师总结	3. 在大单元实施过程中,教师始终是学习活动的策划者、组织者和引领者,引导学生去寻找和发现,鼓励学生充分发挥自己的创意,通过设计学习单为学生的学习提供支架。 4. 整个单元教学凸显学科育人,渗透立德树人。通过"冬梦华服秀"项目的教学,潜移默化、润物细无声地引导学生自觉弘扬中华优秀传统文化,树立文化自信。

第二节 《普通高中教科书 艺术 必修2 艺术与文化》课例的开发与实施

一、关于《艺术与文化》

教育部颁布的《高中艺术课程标准》在"艺术与文化"模块的阐释中指出,学生需从不同的艺术语言入手,在探究艺术与文化两者之间的关联的同时,还需深入理解艺术思想的表现、传播与艺术形式发展演变的规律,并从中感受中华文化艺术的独特魅力。因此,《普通高中教科书 艺术 必修2 艺术与文化》(以下简称《艺术与文化》)两册教材包括"线的韵味""符号象征""生命节奏""剧场相聚""文明交流""山水情怀""个性表现"和"光影逐梦"八个单元,引导学生进入特定的学习情境,并对单元关键问题进行思考;在对中外不同艺术门类的经典艺术作品和艺术现象的分析与解读中,运用自主研究、艺术实践、活动体验、信息技术应用等学习手段,深度理解文化艺术的多样性和丰富性,增强文化认同和文化自信,并在艺术探索中追溯历史与传统,反观现实与当下,培养理性思辨能力,最终形成艺术学科的核心素养。

随着时代的发展,艺术学科教学方式也在不断推陈出新。利用网络平台和教学资源开展线上教学也日益普及。在此基础上,上海市艺术学科"空中课堂"教学资源库建立,不仅在主要内容上同步了上海市中学艺术学科教材的全部单元,而且在任课教师、指导专家、制作团队等参与者反复研讨、不断改进下形成了大量课例。这些课例既代表了上海市中学艺术学科阶段性的课堂教学与研究的特色与水平,也成为大部分艺术教师自愿采用的一种教学资源。因此,在这样的背景下,探究"在混合式教学中,如何结合'空中课堂'优秀资源,在《艺术与文化》的线上教学过程中采用行之有效的策略和方法,调整、优化线上教学手段,引导学生建立起艺术与文化之间的联系"成为线上教学的主要研究方向之一。

二、《艺术与文化》教学策略的实践与探索

（一）突出文化理解，强调核心素养的育人价值

无论是《中国学生发展核心素养》还是《普通高中艺术课程标准》等相关文件和要求，都强调对学生核心素养的培育。艺术学科同样也需要立足于学生的全面发展，根据指向学生审美和人文素养发展的教学目标进行教学设计，将艺术学科核心素养"艺术感知、创意表达、审美情趣、文化理解"的培育贯穿教学的全过程。"艺术与文化"模块强调整体性和关联性，让学生在各艺术门类的探究中感受中华文化艺术的独特魅力，形成审美兴趣与爱好，具有人文情怀和正确的审美价值观，增强中华民族的文化自觉和自信；同时还需尊重世界文明多样性，理解多元文化，具有立足自身、放眼世界的艺术视野。因此，从教学目标的预设到落实，都需重点突出艺术与文化的关联，凸显文化理解的价值，强调核心素养是否落实与达成。这样不仅真正发挥了《艺术与文化》的课程理念，而且让艺术教育起到培根铸魂、启智增慧的育人功能。

（二）深挖三种文化内涵，加强文化自信

文化是一个国家、一个民族的灵魂。作为人类文明重要组成部分的艺术，其生成和发展与国家、民族和时代的政治、经济、历史、文化背景有着紧密联系。具有悠久历史文化的中国，在中国特色社会主义文化的创建过程中，更需要正确认识和辩证把握中华优秀传统文化、革命文化和社会主义先进文化三者之间的关系，坚持文化发展的正确方向，增强文化认同、坚定文化自信、建设文化强国。因此，在《艺术与文化》的教学实践中，还需重点关注本土文化，选用蕴含三种文化的经典优秀艺术作品，深挖三种文化内涵；设计全面推进新时代社会主义先进文化的探究、体验和实践活动，强调艺术文化在新时代背景下的精神风貌；拓展世界文化，在多元文化中学会尊重与理解不同国家、不同民族、不同时代的文化异同，以此推动学生人文底蕴的培养以及审美鉴赏、艺术创意和文化传承能力的提升。

（三）创设文化情境，体现课程"大观念"

艺术学科体现的大观念是直接通向学科核心素养的，同时艺术课程也是一门跨多种艺术门类的综合课程，在提升学生的文化积淀、提高人文素养、培养人文精神方面担负着特殊的使命。各个国家和地区在不同历史时期创造出了多样的艺术，且具有各自的艺术精神。"艺术与文化"大观念的建立，可以通过创

设具有广泛性的文化情境,强调与大观念之间的联系,构建学生学习整体课程方案和内容,形成整体课程架构。《艺术与文化》的情境创设即在大观念的引领下,通过对艺术的探索,提高综合能力、培养审美情趣、提升人文情怀,达到一定深度和广度的文化理解,增强人文底蕴。可以通过线下实地参观、现场观摩、访问艺术家,线上查阅网络资源和数字展示平台或线上线下间接营造课堂意境、渲染文化氛围等方式创设情境。创设情境时应注重与文化之间的关联,打通学生和现实生活的路径,让学生在开放式的学习氛围中,运用艺术语言和形式认识美、爱好美和创造美,亲近自然,感受生活,体验情感,理解文化,感悟艺术学习的意义与艺术实践的价值。

(四) 引导深度学习,体现综合理念

时代的发展引发教育目的的改变,必然会对人的教育和培养提出全新的要求。"培养学生从单向思维转向整体思维,从单科知识的学习转向综合能力的提高"是艺术课标的基本理念之一,也是新世纪人才培养的教育观。可见,艺术课程不仅是一门综合艺术课程,而且是一门融会贯通各学科门类的整体艺术。艺术教育需要进行教学方式的转变,引导深度学习,为学生的深度学习打造学习平台,强调综合学习的作用和意义。而深度学习是希望学生在主观行为上能更积极主动地参与学习,强化学习能力,提高学习价值。因此,在《艺术与文化》的教学中,首先要凸显综合学习的可操作性,转变学生以往的学习习惯和思维惯性,引导学生参与艺术体验和艺术实践活动;其次,要加深相关知识内容的认知理解程度,围绕"做中学、学中用"进行知识迁移,让学生更加积极主动地参与学习;最后,要求同伴之间进行充分的互动交流,促使学生团队意识和协作能力的有效、全面提升,引领学生走向现实的社会生活,促进学生自身与文化、生活的紧密联系,超越单一的接受式学习,实现学习方式的多元化,挖掘教学内容多方面的育人价值,为学生的个性发展提供开放的空间,从根本上实现立德树人的根本任务。

三、利用"空中课堂"教学资源的线上教学

(一) 线上教学的特殊性和局限性

科技的发展和进步催生出一批新的教学模式。其中,通过网络让无数优良教育资源全民化的线上教学脱颖而出,成为中国教育发展趋势之一。根据混合式教学的案例调查,通常情况下,艺术学科线上教学的开展是以班级为单位进行授课

和双向互动,以"直播+线上答疑"形式为主,少量教师采取"录播+线上答疑"的形式,部分学校会根据教学内容和艺术实践活动进行课后作业辅导。线上教学作为一种新兴的学习方式,存在特殊性和局限性。

1. 特殊性

(1) 优化学习时空。教师和学生不仅不受限于教室,还可以在正常的课时结束后通过软件回放进行复习,或就后续作业或活动在任意时间进行沟通交流。

(2) 增强学习互动。线上教学所使用的网络平台往往会有多种功能,如签到点名、评论区交流、作业上传、互动点评等,让互动形式变得更多样、更丰富。

(3) 学习资源丰富。丰富的网络学习资源、优质的平台资源库等,不仅使知识的获得变得更直观、更便捷,而且让资源的利用变得最大化。在将优秀的艺术教师展现在大众面前的同时,让学生的学习更丰富、更全面。

(4) 学习过程个性化。每个学生的艺术感知水平、自主学习能力、艺术理解能力和实践创新能力等都存在差异。线上教学可以贴合学习内容和学生的身心发展需求进行个性化学习过程的探索和定制,并通过网络技术对学习结果进行个性化的评价和反馈。

2. 局限性

(1) 学生和教师虽然可以通过屏幕沟通交流,但仍存在一定的隔阂,缺乏现场感和即时感。

(2) 由于无法直接现场面对学生,教师对学生无法及时把控,不利于师生情感交流,致使部分学生出现惰性,学习效果不佳。

(3) 网络学习平台需保持信号的顺畅,否则会对教学的流畅度和完整性造成影响。

(4) 相关学习平台和软件的功能各有千秋,教师和学生需掌握相关操作技术才能保证教学和学习正常开展。

(二)"空中课堂"可利用的资源

在上海市艺术学科"空中课堂"教学资源库中,汇聚着大量的、可被线上教学所利用的学习资源,其中主要包含课程资源、方法资源和技术资源。

1. 课程资源

《艺术与文化》"空中课堂"资源依据教材分为上下两册,每册四个单元,每单元四课时,共八个单元、八个主题,教学时长共32课时。主要围绕艺术与文化的关联,从不同的艺术门类、艺术品、艺术家或艺术事件切入,用浓缩、精准的教学语言,引导学生从最基本的认识开始,举一反三,触类旁通。例如,《艺术与文化(上册）》第一单元"线的韵味"第二课中运用了《祁蒙山小调》和《野蜂飞舞》两个范例,清晰地表达了横向音乐旋律与纵向和声不同的线条走向;又如,在《艺术与文化(下册)》"文明交流"单元的第三课,运用大量博物馆的图文介绍,引导学生关注博物馆有别于其他展馆的构建、展品、功能和意义;再如,在"山水情怀"单元中,"空中课堂"从教材范例《千里江山图》引出补充资源舞蹈诗剧《只此青绿》,通过舞蹈作品表现艺术家对山水艺术形式的再创造与寄情山水的情感表达。可见,"空中课堂"的课程资源不仅可以帮助线上教学初步建立起一个具有整合性、关联性、互动性的学习系统,而且可以让线上教学的学习内容更丰富,便于学生探究背后的文化内涵和文化现象。

2. 方法资源

在《艺术与文化》"空中课堂"资源建设中,优秀的艺术教师在教学主题和内容中融入了丰富的教学手段和方法,在有限的 25 分钟教学时长内进行知识技能的展开、审美意蕴的挖掘和文化理解的提升。

（1）交互性的对话方式

交互性的教学对话从"以人为本"出发,在学生与教师之间建立起平等的关系,拉近彼此的距离,在知识与信息的相互碰撞中产生新的思考和洞见。"空中课堂"的教学中,虽然学生不能亲临录制现场参与课堂教学,但仍然采用了交互性的师生或者生生对话。例如,教师提问、学生回答的场景往往采用学生真实回答的声音,有时还会出现模拟学生的虚拟人物形象。这样的对话方式让"空中课堂"的呈现更直接、完整和有效,也让运用交互平台的线上教学在使用"空中课堂"资源时,不会产生前后脱节或需要重新建构和生成交流方式的问题。

（2）文化情境的创设

《艺术与文化》"空中课堂"的每个单元都十分强调文化情境的创设。这些文化情境有的贴近学生经验,有的联系真实生活,有的关联当地的文化资源,让学生对知识进行整体联系和建构,形成深层次联结,实现从知识、技能的掌握到意义建构的发展。例如,在《艺术与文化(下册)》"山水情怀"单元的第二课《山吟泽唱》中,教师选用《诗经·蒹葭》,通过吟诵和音乐,营造出优雅的诗歌意境,烘托出凄婉惆怅的情感,展现文人雅士借助山水抒发胸臆、寄托情思的艺术表达。又如,《艺术与文化(上册)》的第二单元"符号象征"第二课《吉祥如意》,借用多种表现中国百姓欢度红火新年的艺术形式,在营造喜庆热烈文化情境的同时,了解象征吉祥如意的符号,感受中国传统文化的丰厚底蕴。结合"空中课堂"中的文化情境创设,既可以生成知识和技能的迁移,也有助于发展学生的批判性思维、自主学习和自我调节能力,提升综合解决问题的能力。

（3）真实任务的展开

对于学生而言,解决真实问题是非常关键的学习活动。在这些活动中,他们可以直接模仿或者思考:现实生活中的人或者专业人士面对的问题是什么,他们是如何解决问题的。在《艺术与文化》"空中课堂"资源建设中,往往会建构一个具有真实性特征的艺术实践学习任务。这个任务不仅必须和文化产生关联,而且要能够联系学生自身、社会或家乡等。学生在学习过程中建立自身和任务之间的关系,发现问题并综合运用艺术及其他学科的知识、技能和思维方式,通过讨论交流、主题探究、个性化或综合性的创作以及展示等多种表现方式,创造性地完成艺术作品或解决问题,从中体会到艺术的美,理解艺术的文化价值。例如,为敦煌文物进行策展,通过探究性学习寻找遗失的文明;又如,从一座古建筑中探寻古典文化,或者为来访的国际学生设计一份文化交流方案……"空中课堂"真实任务的展开,最终是要在任务成果的展示中,对文化内涵进行深度的解读。可见,利用"空中课堂"的真实学习任务,有利于在线上教学中为学生提供真实的思维空间。无论这个任务是来自学习、生活经验中的现实世界,还是来自想象中的未来世界,学生在探究、体验并通过艺术实践解决这个问题的过程中潜移默化地形成在未来生活中运用艺术的思维去感受生活的习惯。

（4）学习单的运用

艺术学科的"空中课堂"虽然没有学生现场参与,但几乎每个单元都设计并提供了学习单。学习单既是学生自主学习的支架,也是落实学习目标的指引。学习单的形式非常丰富,有的是课前自主学习,有的是课内探究指导,有的是以问题链串联起来,有的是以表格形式呈现,有的是一本可以转化为档案袋的学习手册,有的是可以让学生充分发挥自主性、巧妙设计的思维导图……学习单的运用,让课堂教学效果事半功倍。因此,在线上教学中巧用"空中课堂"的学习单资源,优化预设,覆盖整体学习层面,贯穿整个教学过程,有助于学生提高学习自觉性,培养学生独立思考的能力;有利于打造高效的在线课堂,让在线学习更具有挑战性和创新性,提升学习过程的管理效能,促进在线学习效果的有效提升。

（5）技术资源

现代科学技术为艺术发展提供了丰富的创意和表现手段,也为艺术课程的改革和发展提供了便利和无限创意。在《艺术与文化》"空中课堂"资源中,教师的"教"和学生的"学"都迎来了全新的变化。例如,在《艺术与文化(下册)》"光影逐梦"单元中,教师借助影视艺术引导学生体会现实主义影片的时代特征和启示作用,学生则运用信息技术手段,拍摄以"为我们所处的城市出谋划策,让生活更美好"的单元任务为主题的短视频。通过信息技术手段的应用与展现,课堂教学从单一向多元发展,无论是教学内容、艺术活动还是评价反馈都变得更合理、更准确。因此,在线上教学中,可以采用"空中课堂"的信息技术资源,开发以现代媒体、网络技术、艺术类软件应用、舞台数字技术等为核心的信息技术手段优化课堂教学,并结合环境资源、生活经验等其他资源,对技术资源进行整合拓展,引导学生通过资源分类、选择、判断和运用,置身于学习的主体地位,在丰富的素材中拓展视野、激发思维。

(三) 线上教学"空中课堂"资源利用的目标

充分整合、运用"空中课堂"良好的示范与合适的资源,设计线上教学的学习支架,帮助学生理解单元目标,拓展学习视野,加强文化理解。

立足学生核心素养的培养,充分反映艺术课程的学科特质,联系"空中课堂",在线上教学中增强艺术学习体验和实践活动,凸显艺术学科核心素养的多元视角和关键能力的多维度体现,在相互交流中感悟民族精神,增强文化自信。

借鉴"空中课堂"丰富的教学手段,在线上教学研究中关注学习过程,通过讲解、演示、示范等形式,灵活运用信息和网络技术,引导学生对艺术活动形成直观感受;通过线上讨论、展示、交流等形式,提升审美感知、文化理解、艺术表现和创意实践的能力。

(四) 线上教学"空中课堂"资源利用的途径和方法

1. 在多元文化关联中,促进情境营造的多样性

《艺术与文化》不仅是一门综合艺术课程,而且是一门融会贯通各学科门类的整体艺术。在这个前提下,线上教学情境创设首先要遵从"艺术与文化"的大观念定位;其次要基于教材,利用丰富的"空中课堂"课程资源,从内容和内涵出发寻找多元文化;最后要强调利用综合艺术进行整体课程的架构。线上教学中,师生的互动可能处于小小的屏幕之中,因此教师可以引用"空中课堂"的情境创设,也可在此基础上扩充丰富情境的创设,力求在构建艺术相关内容的同时,打破艺术门类间的界限,打通艺术和文化之间的关联,打开艺术教育对学生核心素养落实的路径。

例如,《艺术与文化(下册)》"文明交流"单元中,"空中课堂"的教学创设情境,引导思考:文明发展与艺术有何关联? 运用问题链的方式将单元内容聚焦文明、文化与艺术的关联,以人类文明发展中的艺术文化发展与传播为线索,引导学生在感知与表现的过程中,进一步理解东西方文明的交流互鉴,形成文化理解。在线上教学中可以借助此情境,让学生在了解以丝绸之路为范例的文明发展与交流的过程中,理解文化形象与地域、民族和时代的关联。比如,运用"空中课堂"中

关于飞天形象的介绍,让学生在感知的过程中了解飞天是敦煌壁画的专有名词,是凝聚了整个敦煌艺术最精华的部分,并将"空中课堂"中展现的不同时代的飞天形象与地域、民族、时代进行关联,通过线上的交互交流,在文化审视中体现自己的审美感知和文化理解。

2. 结合线上学习条件,增强活动组织的灵活性

当前的教学改革以及社会对人才培养的要求,都决定着教学组织不可能是单一的或是只针对某一个教学活动的。先进教学内容的复杂性和多样性,以及教师、学生的个性和视角差异,都要求教学组织更注重整体性、多样化。艺术课程在艺术体验和实践活动中就已经运用"视、听、画、演、创"等活动形式,要求学生调动多种感官参与学习,提升认知、感受、体验等艺术思维,激发想象、调动情感、创造形象。相较于线下教学,虽然线上教学的教学平台发生了转变,无法与学生在课堂中面对面互动,却可以巧妙运用线上学习条件,诸如丰富的信息技术手段,以"空中课堂"教学资源和教师自主辅导相结合的方式,联系驱动性任务,增添学习任务单,通过线上小组的讨论增强活动组织的灵活性,尝试探索解决问题的途径。教师可以结合"空中课堂"资源在线补充辅导教学并设计教学单元和任务单,学生则可以一边观看"空中课堂",一边完成学习单,也可以对照"空中课堂"中教师的讲解开展艺术学习。例如,在《艺术与文化(下册)》的"山水情怀"单元中,"空中课堂"运用了学习单,引导学生观察讨论"山水画在表现南北方不同地域时的差异"。在线教学中,学生可以跟随"空中课堂"的鉴赏方法完成学习单。之后,教师可以另外设计一个艺术活动,如"从水墨动画片《山水情》的赏析中深入了解中国山水画所表达的山水情怀",引导学生学以致用。通过"空中课堂"、课堂探究、师生互动的线上学习整体设计,在引导学生赏析中国山水画的审美与人文精神的同时,提升艺术审美情趣,真正做到线上教学的有效性。

3. 探索网络信息技术,提高教学手段的针对性

在艺术课标中,重点提出"探索信息技术与艺术教学的深度融合,变革教学方式"。《基础教育课程改革纲要(试行)》提出,要"改变课程实施过于强调接受学习、死记硬背、机械训练的现状,倡导学生主动参与、乐于探究、勤于动手,培养学生搜集和处理信息的能力、获取新知识的能力、分析和解决问题的能力以及交流与合作的能力"。在线上教学的同时充分运用网络信息技术手段,既可以增添教学组织的趣味性,让艺术课程的教学产生新的活力,又可以为学生提供丰富的艺术表现方式和认识世界的途径。在《艺术与文化(上册)》"生命节奏"单元中,"空中课堂"以油画作品《百老汇的爵士乐》和歌曲《给你一点颜色》为范例作品,展示

艺术作品中的节奏和韵律如何表达情感,探究生命的节奏如何运用艺术的方式进行表达。基于"空中课堂"的学习,教师在线上教学中加入信息技术可提高课堂效率。学生在线上课堂中运用"库乐队"音乐软件、电脑绘图软件和视频剪辑软件,对《渔光曲》的旋律进行二次创编,展现心中的"上海节奏"。这种整合信息资源、探索信息赋能、变革传统教学方式的线上教学,深化了学生的艺术实践活动,激发了学生的线上学习兴趣,在引导学生主动探索、积极思考的过程中,让教学变得更聚焦、更有针对性,实现了深度学习的目标。

4. 基于线上学习平台,提升评价方式的引导性

由于线上教学的特殊性和局限性,学习评价方式的选择有别于线下教学。教师可以运用线上学习平台设计学习评价方式,让线上教学的评价更合理、更适切。在《艺术与文化》的"空中课堂"资源中,对于学生的评价方式往往是一张符合单元作业或艺术实践活动内容和要求的评价标准(评分表)。在线上教学中可以继续沿用"空中课堂"的评价方式,也可以结合在线课堂教学模式,重新梳理、整合评价目标、内容和标准。在《艺术与文化(下册)》"个性表现"单元中,"空中课堂"以"经典永流传"主题艺术节为单元学习任务,借助学习单引导学生从了解艺术家入手,用艺术家的方式进行艺术创作,并在成果展示阶段运用某平台进行线上展览,票选优秀作品。本单元的线上教学中,教师以某一授课平台为开展线上教学的平台,整合其他多个数字平台,发挥"组合拳"的作用。借助平台本身的展示、分组讨论、投票、计分等功能,将艺术探究、课堂提问与反馈、生生互动、艺术成果的修改和完善、最终的艺术成果展示一一呈现出来。平台的良好运用不仅丰富了教学手段,拓展了教学内容,而且让学生有了更多的互动空间,让教学更贴近学生内心,同时还让师生、生生之间能及时发现和掌握学习进度、学习过程和学习结果的详细情况,形成学习档案袋,让学习评价自然生成。

四、混合式教学中线上教学的案例——"时空纵横"

【案例背景】

本案例来自上海市紫竹院中学陈静如老师的《艺术与文化(上册)》"生命节奏"单元《时空纵横》课时的线上教学。借助上海市"空中课堂"数字化课程资源的开发和整合,采用混合式教学中的线上教学,运用在线平台建设的丰富学习资源,通过"面授式"的线上课堂,运用交互性的学习帮助学生更好地理解和掌握学习内容是本案例的亮点和特色。在本案例中,教师从"如何提高线上艺术课程的学生参与度,调动他们的积极性,提高学习效率?如何让学生能够像线下课堂一样'动起来',又能

做到动而不乱?"等问题入手,通过不断的尝试,发现除了利用钉钉平台授课的连麦进行师生互动之外,学习单的运用、问题链的提出、分组讨论、实时监控等"组合拳"式技术运用可以更好地完善线上教学。教师经过在线实践,发现在线课堂的互动性增强了;通过课后反馈,发现学生参与的积极性也变高了。

【单元概述】

本单元主要从"艺术与文化"的角度进行教学设计,共分为"多彩律动""时空纵横"和"随心而动"三个学习主题,旨在探究不同门类、地域和时代艺术作品中的节奏特点及相通之处,理解不同节奏在赞美自然、歌唱生命时所呈现的本质特征和文化内涵。赏析中外各艺术门类的经典作品,探究其节奏的相通之处,理解节奏律动的艺术风格和文化特征,提升艺术感知能力。在艺术实践中,尝试在不同艺术形式、主题情境、地域文化中理解并运用节奏韵律的形态与法则进行创意表达。欣赏与体验中外民族传统艺术和现代艺术的节奏韵律美。在艺术活动中,能调动视觉、听觉、动觉等感知各艺术门类节奏和美感的意蕴,提升审美情趣。搜集与艺术作品相关的文化背景资料,并探究节奏在艺术作品中的意义。能认同中华优秀传统文化艺术和世界多元文化艺术,加深文化理解。

【单元教学目标】

1. 通过作品赏析、节奏体验、讨论与探究等活动,知道听觉和视觉艺术中的节奏表达方式、地域与时代中的节奏特征、表现自然与生命主题时情感与情绪的节奏特点。

2. 运用不同艺术门类的节奏表现方式和形式美法则,小组合作,完成主题为"上海节奏"的艺术创意作品。

3. 理解不同的节奏呈现的文化内涵;感知节奏的美感及意蕴,获得审美愉悦的情感体验。

4. 搜集与艺术作品、艺术观念相关的文化背景资料,理解不同节奏所形成的艺术风格和文化特征,归纳、阐述自己的观点,认同中华优秀传统文化艺术和世界多元文化艺术。

【单元教学重点与难点】

教学重点:了解不同艺术门类所表现出的节奏特征,知道不同地域及时代艺术作品的节奏特色及差异,理解不同的节奏在赞美自然、歌唱生命时所呈现的本质特征和文化内涵。

教学难点:借鉴不同艺术门类的节奏表现方式和形式美法则,在"上海节奏"艺术综合实践活动中进行创意设计与表现。

【信息化应用场景】

（一）"库乐队"App

借助"库乐队"App，尝试编配"上海节奏"的旋律，并将其运用到视频或舞蹈中。

（二）"Procreate"App

尝试在"上海节奏"创意表现环节用"Procreate"App，以线条和色块的方式创作作品。完成后通过无线网络把教室的电子白板与学生的平板电脑相连，进行实时分享和点评，让课堂更为生动直观。

（三）剪映软件

在单元作业中，运用剪映软件，通过视频、音频、图片相结合的方式表现"上海节奏"。

（四）手机希沃助手（投屏功能）

在学习活动和作业中将"学习单"投屏到电子白板上，组织学生进行分享点评或批注。

（五）希沃白板（音频、视频插入和播放功能）

欣赏《横空出世》等作品片段时，将提前剪辑完成的艺术范例视频插入希沃课件中，进行全屏播放，帮助学生丰富艺术感知。

（六）校园共享艺术网络文件夹

建立校园艺术共享文件夹，并将单元学习任务推送到学生终端电脑中。学生在电脑中完成创作后传递到电子白板上，教师组织学生分析、点评、改进。

（七）利用互联网查阅资料

在单元学习活动和作业中，用平板电脑或电脑检索和汇总网络资料，充分调动学生参与课堂活动的积极性，开展小组学习讨论。

【课时教学目标】

1. 欣赏油画《百老汇的爵士乐》、歌曲《给你一点颜色》，感知不同地域、不同时代背景下艺术作品的节奏美和韵律美。

2. 运用绘画、音乐的节奏表现方式和形式美法则，线上小组合作运用绘画、音乐节奏的艺术语言，借助信息化手段初步完成主题为"上海节奏"的创意作品的素材搜集。

3. 理解不同地域、不同时代艺术作品的节奏美和韵律美，获得审美愉悦的情感体验。

4. 在赏析作品及完成单元任务的过程中，理解艺术作品的节奏感所形成的艺术风格和文化特征，认同中华优秀文化艺术，阐述自己如何通过艺术语言和形式表达情感。

【课时教学重点】

感知不同地域、不同时代背景下艺术作品的节奏美和韵律美。

【课时教学难点】

能合理地运用课堂所学,完善单元任务的素材搜集,并完成初步剪辑。

【教学流程图与说明】

1. 情境创设:线上作业反馈,提出本课关键问题。

2. 审美感知:结合学习单呈现的问题链,探究不同艺术形式中的节奏感与地域文化的关联,感知艺术的关联性。

3. 单元任务深化:小组合作,信息赋能,深化单元学习任务。

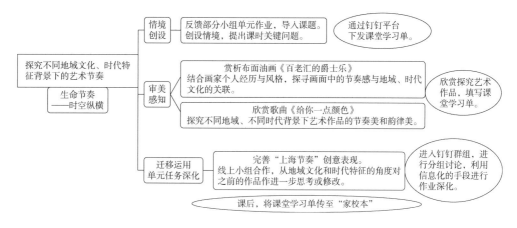

教学流程图

教学过程设计中通过学习单运用、问题链设计、线上小组讨论、信息化手段运用,在提高单元作业表现形式的同时加深学生对节奏和韵律的理解。在提高线上教学课堂参与度上下功夫,提升学生艺术学习的体验性,落实课堂教学的有效性。

【教学过程】

学习内容	教师活动	学生活动	设计意图
线上作业反馈,提出课时关键问题。	点评上一节课作业,回顾前一课时内容,提出本课时关键问题。	1. 小组展示上一节课作业,根据教师点评进行思考并回顾前一课时内容。 2. 思考本课时关键问题:如何通过艺术作品的节奏感展现地域特征?	学生展示作业并结合教师点评进行思考,同时回顾上一课时的内容,引导学生更好地进入情境。

学习内容	教师活动	学生活动	设计意图
审美与感知	运用"空中课堂"课程资源介绍荷兰画家彼埃·蒙德里安及其生平。	了解荷兰画家彼埃·蒙德里安，知道他的人生经历与绘画风格之间的关系。	教学重点：运用学习单，通过提出关键问题，引导学生在欣赏、体验与实践中，思考绘画中节奏感的表现方式及艺术家眼中的地域文化的艺术呈现。
	1. 运用"空中课堂"课程资源，出示布面油画《百老汇的爵士乐》。 2. 教师总结。	欣赏布面油画《百老汇的爵士乐》，尝试分析：绘画中的节奏是如何展现纽约百老汇的地域特质的？	
范例赏析，合作探究	1. 运用"空中课堂"课程资源，播放歌曲《给你一点颜色》，介绍华阴老腔。 2. 在线演唱歌曲片段，进一步引导学生感知歌曲中的节奏感。 3. 运用数字平台提出问题：为什么要将古老的艺术形式与现代流行摇滚音乐相结合？想要传递什么？	1. 欣赏歌曲《给你一点颜色》，思考歌曲中的节奏特征及歌曲所展现的主题。 2. 跟随教师共同演唱歌曲片段，感知歌曲中的节奏感对主题的表现。 3. 思考华阴老腔与现代流行摇滚音乐结合的意义，感知优秀传统文化的发扬与传承，并在数字平台评论区留下自己的观点。	引导学生以歌曲《给你一点颜色》为例，自主探究不同地域、不同时代背景下艺术作品的节奏美和韵律美，加深文化理解。
完善单元任务，布置作业	提出单元任务完善要求和本课时作业要求。	单元任务："上海节奏"创意表现。 任务要求：尝试运用视频的形式，展现心中的校园节奏。 课时作业：结合本课所学，对上节课所搜集的表现"上海节奏"的视频素材进行补充或完善，可适当加入配乐。	结合本课时所学，引导学生完善单元任务，在视频素材搜集、剪辑和配乐的过程中增强观察生活的意识，解决教学难点。

【案例简析】

（一）设置问题链,运用学习单,反馈学情

在线教学很难了解学生在屏幕背后的真实表现,因此陈老师在课前下发学习单,通过问题链的呈现激发学生的求知欲,在师生互动、层层问题"解决"的过程中提高教学有效性。教师结合课堂的关键问题,设置了两个基本问题:节奏和韵律为什么能表达情感? 生命的节奏如何用艺术的方式表达? 首先,欣赏油画作品《百老汇的爵士乐》时,教师讲述了蒙德里安的生平及其绘画风格的转变历程,引导学生体会绘画中节奏感与地域文化的关联,启发学生重点关注艺术家创作的情感表达。然后,引领学生以歌曲《给你一点颜色》为例,通过线上聆听获得情感体验,掌握基本的演唱方法,依据课前下发的歌曲伴奏演唱歌曲片段,探究不同地域、不同时代背景下艺术作品的节奏与韵律之美。由于网络信号的问题,教学中学生的回答往往会卡顿。学习单的使用,一方面引导学生带着"问题"和"关注点"学习,培养学生的自主学习能力和迁移能力;另一方面可以避免高频次的语音互动,让学生静心地学、有条理地学,提高学生学习的专注度,形成结构化思维。使用学习单的反馈可以帮助教师检验学生课堂学习的情况,以便后续及时调整课程进度与内容设置。

"时空纵横"学习单

课堂关键问题: 如何通过艺术作品的节奏感展现地域及时代特征?

1. 蒙德里安《百老汇的爵士乐》

艺术家是如何运用**绘画的节奏感**展现他对于地域的理解的?

2. 歌曲《给你一点颜色》

主问题: 艺术家是如何运用歌曲的节奏感去表达主题, 展现地域与时代特征的?

子问题: 聆听歌曲, 回答下列问题:

（1）歌曲表现了怎样的主题?

（2）歌曲的音乐节奏有着怎样的特点?

（3）歌曲的节奏感除了表现在音乐的节奏上, 还体现在什么方面? 起到怎样的作用?

（4）为什么要将流传千年的古老艺术形式与现代流行摇滚音乐相结合? 想要传递什么?

"时空纵横"学习单

（二）小组讨论，信息赋能，深化单元学习任务

本课的最后环节，即课堂生成与单元任务（作业）的深化。要求小组合作，从地域文化和时代特征的角度对作品作进一步思考与修改，学生可自行选择表现形式。为使线上小组讨论顺利进行，教师要求学生课前就以小组为单位建立钉钉群组，教师也在其中，便于课堂的监督和作业的指导。

通过艺术活动的大量实践，教师发现信息技术的加入是提高课堂效率、展开深度学习的有力手段。学生对"库乐队"App等艺术应用软件有着浓厚的探索兴趣，并且非常善于借助平板或电脑完成单元任务的深化。例如，在课堂上展示的小组运用"库乐队"App进行《渔光曲》旋律的二次创编，展现他们眼中的"上海节奏"。

可见，在信息化迅速发展的时代，变革教学方式，将艺术教学和学生学习深度融合，探索混合式教学中的线上教学，将会是每一位艺术教师的使命。

第三节 《普通高中教科书　艺术　必修3 艺术与科学》课例的开发与实施

一、关于《艺术与科学》

随着中国经济的快速发展和科技的不断创新,教育体系面临巨大的挑战和机遇:一方面,固化的教学模式和静态填鸭式课程体系常常阻碍教育创新发展;另一方面,当前以大数据及人工智能为特点的"艺术与科学"跨领域创新被推上风口浪尖。这为现代教育提供了更多的可能性。

《艺术与科学》是教育部普通高中艺术课程的三个必修课程之一,是普通高中学生艺术学习的基础课程。现代科学技术为艺术的发展提供了丰富的创意和表现手段,艺术的发展也为科学技术的进步从想象、和谐、美感等方面提供了创意。通过本册内容的学习,学生能够理解艺术与科学的紧密联系,特别是"艺术的感性思维可以促进科学的理性思维,而艺术的基础也必然拥有科学的影子"的理念;能够欣赏科学所揭示的秩序与混沌之美,了解科学技术在艺术表现中的应用,并尝试运用多种科学技术媒介进行艺术创造。

二、《艺术与科学》教学策略的实践与探索

(一) 依托"空中课堂"的课前"自学"

课前学习是单元教学包括整个混合式教学的基础。利用课前学习任务清单,学生可以进一步明确学习的目标、内容和任务;运用线上资源(包括"空中课堂")、网络图文资料、视频多媒体资源,学生可以提前学习相关内容并辅助课堂笔记;通过课前的评测活动,学生可以在校信息平台"自测",查短板,补不足;课前利用钉钉群或线上论坛讨论的活动,教师可以全面了解所有学生的学习动态;课前的调查活动鼓励学生参与社会实践,通过理论和实践结合的方式丰富

学生的生活体验。

在《艺术与科学》课前自学环节中,教师在学习群发布可视化资源、学习任务清单、课前小测和课前讨论等活动,可以让学生提前学习相关内容并完成预设的作业和问题。

(二) 利用线上资源的课中"做中学"

教师在授课中利用思维可视化工具和课中讨论的方式,是实施"先学后教,做中再学"的重要过渡和转折。要充分利用实体课堂和"空中课堂",优势互补,一方面,要发挥实体课堂"面对面"实操演示、互动讨论的优势;另一方面,要发挥"空中课堂"重复学习、思路拓展和高位把控的优势。利用思维可视化工具,如思维导图、流程图、树形图等"思考图",让学生进行思维的整理和输出,激发学生的创新思维和创造能力。

(三) 运用信息技术的课后"回顾"

课后反馈主要包括课程内容反馈、线上线下学习要求比照、作业反馈、学习数据反馈和利用学习通平台的问卷、问答、成绩等形式,让学生对课堂进行反馈。教师也可以通过学习记录和数据进行反馈,利用 Excel 进行数据分析。利用成绩对比、成绩分布等方面的数据可生成饼状图、条形图、柱形图、折线图、雷达图等可视化效果。

在课后反馈环节,教师可以利用超星学习通等平台的课堂表现报告,根据基础数据、课堂报告、学情统计、学生成绩和学习监控等来分析学生学习过程跟踪数据和相关记录,撰写反思日志,进行多元化、多维度的教学评价。

三、利用"空中课堂"教学资源的线下教学

如何在线下教学中将线上资源进行整合和应用,设计出符合实际学情、匹配硬件资源、能够"落地"的教学内容及教学流程? 我们通过线下教学情境下的起始教学阶段、中心教学阶段和末端教学阶段,探讨线下的混合式教学如何落实素养目标,达成真实性的学习成果。

(一) 线下教学情境下的起始教学阶段

在线下教学情境下,"艺术与科学的融通之道"单元实施并组织包含了认知起点诊断、教学主题导入、明确教学目标、协作探究、课程整合、共享展示、评价反馈、课堂总结等八个教学步骤。根据课堂中心的变化分为三个阶段,即起始教学阶段、中心教学阶段和末端教学阶段。课堂的中心经历了两次变化:由"空中课堂"

资源中心转向线下学生为主,最后重新回归"空中课堂"资源。在起始教学阶段,"空中课堂"资源是课堂的伊始也是中心,教师需要对学情进行快速而准确的初步判断,从而筛选"空中课堂"资源,具体包括认知起点诊断、教学主题导入、明确教学目标三个教学步骤。

1. 认知起点诊断

该教学阶段的目标是了解每名学生当前对各目标学习知识的认知情况以及各目标所需学习能力的掌握情况。该教学阶段发生在学生完成基础概念的学习和相关联的学习任务之后。反映学生认知情况的相关信息将同时反馈给教师及学生。教师通过阅览及分析反馈信息,掌握学生当前对目标学习知识的认知情况及相关技能的掌握情况,及时调整教学策略。学生则通过阅览反馈信息,了解当前自身与目标学习知识及技能的差距,对比自身与学习同伴对知识的认知情况及相关技能的掌握程度。教师可以通过反馈数据及时诊断每名学生的学情,以便快速找到适合每名学生特点的个性化学习路径。

2. 教学主题导入

该教学阶段的目标是引导学生快速将已学到的知识和技能与教学主题相关联。该教学阶段发生在面对面教学情境的开始阶段。教师需要在该教学阶段为学生创设教学情境。该教学情境既要将教学主题与学生的日常生活经验相联系,又要将教学主题与学生在线学习到的新概念、获得的新经验相关联。教师可以通过多种形式导入教学主题,如提出探究式的问题、讲述包含教学主题的故事等。

3. 明确教学目标

该教学阶段的目标是使学生快速了解面对面教学情境中的目标学习知识及技能,使学生能够根据学习目标及时调整学习策略。该教学阶段发生在面对面教学情境的开始阶段,位于教学主题导入阶段之后。教师需要在该教学阶段使学生明确学习目标、学习方式、评价内容、评价方式及评价标准,布置教学任务、设置教学挑战等。学生则根据教学目标结合自身学习需要,在面对面教学情境中面向不同的教学任务,合理调配认知资源,做到有的放矢。

(二) 线下教学情境下的中心教学阶段

在中心教学阶段,学生成为课堂的中心,教师主要是组织学生探究、协作,完成学习任务,并在完成学习任务的过程中与学生进行深层次的互动,如适时为学生提供教学支架。该教学阶段具体包括协作探究、争论整合、共享展示三个教学步骤。

1. 协作探究

该教学阶段的目标是使学生相互协作,共同完成对特定问题的探究过程。该教学阶段发生在面对面的教学情境中。学生将依据提出假设、设计实验、搜集资料、验证假设的思路完成对特定问题的探究过程。在探究过程中,学习同伴间共享学习资源、交流成功经验、反思失败教训,彼此互相学习、共同进步。学习同伴所遇到的教学情境与学生自身所遇到的教学情境更加贴近,有助于归纳学习规律。教师总览学生整个探究过程,并在学生的探究进程停滞不前时提供相应的教学支架。这些教学支架的内容及形式是多样的,既可能是介绍目标学习知识的补充性教学资源,也可能是帮助学生完成某一特定任务的工具。

2. 争论整合

该教学阶段的目标是使学生通过争论,理解从不同视角探究所得出的观点。通过分析这些观点的特征,寻找更加通用的规律,最终能够整合形成包含不同视角下所得观点的统一观点。该教学阶段发生在面对面的教学情境中,有利于学生深入理解从不同视角探究所得出的观点。学生通过争论对彼此的观点提出质疑,在解答彼此质疑的过程中确保观点的科学性,同时更加清晰简洁地表达观点,使彼此间高效地达成共识。教师将总览学生整个争论过程,并为学生的争论过程提供相应的教学支架,帮助学生整理不同观点、记录争论过程、形成统一观点。教师的教学支架同样也包括一些补充性的教学资源,为学生从不同视角得出观点提供便利。

3. 共享展示

该教学阶段的目标是使学生更清晰地表述自己形成的观点,并将这些观点准确地传递给其他学习同伴。该教学阶段发生在面对面的教学情境中,更有利于学生利用多种媒介表达观点,并使受众高效地理解这些观点的核心内涵。学生通过多种媒介或技术手段描述理解、探究、争论等学习过程,以及从中得出的主要观点和结论。学生在观看共享展示的过程中将自己的学习过程及主要结论与同伴进行对比和反思。所有学生都可以在对比和反思中获得对目标学习知识及技能的新启示。教师通过学生的共享和展示建立对学生学习过程及学习效果的认识,并为后续评价及反馈工作做好铺垫。

(三) 线下教学情境下的末端教学阶段

在末端教学阶段,"空中课堂"再次成为课堂的中心,教师需要回应"空中课堂"的教学要求和育人核心,直接或间接给予学生学习评价及反馈。最后,还要再次引导学生进行反馈总结,巩固所学知识及技能。该教学阶段具体包括评价反馈和课堂总结两个教学步骤。

1. 评价反馈

该教学阶段的目标是使教师及每名学生在完成学习后了解教学及学习效果,即了解学生对各目标学习知识的最终认知情况以及对各目标学习能力的掌握情况。该教学阶段发生在面对面教学情境之后,位于课堂总结教学阶段之前。教师及学习同伴将对每名学生从学习表现、沟通协作、学习成就等多个维度进行多元化评价。这些评价数据既包含能够描述学生学习过程的过程性评价数据,也包含能够反映学生在某一时刻的终结性学习状态的切片数据。在课堂教学结束后,教师将利用数据挖掘、人工智能等技术统一整理并分析这些评价数据,最终形成各种教学评价报表,反馈给教师及学生。教师和学生将通过观察报表呈现的规律发现教学及学习过程中存在的问题,及时调整教学及学习策略。

2. 课堂总结

该教学阶段的目标是帮助学生梳理目标学习知识以及目标学习能力,发生在全部教学环节结束之前。学生将反思和总结在学习过程中的经验和启示,结合教师梳理的知识及能力要点,迅速将学到的知识、习得的技能与经验抽象成新的图式,将新的图式整合到已形成的图式中,最终存储在长时记忆中。教师在这一教学阶段为学生提供从整体上把握课程知识内容的提纲,带领学生整合线上及线下教学情境中所学知识及技能,厘清各知识、各知识所蕴含的概念及概念间的关系脉络。

四、混合式教学的线下教学案例——"艺术与科学的融通之道"

"艺术与科学的融通之道"单元非常注重学生科学探究与创造性思维能力的培养,让学生在艺术与科学相关联的情境下,参与各艺术门类实践活动,实现艺术感知、创意表达、审美情趣和文化理解四个艺术学科核心素养的提升。要达成这样的教学目标,仅靠传统意义上的线下教学是远远不够的,因此非常适合作为混合式教学的经典教学案例进行实践与分析。

(一)"艺术与科学的融通之道"单元教学目标及知识框架

基于学科素养设计单元教学,注重知识的关联与整合,注重过程性评价。本案例呈现《普通高中教科书 艺术 必修3 艺术与科学》(以下简称《艺术与科学》)第一单元"艺术与科学的融通之道"的教学设计和教学实践。

单元子题	艺术家的科学兴趣	科学家的艺术情怀	传统工艺的科学与艺术①	传统工艺的科学与艺术②
单元目标	概念:艺术家对科学的兴趣促使科艺融通,丰富了艺术创作的形式。	概念:科学家的艺术情怀为科学打开创作空间,诞生新的科学成果。	概念:在传统中进步必然要结合科学与艺术。	概念:科艺的融通是人类追求美好生活的过程。

本单元与生活情境紧密联系,教学目标注重对"问题解决"学科思想的理解,并贯穿各单元之间的目标、内容、评价,组成单元子题,培养学生的艺术学科核心素养。

"艺术与科学的融通之道"单元内容要求

单元子题	艺术家的科学兴趣	科学家的艺术情怀	传统工艺的科学与艺术①	传统工艺的科学与艺术②
单元内容要求	借助电影、美术及相关艺术形式的作品,感受中外艺术家对科学的兴趣,理解他们对真善美的追求。	了解中外科学家热爱艺术,因艺术激发想象力与创造力的事例;知道著名科学家对于艺术的理解和主张,感受理性与感性思维的相互作用。	借鉴巧夺天工的中国传统工艺,设计家具或灯具局部,凸显科技与中国传统文化的有机融合。	研究中外设计中科学与艺术的结合,能理解中国传统文化的美学风格,感受中国传统工艺的魅力,在艺术创作中表现中国特色的人文情怀。

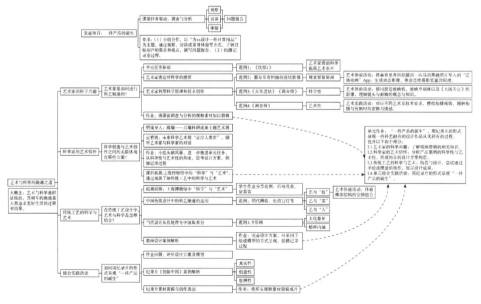

"艺术与科学的融通之道"单元框架思维导图

（二）“艺术与科学的融通之道”单元教学设计思路

单元课题	艺术与科学的融通之道	学习对象	高一年级	课业类型	综合
基本问题	艺术与科学和人有什么关系？	小问题	1. 艺术家的科学兴趣有什么推动作用？ 2. 科学家的艺术情怀有什么积极意义？ 3. 传统工艺中是如何实现科艺融通的？ 4. 科艺融通对人的生活有什么影响？		

关键词	艺术与科学、混合式教学

学科领域	政治		语文		数学		外语		历史		地理
	艺术√		音乐		美术√		体育		物理√	化学	生物
	信息技术√		社区服务		社会实践		劳动技术√		其他：		

大单元设计思路	本单元课程通过建立真实情境，欣赏研究艺术与科学融通的作品，了解传统工艺作品和影视作品科艺技术，借鉴传统影视放映机工艺制作，创作各类不同原理放映机作品、放映展览放映机视频……全面地体验传统及当代电影放映的全过程。激发学生理解艺术与科学和人的内在关联，进而增强对艺术、科学的理解以及对自我的认知。高中生有较强的求知欲，面对具有挑战性的项目有相当强烈的探究欲和兴趣，能比较深入地进行跨学科思考。因此，教学中大量采用学生自主、合作与探究性的学习，打破了教学空间、课程结构、作业设计和评价体系的固有模式。 　　本单元教学第一阶段创设真实情境，发起项目"电影艺术节"项目。通过小组前期针对师生关于校园生活的访谈和调查拟定初步的校园电影艺术节的方案。主题为用科学原理做蕴含人文情怀的影像放映装置并放映制作视频。 　　第二阶段通过观看"空中课堂"资源片段及引导赏析的方式，提高学生对艺术与科学的认知。通过分析艺术家具备科学兴趣的案例和科学家富有艺术情怀的案例，了解艺术创作和科学技术的辩证关系。通过艺术体验的实践活动，加深对艺术作品中科学原理的理解以及科学进步中艺术起到的推动作用。 　　第三阶段结合学生的兴趣特长和经验，以"传统放映机""翻页机""全息投影"三种放映形式为主要研究对象进行分析和"问诊"，建立艺术与科学融通的创作档案袋，记录课程中艺术语言的学习内容，构思契合校园情境的艺术形式，选取合适的材料，采用恰当的创作手法，自主搜集影视艺术家的素材，最终以撰写欣赏研究报告的方式明晰放映机创作的基本蓝图。 　　第四阶段进行分镜头脚本的素稿绘制，尝试跨学科领域的联动以及文本资料的沉淀，根据档案袋中所搜集的资源，整合创作思路，创作一件放映机作品（一稿），以小组讨论的形式诊断作品中出现的矛盾和瑕疵。听取其他同学及教师的意见进行修改和完善。 　　第五阶段总结交流并分享各自放映机的创作，讨论适合全体"电影人"作品的布展方式，制作相应海报、导览册、作品说明展板、纪念品等一系列展览周边。

大单元设计思路	第六阶段面向全校举办艺术与科学融通之道作品展,向观者从各个维度分享自己的创作体悟。 综上,本单元旨在让学生真实地体验艺术家从灵感来源到最后导览作品的全线路历程,理解艺术及科学作品与时代、社会、生活以及自身之间的联系,体悟艺术来源于生活又高于生活的意义,感受艺术与科学创作的魅力。
课程标准	1. 目标:探究艺术与科学的互相影响,发现科学中的艺术美和艺术中的科学美,激发创造性思维,理解科学技术创造中的人文精神。 2. 学习活动建议:围绕同一主题,不同艺术门类的教师共同进行教学设计,教学实施中相互关联、积极配合,通过若干课时共同完成主题教学。引导学生学习相关艺术门类的知识技能,并在多种艺术形式中感悟艺术的丰富性和表现力。注重艺术学科与其他学科之间的关联。 3. 评价要点:评价内容参照"学业质量水平",评价学生相应模块的学业成就。评价是否具有艺术学习的兴趣和愿望,是否积极参加艺术活动,是否善于表达自己的意见和创意,是否具有与他人交流的愿望、合作探究的精神等。关注学生的综合性艺术表现,评价学生的艺术感知、创意表达、审美情趣和文化理解等核心素养在艺术活动中的具体表现。
单元目标	1. 了解中外艺术家借助科学技术激发想象力、创造力的事例,体会感性与理性思维的相互作用。 2. 知道科学与艺术的不同思维方式,认识到科学家的艺术情怀可以助推科学研究的创新。 3. 了解传统工艺中的科学精神和艺术美感,尝试设计科学原理和艺术特色相融合的作品。
评价依据	1. 学生建立电子学习成长档案袋,记录自己每节课的思考、问题、解决方法、学习成果等学习过程。教师根据学生每节课的表现进行评价奖励,鼓励学生更好地投入学习中。 2. 学生每节课都会展示交流自己的学习成果,每个小单元结束都会根据自己的学习表现填写自我评价表,为每个小单元的学习进行自评。 3. 单元学习结束展示学生电子成长档案袋,自主策划艺术与科学作品展,展示自己的单元学习过程和成果。 4. 本单元学习按主题恰当占10%、影视及工艺美术语言材料搜集占10%、美术形式材料搜集占10%、制作视频占20%、放映机创作占30%、布置展览以及交流占10%、完成作品反思占10%的比例,对学生进行整个单元的评价。

（三）"艺术与科学的融通之道"的大单元学习计划表

子课题	小问题+学习目标	教师活动	学生活动
1. 艺术家的科学兴趣	小问题： 艺术家是如何进行科艺融通的？ 学习目标： 1. 通过欣赏知道艺术家的创作内容和当时科学发现的联系；在比较中基本掌握"视觉暂留"原理，知道电影诞生的技术条件以及卢米埃尔兄弟对电影的贡献。 2. 能够运用现代多媒体设备对现有的视频素材进行编辑和制作。 3. 能理解不同时代电影的成就和时代精神，将鉴赏电影获得的艺术经验转化为生活中的审美表达。	1. 提前发起校园露天电影节的项目。 2. 分析课件中的艺术与科学融通的作品：《忧郁1》《火车进站》《调音师》、爱德华·慕布里奇的连续摄影装置。说出艺术与科学融通的不同艺术作品的特点，归纳出艺术与科学的关系和精神内涵。 3. 引导学生根据艺术与科学融通之作的特点，讨论艺术家为什么要创作这样的作品。 4. 欣赏视频，总结艺术与科学融通的成因，完成作品研究报告。 5. 通过研究艺术与科学融通之作背后的故事，说说艺术与科学融通之作给自己的启示。 6. 通过问题链设置进行艺术体验活动：将爱德华·慕布里奇所拍摄的一匹马的奔跑照片导入"定格动画"App，生成动态影像，体会连续摄影装置的原理。 7. 艺术体验活动：使用胶卷放映机，放映卓别林以及《大闹天宫》的影像，理解镜头与剪辑的概念与知识。 8. 艺术实践活动：对应不同艺术及技术要求，模拟拍摄现场，理解拍摄与剪辑时的逻辑与情感。	1. 了解项目缘起。 2. 分组欣赏艺术与科学融通的不同艺术作品，根据问题引领，完成艺术与科学融通的作品研究报告。 3. 欣赏短片中的视频，分析艺术与科学融通的形成、原因以及背后的故事。 核心探究：艺术与科学的关系、其融通的核心思想、部分影视镜头语言。 4. 针对艺术感知活动，在教师点拨下，整理自己的研究报告，填写评价表。

子课题	小问题+学习目标	教师活动	学生活动
2. 科学家的艺术情怀	小问题： 科学创造与艺术创作之间的关联体现在哪些方面？ 学习目标： 1. 从中外科学家热爱艺术并从中获得灵感，激发想象力、创造力的事例中感知中国传统文化中的科学观与现代科学的契合。 2. 能借鉴具有科学表达的艺术作品，加入自己的理解和想象力进行再创作。 3. 能在艺术作品中分析品读出科学的内涵；能从热爱艺术的科学家的身上获得启发和共鸣，从而用艺术和科学相结合的方法观察了解世界。 4. 通过体验活动，分析归纳艺术与科学之间的关系，能根据科学与艺术的审美特征理解多元化的表现形式。	1. 情境导入："阅壤-月壤"科研成果主题艺术展。 2. 云看展：未来科学艺术展"走出人类世"。倾听艺术家与科学家的对话。 3. 作业：小组头脑风暴，进一步推进单元任务，从科学性与艺术性的角度思考设计方案。拍摄记录过程。 4. 课后拓展：上海博物馆中的"科学"与"艺术"。通过观展了解传统工艺中的科学与艺术。	1. 结合学生用课件，明确任务要求和学习路径。 2. 搜集网络、书籍资料，并填入档案袋。 3. 体验艺术与科学融通的趣味。 4. 思考教师的设问，完成学习单后组织交流，展示自己的任务完成情况。 5. 认真学习记录，并针对自己的学习单出现的问题进行修改。完成自我评价表。
3. 传统工艺中的科学与艺术①	小问题： 在传统工艺设计中，艺术与科学是怎样结合的？ 学习目标： 1. 通过作品赏析掌握中国传统工艺"艺""技"的融合，领悟"天人合一"的思想；能对比东西方工艺美术的共性与个性；能充分认识科技融入生活的多样性。 2. 借鉴具有中国风格的经典设计作品，在创作的家具或灯具的局部设计中突出中国传统文化特色。	1. 课前将档案资料推送给学生。 2. 拓展回顾：上海博物馆中"科学"与"艺术"。 3. 引导分析：中国传统设计中科艺融通的运用。 4. 引导分析：当代设计从传统符号中汲取养分。 5. 问题预设：以传统工艺某一经典作品为例，分析作品的艺术语言和艺术形式的运用。 6. 教师设计案例解析。	1. 利用档案袋资料完成学习单。 2. 自选一幅艺术与科学融通之作，根据要求完成赏析任务。 （1）理解传统工艺所表现的内容。 （2）研究传统工艺作品中艺术语言的运用和艺术形式的变化。 （3）组织语言进行某一件传统工艺作品的赏析分享交流。 核心探究：对称与均衡、调和与对比、比例与尺度、节奏与韵律、多样与统一在传统工艺作品中的体现。

子课题	小问题+学习目标	教师活动	学生活动
3. 传统工艺中的科学与艺术①			3. 从艺术家角度思考:假设让你创作一件传统工艺作品,你该如何表现作品的审美特性? 4. 将自己的研究作业上传至电子档案袋。 5. 做好搜集资料的工作,并针对自己的作品可能出现的问题进行预设。完成自我评价表。
4. 传统工艺中的科学与艺术②	小问题: 如何用纪录片的形式呈现"一件产品的诞生"。 学习目标: 1. 能感知中国传统工艺中的美感和文化理念,能和同学交流分享审美感受;能关注现代科技的进步对工艺设计发展的推动。 2. 能在参与设计的体验和探究中,从不同视角理解中国传统技艺的精神和特征;能阐释中外设计精品中科技和美感相互融合的设计精髓。	1. 作业回顾:评价设计方案及模型。 2. 展示教师所制作的放映机,明晰其科学原理和艺术追求。 3. 纪录片《创新中国》案例解析:真实性、创造性、思辨性。 4. 巡视指导,及时解决问题,做好共性问题记录。 5. 组织学生进行展示交流。 6. 针对学生的展示问题进行点拨。	1. 打开平板,搜集素材。 2. 围绕本课学习任务自主学习。选择放映机制作类型,整合资源,创作作品草案,并附上文本备注。 （1）构思自己的主题和内容,确定题材和体裁。 （2）研究主题相关学习素材,完成一个放映机作品草案,并对各个部分的细节作基本说明,标明材质、尺寸、颜色等相关信息。 核心探究:如何让自己的草案准确体现审美性和观念性。 3. 展示交流。提交自己的作品照片,放在档案袋中,分享自己的创作思路和草案。 4. 认真学习记录,并针对自己作品出现的问题进行修改。完成个人评价表。

子课题	小问题+学习目标	教师活动	学生活动
5. 材料整合,动手创作	小问题: 你能让自己作品具有较强的审美性和功能性吗? 学习目标: 1. 掌握相应材料的使用方法。 2. 能结合档案袋中的全部资料进行利用和迁移。 3. 能制作出具有功能性和审美性的科艺融通作品。	1. 因材施教,教会学生不同材料的使用方法。 2. 教师布置任务:根据不同放映机类型选择合适的工具和材料,掌握不同的工艺技巧。 3. 教师巡视指导,解决问题,形成较好的作品效果。 4. 组织学生进行展示交流。 5. 适时点拨。 （1）根据学生创作时出现的问题及时点拨。 （2）抓住重点调整画面的艺术小技巧。如尺度和谐、主次分明、疏密留白、色彩对比等。	1. 掌握基础材料的使用方法。 2. 明确本节课的学习任务,进行创作。 结合本课的任务要求,根据自己的进度创作和完善作品。 3. 作品展示交流并拍照上传电子档案袋。 4. 认真学习记录,并针对自己作品出现的问题进行修改。完成个人评价表。
6. 布置展览、导览交流、反思总结	小问题: 怎么布置展览比较合理美观? 如何介绍作品? 学习目标: 1. 回顾本单元所学内容,整理完善所有学习材料。 2. 组织语言,结合学习单要求,完成并展示自己艺术与科学融通作品的学习报告和作品介绍。 3. 尝试用艺术与科学的逻辑关系理解艺术与科学融通的艺术魅力。	1. 提前制作教师用和学生用课件,课前将学生用课件推送给学生。 2. 总结本单元学习内容。 3. 布置本节课的任务。 举办《校园露天电影节》——《艺术与科学》学生作品成果展。 4. 巡视指导,及时帮助学生解决问题,争取学生布展有更好的效果。 5. 适时点拨。 （1）根据学生展示的形式给出优化建议。 （2）总结学生作品展。	1. 打开档案袋,完成学习单中的任务。 2. 明确这节课的任务,展开活动。 3. 以个人为单位展示单元成果。 4. 完成自我评价表。

| 单元反思 | 教师总结 | 1. 整体体现"像艺术家一样创作"的过程,符合《高中艺术课程标准》的理念。
2. 体现单元教学思路:主题选择、影视语言和形式的欣赏与习得、创作构思、作品创作、布展交流。过程完整。
3. 艺术与科学的融通是人类追求真善美的过程和结果。工艺创作是人类为自身审美需要而进行的精神生产活动,是一种独立的、纯粹的、高级形态的审美创造活动。艺术创作以社会生活等元素为源泉,但并不是简单地复制生活现象,实质上是一种特殊的审美创造。学生通过影视作品表达观念,展现了他们的时代立场。
4. 整个单元教学能全面落实艺术感知、审美情趣、创意表达、文化理解四大艺术核心素养。 |
| | 学生总结 | 1. 过程中难免遭到一些挑战。传统工艺的博大精深让人赞叹,放映机的不同制作方式需要发挥想象力,不断地进行思考、发现问题、解决问题。当然,我们也享受着尽情发挥智慧的乐趣,表达对影视治愈人心的热爱。
2. 尽管这次完成的作品只是对电影放映的一次短暂的探索,但也能从中感受到未来的可能性。一件作品从 0 到 1 需要很多详尽的思考,工艺的制作更是需要非常细心地去窥探,紧贴时代脉搏。 |

本案例通过混合式教学策略中的"自学""做中学"和"回顾",在"艺术与科学的融通之道"单元教学里"像艺术家一样创作"的过程实践,成功引导学生把握艺术与科学之间的相通之处。而认知起点诊断、教学主题导入、明确教学目标、协作探究、争论整合、共享展示、评价反馈、课堂总结这些方式方法在线下教学情境下三个教学阶段中的渗透,让学生发现了科学中的艺术美和艺术中的科学美,锻炼了技法创造力和想象力。在学习过程中,学生还探究了在艺术创作实践中融入科学思维的实施路径,感悟了中华优秀传统文化中的科学观,确确实实地获得了艺术学科核心素养,实现了艺术课程的育人价值和功能。

参 考 文 献

[1] 崔学荣.艺术课程改革的新动向·新突破·新征程——《义务教育艺术课程标准(2022年版)》(音乐)解读[J].全球教育展望,2022,51(07).

[2] 〔美〕迈克尔·霍恩,希瑟·斯特克.混合式学习:用颠覆式创新推动教育革命[M].北京:机械工业出版社,2015.

[3] 张宙.美国K12混合式学习的探究和启示[J].外国中小学教育,2019(05).

[4] 谢幼如.教学设计的原理与方法[M].北京:高等教育出版社,2016.

[5] 王志军,余新宇.在线课程设计与开发:要素、理念模型与过程模型[J].开放教育研究,2022,28(03).

[6] 余胜泉,路秋丽,陈声建.网络环境下的混合式教学——一种新的教学模式[J].中国大学教学,2005(10).

[7] 钱熹瑗.绿色指标中学艺术学业水平测试的上海实践研究[J].上海课程教学研究,2020(S1).

[8] 王剑锋,刘朱怡.新课程标准视域下的美术课程与教学转型[J].现代基础教育研究,2022(3).

[9] 顾永明.整体建构体育在线教学的内容[J].现代教学,2020(Z3).

[10] 彭吉象.新的义务教育艺术课程标准的理念与目标[J].艺术教育,2022(07).

[11] 王大根.基于美术核心素养的大单元教学[J].中国美术教育,2019(06).

[12] 郭建东.混合式教学评价指标体系的构建与应用研究[J].成人教育,2020,40(12).

[13] 刘月霞.指向"深度学习"的教学改进:让学习真实发生[J].中小学管理,2021(05).

[14] 周信达.深度学习视域下美术学习目标的构建策略[J].中国中小学美术,2022(02).

[15] 崔允漷.如何开展指向学科核心素养的大单元设计[J].北京教育(普教版),2019(02).

[16] 胡知凡."大概念"——一种新的教育理念[J].中国中小学美术,2020(03).

[17] 中华人民共和国教育部.普通高中美术课程标准(2017年版2020年修订)[S].北京:人民教育出版社,2020.

[18] 中华人民共和国教育部.普通高中艺术课程标准(2017年版2020年修订)[S].北京:人民教育出版社,2020.

[19] 瞿剑宛.基于核心素养的美术鉴赏教学"六步曲"的实践研究[J].教育参考,2018(2).

后　记

最后简单回顾一下本书的主要内容和意义。

首先，本书强调了混合式教学的重要性。传统的面授教育已经不能满足学生多样化的学习需求，混合式教学作为一种新的教学模式，融合了线上线下两种教学资源，为学生提供了更为灵活、多样化的学习方式。本书通过艺术学科的探索，展示了如何在教学实践中更好地利用线上教学资源和线下教学资源，实现混合式教学的有效运用。

其次，本书提出了教学设计的重要性。教学设计是混合式教学的基础，只有在良好的教学设计的基础上，才能够更好地利用线上线下教学资源，实现混合式教学。本书从教学设计、教学资源选取、教学方式转变等方面进行了详细的探讨和总结，为教育教学实践者提供了一些实用的经验和启示。

最后，本书还强调了教育教学研究的重要性。混合式教学是一种较为新颖的教学模式，对于教育教学研究者来说，需要不断地进行研究和探索，以推动教育教学的创新和发展。本书通过行动研究的方法，展示了艺术学科混合式教学的实践经验，为教育教学研究者提供了一些思路和参考。

我们要感谢所有为本书撰写和出版作出贡献的人士。

本书的一些观点、理论参考了不少文献资料，作者在"参考文献"中一一列出并对这些尊敬的学者、专家表示衷心的感谢。

感谢上海市中小学幼儿教师奖励基金会对本书出版的支持，以及史国明理事长的全程关心与帮助。

整个课题由钱熹瑗总负责，确定总体思路和框架结构，指导并负责统稿。课题的完成是整个团队通力协作的结晶，在上海市教师教育学院（上海市教育委员会教学研究室）统筹协调下，由高校学科专家、教研员、基层学校优秀教师参与，跨区域整合优势资源，集思广益，分工协作，共同开发、研制"空中课堂"教学资源。本书典型案例的内容皆由愿意与大家分享个人经验的一线教师与教研员提供，在此对徐韧刚、张春辉、陈梦倩、周娉、杨波、杨威、顾正豪、沈学文、钱雪锋、童岚、罗正东等老师一并表示感谢，再次谢谢你们！

最后还要感谢上海教育出版社,包括编辑、审校和排版人员对本书的出版和市场运行方面给予的巨大支持。

　　我们希望本书能够对教育教学研究领域的发展和创新作出一些贡献,并能够促进混合式教学在实践中的应用和推广。本书的出版让我们感到由衷的喜悦与安慰,因为我们为上海艺术教学的改革又走出了一条路。当然,这是一条不平坦的路,必然还有许多需要进一步探究的问题。本书的研究实践短暂、水平有限,尚需经受更多实践的考验。恳请各位专家、教师和读者不吝指正。

钱熹瑗

2023 年 1 月

图书在版编目（CIP）数据

艺术学科利用空中课堂教学资源实现混合式教学的行动研究 / 钱熹瑗等著. — 上海：上海教育出版社，2023.4
（美育研究：艺术教育理论与实践）
ISBN 978-7-5720-1992-0

Ⅰ.①艺… Ⅱ.①钱… Ⅲ.①艺术教育 – 课堂教学 – 教学研究 – 中学 Ⅳ.①G633.950.2

中国国家版本馆CIP数据核字(2023)第068901号

策划编辑　陈　群
责任编辑　陈　群
特邀编辑　蔡丹丹
　　　　　王娅婷
装帧设计　王　捷

美育研究：艺术教育理论与实践
艺术学科利用空中课堂教学资源实现混合式教学的行动研究
钱熹瑗　等著

出版发行　上海教育出版社有限公司
官　　网　www.seph.com.cn
地　　址　上海市闵行区号景路159弄C座
邮　　编　201101
印　　刷　上海普顺印刷包装有限公司
开　　本　787×1092　1/16　印张 16.75
字　　数　300 千字
版　　次　2023年4月第1版
印　　次　2023年4月第1次印刷
书　　号　ISBN 978-7-5720-1992-0/G·1787
定　　价　88.00 元

如发现质量问题，读者可向本社调换　电话：021-64373213